中国社会科学院创新工程学术出版资助项目

上海合作组织黄皮书
YELLOW BOOK OF THE SHANGHAI
COOPERATION ORGANIZATION

上海合作组织发展报告（2023）

ANNUAL REPORT ON THE SHANGHAI COOPERATION ORGANIZATION (2023)

中国社会科学院俄罗斯东欧中亚研究所
组织编写／中国社会科学院上海合作组织研究中心
中国社会科学院俄罗斯研究中心
主　编／庞大鹏
副主编／李睿思

社会科学文献出版社
SOCIAL SCIENCES ACADEMIC PRESS (CHINA)

图书在版编目（CIP）数据

上海合作组织发展报告 . 2023 / 庞大鹏主编；李睿
思副主编. -- 北京：社会科学文献出版社，2024.1
（上海合作组织黄皮书）
ISBN 978-7-5228-2032-3

Ⅰ.①上…　Ⅱ.①庞…②李…　Ⅲ.①上海合作组织
-研究报告-2023　Ⅳ.①D814.1②F114.46

中国国家版本馆 CIP 数据核字（2023）第 253571 号

上海合作组织黄皮书
上海合作组织发展报告（2023）

主　　编／庞大鹏
副 主 编／李睿思

出 版 人／冀祥德
责任编辑／仇　扬　张苏琴
责任印制／王京美

出　　版／社会科学文献出版社·当代世界出版分社（010）59367004
　　　　　地址：北京市北三环中路甲 29 号院华龙大厦　邮编：100029
　　　　　网址：www.ssap.com.cn
发　　行／社会科学文献出版社（010）59367028
印　　装／三河市东方印刷有限公司

规　　格／开　本：787mm×1092mm　1/16
　　　　　印　张：17.75　字　数：265 千字
版　　次／2024 年 1 月第 1 版　2024 年 1 月第 1 次印刷
书　　号／ISBN 978-7-5228-2032-3
定　　价／168.00 元

读者服务电话：4008918866

主要编撰者简介

庞大鹏　中国社会科学院俄罗斯东欧中亚研究所副所长、研究员、博士生导师，中国社会科学院俄罗斯研究中心主任。主要从事俄罗斯及欧亚问题研究，研究方向为俄罗斯政治。发表专著五部：《从叶利钦到普京：俄罗斯宪政之路》（独著，2005年）、《普京八年：俄罗斯复兴之路（2000~2008）政治卷》（主编专著，2008年）；《观念与制度：苏联解体后的俄罗斯国家治理（1991~2010）》（独著，2010年）；《普京新时期的俄罗斯：政治稳定与国家治理（2011~2015）》（主编专著，2017年）；《俄罗斯的发展道路：国内政治与国际社会》（独著，2020年）等。发表学术论文百余篇。

李睿思　中国社会科学院俄罗斯东欧中亚研究所中亚研究室副研究员，博士。主要从事欧亚地区中亚问题研究，研究方向为中亚经济等。围绕"一带一路"与中亚国家合作、上海合作组织、中亚经济一体化、新冠疫情对中亚形势影响等主题发表论文十余篇，在《光明日报》《经济日报》发表若干评论文章，获2020年中国社会科学院信息对策三等奖。

摘　要

2022 年初俄罗斯对乌克兰发动的特别军事行动成为影响欧亚地区地缘政治格局的重要事件。乌克兰危机给上海合作组织的发展带来深远影响和严峻挑战。随着乌克兰危机不断发酵，俄罗斯与美国和西方国家之间的对抗全面升级，并出现长期化的发展趋势，俄罗斯在欧洲方向的发展空间被严重挤压，外交领域也出现"向东看"的战略转向。在此背景下，上海合作组织在地区事务中的功能性和重要性也得到强化。上海合作组织成员多位于欧亚地区，特别是深处欧亚大陆腹地的中亚各国在乌克兰危机中政治、经济、安全等各领域的发展形势均面临严峻挑战，部分国家受乌克兰危机和疫情因素叠加的影响甚至出现经济危机。

在复杂多变的国际背景下，上海合作组织作为当今世界上覆盖地域最广、涉及人口最多的综合性国际组织，肩负着稳定地区和平与发展的时代任务。2022 年，上海合作组织成员大多保持了国内形势的基本稳定，虽然在美国和西方对俄罗斯采取严厉经济制裁的背景下，维护政权安全、保障经济持续发展和社会基本稳定的任务更加艰巨，欧亚地区国家仍然能够稳定国内发展局面，并积极参与上海合作组织框架下的各领域合作。本报告以 2022 年俄罗斯及欧亚形势特点为背景，聚焦 2022 年上海合作组织的发展进程和存在的问题，对组织成员间的互动影响进行梳理和解析，报告还重点关注了年度热点话题，如上海合作组织扩员对组织本身和世界的影响等。

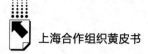

　　参与撰写本报告的作者主要来自国内长期关注并研究上海合作组织的专家学者。报告从内容上分为八个部分，分别是总报告、重要会议、政治合作、安全合作、经济合作、人文合作、上合组织与世界以及大事记。

目 录 ↖↘

Ⅰ 总报告

Ⅱ 重要会议

Ⅲ 政治合作

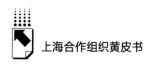

Ⅳ 安全合作

Ⅴ 经济合作

Ⅵ 人文合作

Ⅶ 上合组织与世界

[皮书数据库阅读**使用指南**]

总 报 告

General Report

Y.1

乌克兰危机背景下上海合作组织的发展

庞大鹏*

摘 要： 2022 年上海合作组织发展面临的突出问题是应对乌克兰危机带来的影响和挑战。2022 年俄罗斯及欧亚地区的核心事件是乌克兰危机全面升级，俄罗斯与美国及西方的地缘政治对抗已尖锐化、长期化。乌克兰危机的进程与结局将在一个相当长的时间内对国际格局产生深刻影响，并已经引发欧亚地区的政治分化。上海合作组织成员国尤其是中亚国家的政治、经济、外交、安全形势等面临挑战。在错综复杂的背景下，上海合作组织成员国不仅积极寻求政局稳定和经济发展，而且着眼安全合作和人文交流，坚持真正的多边主义。求团结、促稳定、谋发展，这是乌克兰危机背景下上海合作组织成员国共同的夙愿。2022 年的上海合作组织成员国元首理事会擘画了前进路线图，描绘了合作新前景，积极应对各种问题和挑战，勠力把握契机、凝聚

---

* 庞大鹏，中国社会科学院俄罗斯东欧中亚研究所副所长。

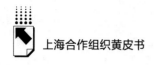

共识、深化合作，以期共同创造亚欧大陆的美好未来。

关键词： 乌克兰危机　上海合作组织元首峰会　区域经济合作　安全与发展

上海合作组织成立以来各个方面稳步发展，为维护地区和平稳定、促进各国发展繁荣做出了重要贡献，成为亚欧大陆区域合作的重要平台。上海合作组织成员国不断壮大，2017 年巴基斯坦和印度加入上合组织，上合组织覆盖的面积占欧亚大陆总面积的 60%，其人口总和占世界总人口的 40%。2022 年是《上海合作组织宪章》签署 20 周年，也是《上海合作组织成员国长期睦邻友好合作条约》签署 15 周年。习近平主席指出，上海合作组织成员国以这两份纲领性文件为思想基石和行动指南，逐步成功探索出一条新型国际组织成长壮大之路，积累形成了一系列富有启示意义的重要成功经验。① 2022 年乌克兰危机全面升级，2 月，俄罗斯对乌克兰发动特别军事行动。这场冲突既是冷战后俄罗斯与西方关系危机的总爆发，也是俄罗斯与西方地缘政治矛盾激化的最终结果。美国和欧洲再次团结，俄罗斯重新成为美西方的敌对国家。受俄乌冲突的影响，欧亚大陆局势出现一系列变化，2022年上海合作组织的发展面临错综复杂的国际环境。

一　2022年上海合作组织发展的国际背景

20 世纪八九十年代东欧剧变和苏联解体使第二次世界大战后形成的两极对立的世界秩序彻底瓦解，世纪之交的世界秩序发生了巨大变化。世界政治力量中心出现一超多强的局面，总体上看，世界秩序向多极化的方向发

---

① 习近平：《把握时代潮流 加强团结合作 共创美好未来——在上海合作组织成员国元首理事会第二十二次会议上的讲话》，人民出版社，2022，第 2 页。

展。旧的世界秩序的瓦解主要是由欧亚空间出现的地缘变化即东欧剧变和苏联解体造成的。

2022年乌克兰危机的全面升级表明，从世界秩序构建层面看，苏联解体以来世界政治30年的发展只是一个过渡期。就世界范围的发展而言，历史上帝国的瓦解基本都会经历一个博弈的阶段，这个阶段往往伴随残酷的冲突。但是作为超级大国的苏联，其解体历程却是以和平的方式实现的。苏联解体前后，其各加盟共和国在划分权力和利益的过程中没有发生激烈的冲突，但"文明离婚"并不意味着能够和谐共处。20世纪末的苏联解体对于欧亚大陆和世界局势的影响不但没有随着时代的变迁而逐渐消失，反而以各种冲突和矛盾的爆发越来越显示出其潜在的影响。

与此同时，实现后苏联空间的重新联合是俄罗斯社会的广泛共识和强烈愿望，独联体作为俄罗斯在后苏联空间的战略依托成为俄罗斯最大的核心利益之所在。"在苏联原有范围内建立新的国际关系体系的问题，始终被俄罗斯领导层视为国家对外政策的最优先方面。"[1] 但是，鉴于独联体各国都非常珍惜自己的独立，独立后积极推行"去俄罗斯化"政策，尽量与俄罗斯拉开距离，再加上俄罗斯经济衰退，民主法治建设滞后，对独联体国家缺乏吸引力，俄罗斯一系列独联体一体化的方案很难真正实现。独与联的矛盾由此产生。与此同时，俄罗斯与西方在独联体问题上产生结构性矛盾。在俄罗斯的地缘认知中，北约东扩是对俄罗斯地缘战略空间的挤压，欧盟东扩也使俄罗斯西部安全面临挑战，而独联体地区的"颜色革命"是西方试图瓦解独联体的表现。因此，在过去30年里，在后苏联空间所涵盖的地理范围内时有冲突发生，乌克兰危机即为例证。

经过2020年的宪法改革和2021年的第八届国家杜马选举，俄罗斯当局认为在制度保障和政治生态上都为其采取积极主动的举措奠定了基础。2021年，俄美在安全问题上反复博弈。2022年2月17日，俄罗斯针对美国就俄

---

[1] 〔俄〕伊·伊万诺夫：《俄罗斯新外交：对外政策十年》，陈凤翔、于洪君等译，当代世界出版社，2002，第67页。

美安全保障条约俄方草案所做的答复给出了反馈。在这份公开发表的声明文本中，俄罗斯要求北约放弃继续东扩，摒弃允许乌克兰和格鲁吉亚成为北约成员国的"布加勒斯特模式"，不在后苏联空间未加入北约的国家境内建立军事基地或将它们的基础设施用于任何军事活动，应将包括进攻潜力在内的北约军事潜力和军事基础设施恢复到 1997 年《北约-俄罗斯相互关系、合作与安全基础文件》签署时的状态，并且强调这些要点对俄罗斯具有原则性意义。[①]

2 月 22 日，普京对俄罗斯民众发表电视讲话，宣称乌克兰对俄罗斯来说不只是一个邻国，乌克兰是俄罗斯"自己的历史、文化和精神空间不可分割的一部分"。普京认为，西方反对俄罗斯，问题不在于俄罗斯的政治体制或其他原因，西方只是不需要俄罗斯这样一个独立的大国，这就是所有问题的答案，这也是美国对俄罗斯传统政策的根源，美国对俄罗斯所有安全提议的态度也由此而来。[②]

2 月 24 日，普京就乌克兰东部局势对俄罗斯民众再次发表电视讲话。普京解释说，北约的军事机器正在逼近俄罗斯的边界，随着北约不断东扩，形势对于俄罗斯而言正在逐年恶化，变得越来越危险。对俄罗斯来说，北约基础设施的继续扩大和已开始对乌克兰领土实施的开发是绝对不可接受的。普京尤其强调，在紧邻俄罗斯的地区，即在俄罗斯的历史领土上建立一个与俄罗斯为敌的"反俄罗斯"政权，正是美西方遏制俄罗斯的主要政策之一。而对俄罗斯来说，这就是生死存亡的问题，是关系到俄罗斯以及人民未来的问题。[③] 普京上次提到关系俄罗斯"生死存亡"的问题还是在 2008 年，当时普京提出，实施至 2020 年远景战略即创新发展战略实际上是对俄罗斯未

---

① МИД России опубликовал ответ Москвы по гарантиям безопасности. Полный текст, 17 февраля 2022 года, https: //rg. ru/2022/02/17/rossiia - opublikovala - na - otvet - ssha - po - garantiiam-bezopasnosti-polnyj-tekst. html? ysclid=lemw5ngz87493671690.

② Обращение Президента Российской Федерации, 21 февраля 2022 года, http: //kremlin. ru/ events/president/news/67828.

③ Обращение Президента Российской Федерации, 24 февраля 2022 года, http: //kremlin. ru/ events/president/news/67843.

来发展道路的选择，这个选择对全社会都至关重要，如果不实行创新发展战略，俄罗斯在提高国民生活水平方面就无法取得必要进展，也无法保障国家的安全及正常发展，国家就会面临存亡危机。① 而在 2022 年俄乌冲突爆发的当下，俄罗斯再次展现了其视安全利益高于发展利益的国家特性。

普京宣布根据《联合国宪章》第 7 章第 51 条②，经俄罗斯联邦委员会批准，为了履行联邦委员会于 2 月 22 日批准的与顿涅茨克人民共和国和卢甘斯克人民共和国的友好互助条约，俄罗斯对乌克兰发起特别军事行动，俄罗斯将努力实现乌克兰的"非军事化"和"去纳粹化"。③ 美国立即做出反应。美国总统拜登发表声明称，普京对乌克兰发起的军事行动最终将使俄罗斯在经济和战略上付出高昂代价，美国会举全国之力捍卫北约的每一寸领土。④ 2 月 24 日爆发的俄乌冲突是全球战略格局变化、俄罗斯与西方关系现状以及俄罗斯历史文化和现实民意等各种因素综合作用的结果。俄罗斯国内精英认为，对乌克兰发起的特别军事行动开启了俄罗斯国内发展的全新阶段。俄罗斯国家的边界、人口、经济体系、社会关系和情绪、政治环境、意识形态等正在发生变化。俄罗斯联邦"1.0 版"已经结束，国家正在向一个新的状态过渡。⑤

---

① Выступление на расширенном заседании Государственного совета «О стратегии развития России до 2020 года», 8 февраля 2008 года, http：//www.kremlin.ru/events/president/transcripts/24825.

② 联合国任何会员国受武力攻击时，在安全理事会采取必要办法以维持国际和平及安全以前，本宪章不得被视为禁止行使单独或集体自卫之自然权利。会员国因行使此项自卫权而采取之办法，应立即向安全理事会报告，此项办法于任何方面不得影响安全理事会按照本宪章随时采取其所认为必要行动之权责，以维持或恢复国际和平及安全。参见《联合国宪章》，http：//www.scio.gov.cn/xwfbh/xwbfbh/wqfbh/2015/33146/xgbd33155/Document/1442184/1442184.htm。

③ Обращение Президента Российской Федерации, 24 февраля 2022 года, http：//kremlin.ru/events/president/news/67843.

④ "Remarks by President Biden on Russia's Unprovoked and Unjustified Attack on Ukraine", February 24, 2022, https：//www.whitehouse.gov/briefing-room/speeches-remarks/2022/02/24/remarks-by-president-biden-on-russias-unprovoked-and-unjustified-attack-on-ukraine/.

⑤ Дмитрий Тренин, Специальная военная операция на Украине как переломная точка внешней политики современной России, https：//globalaffairs.ru/articles/perelomnaya-tochka/.

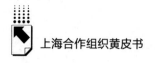

二 2022年上海合作组织发展的总体态势

2022年俄乌冲突的爆发导致俄罗斯被美国和欧盟全面遏制和孤立，俄罗斯转而加强"向东看"以寻找更多的战略空间。俄罗斯力求联合欧亚地区各国对冲美欧的打压，同时主张积极反对单极霸权、重塑多极化秩序。地处欧亚大陆的上海合作组织因而在2022年受到俄罗斯的高度重视。俄乌冲突爆发后，地处后苏联空间的欧亚国家情况也在发生微妙的变化，维护政权安全和社会稳定的任务更加繁重，经济发展也受到美国及西方对俄罗斯严厉制裁的影响。在动荡的外部环境中，多数欧亚国家保持了政治和社会的基本稳定，外交上继续奉行大国平衡的政策。

当前，俄罗斯仍然需要为生存和发展而布局国家战略，上海合作组织成员国也面临更多发展难题，尤其是上合组织创始成员国即中亚国家的民族国家构建和现代化改革将进入关键时期。总体上看，2022年受新冠疫情和乌克兰危机的影响，上海合作组织成员国面临阿富汗局势不定、边界冲突升温、宪法修改、经济放缓、民族情绪增强等内外因素影响，尤其是中亚地区热点问题频发，安全稳定受到威胁。2022年1月，哈萨克斯坦因天然气涨价出现动乱；5月，塔吉克斯坦东南部出现骚乱；7月，乌兹别克斯坦的卡拉卡尔帕克斯坦因反对宪法修改被取消自治共和国地位而出现政治动荡。从政权安全的角度看，上海合作组织成员国的中亚国家政权处于独立后新老代际更替期，2022年出现的不稳定具有短期性，各国维稳能力依然较强。

针对2022年乌克兰危机背景下上海合作组织成员国国内局势出现的动荡，上海合作组织及时发声表明立场。张明秘书长认为，2022年国际政治经济的形势、格局都在发生重大变化，上合组织成员国出现的一些事件是在国际环境大背景下发生的，同样也是相关国家在国内改革和发展过程中出现的事件。上合组织秘书处和各成员国高兴地看到这些国家很快平息了事件，妥善解决了问题，保持了国家政治和社会的平稳有序。国际形势的动荡和变化会影响到上合组织空间和成员国的发展，在这种形势之下，各成员国进行深入思考后找到的共同答案就是要加强上合组织框架内的团结协作，强化各领域合作，促进经济社会发展，也就是要"强身健体"。在处理这些事件的过程中彰显了本组织的团结，上合组织对相关国家迅速解决问题、平息局势给予了积极支持。上合组织成员国意识到当前国际形势的变化带来的新威胁、新挑战，同时也明确强调，面对这些新威胁、新挑战更需要加强组织框架内的合作和团结，以便维护长远利益，维护地区安全与稳定，也只有在此基础上才能确保上合组织地区以及各成员国的可持续发展。[①]

2022 年乌兹别克斯坦担任上海合作组织轮值主席国。乌兹别克斯坦总统米尔济约耶夫表示，当今世界正处于历史转型期，这种大调整和大变革表现为一个时代正在终结，而另一个时代正在到来。新的时代充满未知和不确定性，当代国际政治中的合作体系面临困难和挑战。在当前错综复杂的形势下，为了应对全球性的风险挑战需要各国携手团结，任何国家都不可能置身事外。在尊重对方利益的基础上开展建设性对话，寻求多边合作是解决问题和摆脱危机的途径。致力于开展真正符合各方利益的国际合作平台很多，多边组织是地区乃至全球合作的重要机制。上海合作组织与其他国际组织一样，致力于促进成员国之间加深了解，开展务实合作，加强人文交流。上海合作组织已经成为拥有广阔地理空间、占 40%以上世界人口的区域性组织。其成功的关键在于奉行不结盟、不对抗、不针对第三国或其他国际组织，所有成员国一律平等，尊重彼此主权的准则。[②]

2022 年 9 月，上合组织撒马尔罕元首峰会成功举行。这次元首峰会是新冠疫情以来时隔两年首次举行的面对面峰会。会议议题广泛，包括讨论全球变革条件下深化合作的前景、上合组织应对外部环境复杂变化的任务、完善应对安全挑战与威胁机制、加强外交协调、提高经济领域合作效率等问题。出席大范围会谈的领导人讨论了世界经济复苏、生产和贸易链稳定，以

---

① 《上海合作组织秘书长张明记者会实录》，http://chn.sectsco.org/news/20220715/854794.html。

② 《乌兹别克斯坦总统沙夫卡特·米尔济约耶夫关于上海合作组织撒马尔罕峰会：紧密相连的世界 对话与合作》，http://chn.sectsco.org/politics/20220912/912309/---.html。

及气候变化、粮食和能源安全保障等问题。撒马尔罕峰会期间，乌兹别克斯坦总统米尔济约耶夫宣布，上海合作组织成员国领导人签署了《关于伊朗伊斯兰共和国加入上海合作组织义务的备忘录》，伊朗将在2023年的元首峰会上获得正式成员国资格。会议还启动了接收白俄罗斯为上合组织成员国的程序。习近平主席在参加上合组织元首理事会第二十二次会议小范围会谈时，就推动上合组织发展提出四点建议，即要坚持弘扬"上海精神"，巩固团结合作，要继续在涉及彼此核心利益和重大关切问题上相互支持，强调坚持战略自主，维护地区稳定，抵制任何制造阵营对抗的企图，面对错综复杂的国际环境，上合成员国将在相互尊重、睦邻友好原则基础上坚持和平、共同发展等关系，继续开展建设性互信对话，深化高效、多领域合作，全力保障上合组织地区的安全、稳定和可持续发展。

三 2022年上海合作组织发展的行动实践

正如习近平主席所指出的，世界百年未有之大变局加速演进，世界进入新的动荡变革期。新形势下上海合作组织作为国际和地区事务中重要的建设性力量，要勇于面对国际风云变幻，牢牢把握时代潮流，不断加强团结合作，推动构建更加紧密的上海合作组织命运共同体。①

在严峻复杂的国际环境下，2022年9月上合组织成员国元首峰会顺利召开。一是展现了组织旺盛的生命力。上合组织成员国、观察员国及对话伙伴国领导人齐聚一堂，为推动地区和平与繁荣贡献上合力量。在过去一年中，上合组织主办了80场重大活动，聚焦共同安全合作、交通运输、经济联系等领域，以寻求新的发展途径。2022年的成员国元首峰会就提高政治、经济、贸易、交通物流、创新等领域合作的实效提出了多项倡议，将重点放在发展贸易和经济关系方面，决定进一步加强投资、能源、交通、物流、产

① 习近平：《把握时代潮流 加强团结合作 共创美好未来——在上海合作组织成员国元首理事会第二十二次会议上的讲话》，人民出版社，2022，第4页。

业合作、信息通信、农业、海关等领域的伙伴关系。事实证明，上合组织为实现欧亚大陆的和平稳定与区域合作、为实现中国国家安全和发展利益创造了难得的机遇。"西方不亮东方亮"，上合组织元首峰会冲破美西方冷战思维，展现了"上海精神"的强大生命力。

二是展现了构建新型国际关系的生动实践。首先，上合组织扩员进程体现了其在国际舞台上的作用在加强，威望在增长。上合组织领导人在9月16日的会议上签署了关于接纳伊朗成为该组织正式成员的备忘录。下一个等待加入的是白俄罗斯。上合组织对话伙伴国也实现了扩容：批准埃及、沙特阿拉伯、卡塔尔，同意巴林、科威特、阿联酋、马尔代夫和缅甸加入。其次，上合组织成员国坚持独立自主的对外政策。俄乌冲突后，除美国和欧洲，大多数国家对这场危机持微妙的态度。亚洲一些国家在联合国投票时虽然加入了谴责俄罗斯的行列，但并没有加入制裁俄罗斯的行列。印度拒绝选边站队。包括上合组织成员国、观察员国和对话伙伴国在内的大多数国家都谨慎地保持中立，甚至拒绝把这场冲突称为战争。再次，上合组织区域内多边主义继续加强。在上合组织峰会期间，中俄蒙举行三国领导人会晤，讨论地区发展问题，同意推进基础设施和能源供应领域的大型项目，支持扩大相互贸易中的本币结算，加快建设中俄蒙经济走廊。最后，中俄作为两个有影响力的大国，双方新时代全面战略协作伙伴关系成为上合组织稳定的保证。①

三是加强上合组织成员国的安全利益。撒马尔罕峰会期间，成员国领导人批准了《〈上海合作组织成员国长期睦邻友好合作条约〉实施纲要（2023～2027年）》。与美国坚持以对抗、遏制、制衡等为内容的冷战思维不同，上合组织积极倡导和实践以互信、互利、平等、协作为原则的新安全观。对于上合组织任何符合共同安全、合作安全、综合安全的倡议，中国都表示积极支持。上合组织旗帜鲜明地推动建立符合新安全观的和平稳定机制是对世界和平稳定发展的独特贡献，也坚定地传递了以下两点有效信息。第

---

① Виктор Пироженко, Итоги Самарканда для России и КитаяПрактический инструмент построения нового типа международных отношений, https://www.fondsk.ru/news/2022/09/24/itogi-samarkanda-dlja-rossii-i-kitaja-57262.html?ysclid=lgabujrymb460648021.

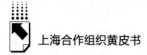

一，经历了乌克兰危机给国际局势带来的动荡不安，各国人民更加坚定了要和平不要战争、要合作不要对抗的信念。俄乌冲突再次告诫世人：战争无法解决人类面临的各种难题，牺牲别国安全无法实现自身安全，只会加剧安全困境。国家之间的对抗无法带来世界的和平稳定，热衷于搞极限施压和制裁，把国际合作政治化、工具化、武器化，必然会损人害己。第二，20世纪国际政治中的集团对抗使人类先后经历了两次世界大战和数十年的冷战，人类社会饱受战争摧残，遭受了不可估量的损失。历史实践表明，和平是发展的基本前提，实现各国人民对美好生活的向往离不开和平的国际环境和稳定的国际秩序。只有坚持同舟共济、团结合作，才能争取和维护世界和平，才能实现共同发展和互利共赢。发展上海合作组织有利于确保上合组织成员国之间边界的安宁，有利于同邻国联合打击"三股势力"。应继续坚持与利益攸关方实行接触政策，继续坚持通过对话和协商机制化解矛盾，缓和关系，避免对抗。解决争议问题的原则应是既要尊重历史，也要正视现实，积极努力通过平等协商和平地解决问题。上海合作组织的成立和发展对于中国的地缘安全利益具有重要意义。

四是促进上合组织成员国的发展利益。此次元首峰会强调要继续聚焦推动区域经济合作，开拓新的发展空间。在《上海合作组织成员国元首理事会撒马尔罕宣言》中强调，应推进落实《上海合作组织成员国多边经贸合作纲要》及其落实行动计划，并发表了《关于维护供应链安全稳定多元化的声明》，以进一步深化区域经济合作。通过上海合作组织各成员国间的各种合作，可以促进成员国建立保障经济安全和可持续发展的基础。发展上海合作组织在科技领域尤其是军技领域的合作对各成员国实现科技强国和强军战略也有重要意义。

五是上合组织成为各成员国在国际舞台上不可或缺的战略依托。此次上合组织成员国元首峰会直面全球热点问题，关注国际能源安全和全球粮食安全，重申要积极应对气候变化。乌克兰危机后国际形势错综复杂，上合组织面向"中间地带"国家，高举共同发展的旗帜，在"一带一路"倡议下做帮助"中间地带"国家的实事，出实效，加强联系，力争获得更多国际空间和伙伴。借助上合组织这一多边平台可以积极传递中国促进世界和平与发展的外交理念：只有世界各国共担使命、共谋发展，才能维护世界和平稳定、促进全球可持续发展，才能共同开创和共享和平繁荣的美好未来。以上合组织这种多边组织的形式发表声明，既可以避开俄罗斯的疑虑，又可以向国际社会尤其是向"中间地带"国家展现上合组织促进和平的作用和中国的大国担当，尽可能多地争取"中间地带"国家的支持，拓展上合组织的国际空间。在国际事务和国际组织中，上合组织致力于推动世界多极化，维护世界和平，寻求地区安全和稳定，已成为各成员国在国际上的战略依托和战略伙伴。

四　上海合作组织发展的前景展望

从发展前景看，上合组织首先需要有效应对乌克兰危机给上合组织发展带来的影响和挑战。2022 年俄罗斯及欧亚地区的核心事件是俄乌冲突。俄乌冲突的进程与结局将在一个相当长的时间内对国际格局产生深刻影响。对乌发起特别军事行动对俄罗斯来说是一个战略性的选择，虽然面对的外部压力极大，但其不可能轻易放弃自己的目标；对中亚国家来说，无论是政治、经济还是外交、安全都将经历独立后最大的一次危机和挑战。俄乌冲突已经带来欧亚地区的政治分化和安全形势的进一步恶化。俄罗斯与美国及西方的地缘政治对抗尖锐化、长期化，而中亚国家寻求政局稳定、经济发展和国际合作将面临一系列新的考验。

一是坚决抵制外部炒作上合组织的反美色彩，警惕美国和西方炒作和抹黑伊朗加入上合组织。2022 年美国和西方大力渲染的热点问题是上合组织正式启动接收伊朗成为成员国的程序，签署了关于伊朗加入上合组织义务的备忘录。当前乌克兰危机全面升级，美国和西方力图将俄罗斯长期困入乌克兰危机中，同时展开信息战，企图将上合组织与乌克兰危机相捆绑，炒作和抹黑伊朗加入上合组织，试图把控舆论，制造两个平行体系，破坏上合组织的国际形象，破坏中国的发展空间。

二是需要研判上合组织发展中的俄罗斯因素。一方面，当今国际局势最大的变数是俄罗斯。俄乌冲突实际上是二战之后对世界格局影响最大的一次"军事行动"，是俄罗斯与西方发达国家之间的决斗。目前这场冲突已经对国际格局产生重大影响，而且冲突尚在进行之中，今后如何发展很难预料。但是，俄罗斯以一国之力对付整个西方发达国家，其艰难和凶险程度不难想象。无论这场冲突给俄罗斯带来什么重大变化、对国际局势的发展变化产生什么重大影响，都会对上合组织产生各种直接和间接的影响。另一方面，即使俄罗斯发展前景存在变数，也需要明确中俄关系在中国的战略格局中居于特别的地位。新形势下保持和发展中俄关系不仅符合中俄的利益，也有助于国际和地区稳定。中国同俄罗斯和中亚国家有7600多公里的共同边界，国家间的政治问题极易发展成军事安全和战略问题。上合组织越是顺利发展，中国与这些国家的关系越是稳定，中国在安全问题上付出的代价就越低。

三是回应各方安全关切，探索在上合组织框架内落实全球安全倡议。2022年上合组织元首峰会期间签署了包括中哈、中乌、中白等联合声明在内的一系列文件，这些文件均将安全关切列为重点问题。上述文件包含一系列对地区稳定与发展非常有利的条款和原则。鉴于乌克兰危机对于欧亚地区尤其是中亚国家产生的复杂影响，今后可以推动在上合组织框架内继续落实全球安全倡议。从上合组织安全合作的实践看，在上合组织已经形成的安全共识基础上，可以再突出以下原则：其一，上合组织成员国之间不能出现损害成员国主权、安全和领土完整的组织；其二，上合组织成员国之间不能允许第三国利用其领土损害成员国的国家利益；其三，上合组织成员国之间如出现成员国认为会威胁和平、破坏和平或涉及其安全利益的情况，上合组织为消除所出现的威胁将立即进行接触和磋商。在上合组织框架内的双边和多边交往中，只要这些原则落到实处，就能保障上合组织区域平等、共同、综合、合作、可持续的安全态势。

四是加紧落实经贸合作成果，强化上合组织参与区域化经济合作的功能。2022年乌兹别克斯坦在担任上合组织轮值主席国期间，力求加强上合组织内部的务实合作，以提升上合组织的潜力和国际声望。乌兹别克斯坦认为，不仅要关注安全问题，还要把加强贸易、经济和人道主义合作作为战略重点。在经济合作方面要实实在在地做项目，使成员国得到实惠，尝到甜头，使上合组织成员国民众有获得感，从而进一步增强上海合作组织的凝聚力和吸引力。现阶段上合组织成员国已达成了共识，要继续抓紧落实大型合作项目，首先还是能源方面的合作项目；要继续推进解决好跨境运输问题；此外，在信息产业、电子工业、森林采伐和加工、劳务等方面要抓紧落实已定计划，争取早日见效。

新冠疫情和乌克兰危机导致全球产业链供应链断裂重组，产业链供应链区域化和在地化的趋势明显上升。与此同时，中国在欧亚腹地、东亚、东南亚等周边区域的经济合作面临新的机遇。美国打着安全和意识形态的幌子阻碍中国周边区域一体化的进程，但周边相关国家的经济利益与中国息息相关，经济碎片化不利于这些国家的发展。区域一体化是不以人的意志为转移的后疫情时代的潮流，上合组织应牢牢把握区域一体化的发展目标。上合组织的地理定位在于欧亚大陆。欧亚大陆是世界政治经济活跃的地区，其中互联互通的经济规模已经并且将以更大的规模溢出国界。这一趋势并没有因新冠疫情和俄乌冲突而改变。应坚定不移地继续推进这一进程，以区域经济一体化为基石，逐渐形成你中有我、我中有你、利益交融的共同体。最重要的不在于何时实现区域一体化目标，而在于走向这一目标的过程，加强互联互通、深入打造利益交融的区域经济合作空间有利于防止矛盾激化。否则，一般的问题就有可能会发展成影响全局的大事而难以收拾。

从长远看，加强上合组织自身建设是重中之重。多年来上合组织自身存在一些能力弱点，这也是一个老问题，那就是政治宣示有余而执行力不足。有好的规划和设想，但在落实上较为欠缺。上合组织坚持结伴不结盟，自然也就没有联盟组织所具备的一些职能。比如，在经济上，欧盟设有经济恢复救助资金，但是上合组织则没有可支配的公共资金和物质资源，既没有可能向成员国提供物质援助，也没有可能拨出资金帮助成员国恢复经济。从具体运行机制上看，上合组织没有"权力中央"。上合组织常设机构——秘书处——只是一个行政机关，不是权力机构。上合组织法理意义上的最高权力

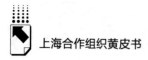

机构是元首峰会，但元首峰会一年只开一次。上合组织不享有成员国让渡的权力，在紧急事态下，上合组织往往难以独立做出重大决定，难以在发生重大突发事件时做出应有的迅速反应，这些都削弱了上合组织的国际影响力，限制了上合组织在诸如应对突发疫情等"黑天鹅"事件中发挥作用。

当前，上合组织成员国对加强上合组织自身建设已形成共识，借此契机可考虑在上合组织内探索设立应急机制。尽管上合组织宪章有关于非例行会议的规章，但这不是应急机制。目前在发生重大突发国际事件时，上合组织仅能由秘书处做出声明，但秘书处的声明只是一般性的表态，不表明成员国将采取集体决策和协调行动。从长计议，建立应急机制已是上合组织发展的迫切需要。可考虑赋予年度轮值主席国特别责任，在发生重大突发事件时，主席国有责任与其他成员国协商并在协调一致的基础上提出倡议，通过应急机制让上合组织面对重大突发事件时能够灵活反应，有所行动。

上海合作组织的建立符合历史潮流，体现时代发展趋势，应不畏艰难、锲而不舍地继续推动组织发展。上合组织的发展与百年大变局背景下欧亚地区战略态势的演进过程、乌克兰危机的地区影响、欧亚地区的安全态势、大国在欧亚地区的博弈、地区国家的军事安全战略和阿富汗问题等密切相关。在新的历史时期，应以上合组织为平台，加强合作并促进欧亚地区"一带一路"建设，同时也要研判上合组织面临的机遇和风险，推进地区国家命运共同体建设，促进全球发展倡议、全球安全倡议和全球文明倡议在欧亚地区落地生根。上合组织的发展实践表明，中国提出参与周边地区多边合作的方案和思路能更好地维护中国的长远战略利益。

重要会议

Important Meetings

Y . 2

上海合作组织成员国元首理事会
第二十二次会议

张 宁*

摘 要： 上海合作组织成员国元首理事会第二十二次会议于 2022 年 9 月 16 日在乌兹别克斯坦撒马尔罕召开。会议通过《上海合作组织成员国元首理事会撒马尔罕宣言》（简称《撒马尔罕宣言》），对上合组织的发展成就给予高度评价，并签署《关于伊朗伊斯兰共和国加入上海合作组织义务的备忘录》。元首们从地区繁荣稳定出发，提出了各自的合作建议，为地区繁荣稳定注入新动力。

关键词： 上海合作组织 元首会议 《撒马尔罕宣言》 撒马尔罕精神

2022 年是《上海合作组织成员国长期睦邻友好合作条约》签署 15 周年

---

* 张宁，中国社会科学院俄罗斯东欧中亚研究所中亚与高加索研究室研究员。

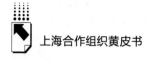

和《上海合作组织宪章》签署 20 周年。在金秋时节的 9 月 16 日，上合组织成员国元首会聚在乌兹别克斯坦的历史名城撒马尔罕，举行第二十二次成员国元首理事会会议。与会领导人畅所欲言，讨论了地缘政治和经济新形势、地区安全稳定、气候变化、产业链和供应链安全、粮食安全、能源安全等区域合作问题，并提出了自己的建议。

会议由上海合作组织轮值主席国乌兹别克斯坦总统米尔济约耶夫主持。出席会议的有上合组织的八个成员国、三个观察员国和两个对话伙伴国的领导人，以及主席国客人和有关国际组织和地区组织的代表。

参加会议的成员国领导人有：乌兹别克斯坦总统米尔济约耶夫、中国国家主席习近平、俄罗斯总统普京、哈萨克斯坦总统托卡耶夫、吉尔吉斯斯坦总统扎帕罗夫、塔吉克斯坦总统拉赫蒙、印度总理莫迪、巴基斯坦总理谢里夫。

参加会议的观察员国元首有：白俄罗斯总统卢卡申科、伊朗总统莱希、蒙古国总统呼日勒苏赫。阿富汗未有代表出席，主要原因是 2022 年 8 月塔利班获得阿富汗政权后未获得国际承认，上合组织与阿富汗塔利班临时政府尚未建立外交关系。

参加会议的对话伙伴国领导人有：阿塞拜疆总统阿利耶夫、土耳其总统埃尔多安。其他对话伙伴国亚美尼亚、柬埔寨、尼泊尔、斯里兰卡未派代表出席会议。亚美尼亚总理帕什尼扬拒绝出席的主要原因是亚美尼亚与阿塞拜疆因纳卡战争问题而关系紧张。

会议主办国邀请的客人有：土库曼斯坦总统谢尔达尔·别尔德穆哈梅多夫，以及联合国、联合国亚太经社理事会、联合国教科文组织、独联体、集体安全条约组织、欧亚经济联盟、亚信会议、经济合作组织、阿拉伯国家联盟等国际组织的代表。

一　会议成果

此次会议共通过 44 项声明和文件，涉及经济、金融、科技、人文、机制建设、对外交往等多个领域，其中最重要的成果是成员国领导人签署的

《上海合作组织成员国元首理事会撒马尔罕宣言》和《关于伊朗伊斯兰共和国加入上海合作组织义务的备忘录》。会议发表了关于保障供应链可靠、可持续和多样化，保障能源安全，维护国际粮食安全，应对气候变化等多份声明（见表1），还宣布启动接收白俄罗斯为成员国的程序，批准埃及、沙特阿拉伯、卡塔尔，同意巴林、马尔代夫、阿联酋、科威特、缅甸为新的对话伙伴。会议决定由印度接任下一年度上海合作组织轮值主席国。

表1　撒马尔罕峰会签署的部分文件

	文件（俄文）	文件（中文）
1	О Комплексном плане мероприятий по реализации положений «Соглашения о долгосрочном добрососедстве, дружбе и сотрудничестве государств-членов ШОС »на 2023– 2027 годы	《上海合作组织成员国长期睦邻友好合作条约》实施纲要（2023~2027年）
2	О концепциигосударств-членов ШОС по развитию взаимозависимости и созданию эффективных транспортных коридоров	关于上海合作组织成员国发展互联互通和建立高效运输走廊的构想
3	О положении о почетном звании «Посол доброй воли ШОС»	关于"上海合作组织亲善大使"荣誉称号的规定
4	О«дорожной карте» постепенного увеличения доли национальных валют во взаиморасчетах государств-членов ШОС	关于逐步提高本币在上合组织成员国相互结算中所占份额的"路线图"
5	О подписании меморандума об обязательствах Ирана по получению статуса государства-члена ШОС	关于伊朗伊斯兰共和国加入上海合作组织义务的备忘录
6	О начале процесса приема Республики Беларусь в члены ШОС	关于启动白俄罗斯共和国加入上海合作组织进程
7	О предоставлении статуса партнера по диалогу ШОС Мальдивской Республике, Бахрейну, Объединённым Арабским Эмиратам, Республике Союз Мьянма и Государству Кувейт	给予马尔代夫共和国、巴林、阿拉伯联合酋长国、缅甸联邦共和国和科威特上海合作组织对话伙伴地位
8	Об объявлениигорода Варанаси （Индия） туристической и культурной столицей ШОС на 2022– 2023 годы	宣布瓦拉纳西市（印度）为2022~2023年上合组织"旅游文化之都"

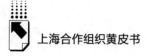
续表

	文件（俄文）	文件（中文）
9	О подписании меморандума между Секретариатом ШОС и Управлением ООН по вопросам образования, науки и культуры（ЮНЕСКО）	上海合作组织秘书处与联合国教育、科学及文化组织（教科文组织）签署备忘录
10	Об отчетах Генерального секретаря ШОС о деятельности организации в прошлом году и деятельности Совета Региональной антитеррористической структуры ШОС в 2021 году	上海合作组织秘书长关于上合组织2021年活动和上合组织地区反恐机构理事会2021年活动的报告
11	О прекращении действия решений Совета глав государств ШОС	关于终止上海合作组织国家元首理事会决定的报告
12	Заявление о действиях по реагированию на изменение климата	关于应对气候变化行动的声明
13	Заявление по обеспечению надежных, устойчивых и диверсифицированных цепочек поставок	关于保障供应链可靠、可持续和多样化的声明
14	Заявление по обеспечению глобальной продовольственной безопасности	关于保障全球粮食安全的声明
15	Заявление по обеспечению энергетической безопасности	关于保障能源安全的声明
16	Меморандум об обязательствах Ирана по получению статуса члена ШОС	伊朗加入上海合作组织义务的备忘录
17	Меморандум о сотрудничестве между компетентными органами стран ШОС в области музейного дела	上海合作组织成员国主管机关在博物馆领域合作备忘录
18	Меморандум между секретариатами ШОС и Лиги арабских государств	上海合作组织秘书处与阿拉伯国家联盟秘书处的备忘录
19	Меморандум о взаимопонимании междуСекретариатом ШОС и Организацией Объединённых Наций по вопросам образования, науки и культуры（ЮНЕСКО）	上海合作组织秘书处与联合国教育、科学及文化组织（教科文组织）谅解备忘录
20	Меморандум о взаимопонимании между Секретариатом ШОС и Экономической и социальной комиссией для Азии и Тихого океана（ЭСКАТО）	上海合作组织秘书处与亚洲及太平洋经济社会委员会（亚太经社会）谅解备忘录
21	Соглашение о сотрудничестве в сфере туризма между правительствами государств-членов ШОС	上海合作组织成员国政府间旅游合作协定
22	Основные принципы сотрудничества в сфере торговли услугами между государствами-членами ШОС	上海合作组织成员国服务贸易合作基本原则

	文件（俄文）	文件（中文）
23	Соглашение о сотрудничестве между компетентными органами стран ШОС в области карантина растений	上海合作组织成员国植物检疫主管部门合作协定
24	Программа сотрудничества стран ШОС в области использования возобновляемых источников энергии	上海合作组织成员国可再生能源利用合作纲要
25	Программа инфраструктурного развития стран ШОС	上海合作组织成员国基础设施发展纲要
26	Программа развития производственной кооперации деловых кругов стран ШОС	上海合作组织成员国实业界产业合作发展规划
27	Программа развития цифровой грамотности ШОС	上海合作组织全民数字素养发展纲要
28	Программасотрудничества государств-членов ШОС по развитию искусственного интеллекта	上海合作组织成员国人工智能发展合作纲要
29	дорожная карта по сотрудничеству медицинских организаций государств-членов ШОС в области профилактики и лечения инфекционных заболеваний	上海合作组织成员国医疗机构在传染病防治领域合作路线图
30	План мероприятий по научно-техническому сотрудничеству по приоритетным направлениям между государствами-членами ШОС （на 2022–2025 годы）	上海合作组织成员国优先领域科技合作活动计划（2022~2025 年）
31	совместный план действий по развитию внутрирегиональной торговли в ШОС	上海合作组织发展地区内贸易的联合行动计划
32	Концепция сотрудничества стран ШОС в сфере телемедицины	上海合作组织成员国远程医疗合作构想
33	Концепция сотрудничества стран ШОС в сфFlatButtonереввнедрения умного сельского хозяйства и агроинноваций	上海合作组织成员国实施智能农业和农业创新合作构想

资料来源：ShHT sammiti yakunida Samarqand deklaratsiyasi imzolandi，https：//kun.uz/uz/news/2022/09/16/shht-sammiti-yakunida-samarqand-deklaratsiyasi-imzolandi。

　　成员国元首理事会通过的《撒马尔罕宣言》指出："当今世界正在发生全球性变化，进入快速发展和大变革的新时期。世界多极化趋势加强，各国相互依存度日益加深，信息化和数字化进程加速。与此同时，当前国际挑战和威胁更加复杂，国际形势逐步恶化，地区冲突和危机层出不穷、持续升级。"为此，上合组织"重申坚持公认的国际法原则，以多边主义、平等、

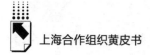

共同、综合、合作、可持续安全，文化文明多样性为基础，在联合国中心协调作用下通过各国间平等互利合作，构建更具代表性、更加民主公正的多极世界秩序。"① 在成员国元首理事会前夕，乌兹别克斯坦总统米尔济约耶夫曾撰文《紧密相连的世界：对话与合作》，提出"撒马尔罕精神"（相互尊重、互信、建设性合作、包容性对话），指出"撒马尔罕精神"正是对"上海精神"的有机补充，上合组织将成为各国和平共处、精诚团结的平台。② 乌兹别克斯坦外交部的上合组织国家协调员努里姆别托夫认为："峰会的主要文件是《撒马尔罕宣言》，其展示了上合组织解决地区和全球问题的总体方针，指明了上合组织发展的具体方向。"

成员国元首理事会同意吸收伊朗为正式成员，完成了上合组织成立以来的第二次扩员进程。自 2021 年上合组织决定启动吸收伊朗加入的程序后，伊朗已完成所有加入组织所需的文件签署和国内批准工作。2022 年上合组织成员国元首峰会的决定是在此基础上的完美收官。伊朗的加入不仅代表上合组织的区域扩大，更彰显该组织的合作宗旨——"上海精神"——被越来越多的国家认可和接受。峰会批准埃及、沙特、卡塔尔，同意巴林、马尔代夫、阿联酋、科威特、缅甸为新的对话伙伴就是明证。另外，吸收伊朗加入也表明，以中亚为核心区的上合组织正在围绕中亚将其周边国家吸收进来，让处于欧亚大陆内部的内陆国家有更多对外联系的通道和良好的外部发展环境。

二 领导人的建议

从与会领导人的讲话中可知，各国都对上合组织发展充满信心和期待，对区域合作提出了很多良好建议。

中国国家主席习近平发表了题为《把握时代潮流 加强团结合作 共创美

---

① 《上海合作组织成员国元首理事会撒马尔罕宣言》，https：//www. fmprc. gov. cn/zyxw/202209/t20220917_ 10767328. shtml。

② 《乌兹别克斯坦总统沙夫卡特·米尔济约耶夫关于上海合作组织撒马尔罕峰会：紧密相连的世界：对话与合作》，http：//chn. sectsco. org/politics/20220912/912309/_ . html。

好未来》的讲话，认为上合组织取得丰硕合作成果主要得益于"五个坚持"，即坚持政治互信、坚持互利合作、坚持平等相待、坚持开放包容、坚持公平正义。习主席指出，"人类社会发展和大自然一样，有阳光灿烂的日子，也有风雪交加的时刻"①，在新形势下，为了推动构建更加紧密的上海合作组织命运共同体，作为国际和地区事务中重要的建设性力量，上海合作组织要勇于面对国际风云变幻，牢牢把握时代潮流，加大相互支持，拓展安全合作，深化务实合作，加强人文交流，坚持多边主义，不断加强团结合作，秉持"上海精神"一路前行。可以说，习主席提出的"五个坚持"体现了"上海精神"的深刻内涵，是"真正多边主义的实践，是对传统集团政治的超越，回答了在新的时代背景下应当推进什么样的新型区域合作、如何推进新型区域合作的问题，对上合组织自身建设、对促进国际关系健康公正发展均具有重要指导意义"。② 习主席的讲话立足中亚周边，面向亚欧大陆，总揽全球变局，始终把中国自身发展置于人类发展的宏大坐标系，不断汇聚中国人民与世界人民利益的最大公约数，牢牢站在历史发展的正确一边、时代潮流的进步一边，体现并实践着新时代中国特色外交思想，因此受到参会者的高度评价。

乌兹别克斯坦总统米尔济约耶夫在峰会上指出，在互不信任、互不理解、对抗冲突不断加剧的国际背景下，稳定与安全面临的挑战越来越多，全球可持续发展也面临气候变化、水和自然资源短缺、大流行病、能源和粮食安全危机等威胁，因此，全球对互信、正义和团结的需求日益增长，比以往任何时候都更需要继续进行公开和建设性的对话。上海合作组织的活动恰好向世界表明，这种对话是可能的，需要坚持上合组织的非集团化和开放性原则，坚持安全不可分割的原则，坚持中亚在上合组织的地缘核心地位，坚持

---

① 习近平：《把握时代潮流 加强团结合作 共创美好未来——在上海合作组织成员国元首理事会第二十二次会议上的讲话》，人民出版社，2022，第4页。

② 《沧海横流领航向，丝路古道焕新机——国务委员兼外交部长王毅谈习近平主席出席上海合作组织撒马尔罕峰会并对哈萨克斯坦、乌兹别克斯坦进行国事访问》，http：//cz.china-embassy.gov.cn/chn/zxdt/202209/t20220918_ 10767588.htm。

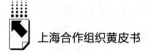

"上海精神"。为确保上合组织地区的和平、稳定与繁荣，米尔济约耶夫建议：第一，着手制定上合组织"2040年前的发展战略"，加强经贸投资领域合作，保障供应链安全；第二，举办一年一度的上海合作组织商品交易会，并在此基础上创建一个统一的电子平台；第三，发展农业合作，保障粮食安全；第四，加强互联互通合作，打造高效交通走廊，举办交通论坛；第五，成立"上合组织气候理事会"，提高应对气候变化的能力；第六，加强安全合作，提高地区反恐怖机构的效率；第七，关注信息安全；第八，推动阿富汗重建；第九，宣布2023年为"上海合作组织旅游年"；第十，2023年举办"撒马尔罕论坛"，彰显"撒马尔罕精神"。撒马尔罕是几个世纪以来实践宽容和尊重不同民族传统及价值观的最好例子，是"没有地缘政治竞争、意识形态矛盾和争端"的和平友好的对话之地。①

俄罗斯总统普京在发言中强调了几点。第一，上合组织的合作原则是基于国际法和《联合国宪章》，而不是基于西方的规则。"世界政治和经济已经出现了根本性的转变，而且它们是不可逆转的，新的权力中心的作用越来越大，它们之间的互动不是基于外界强加的一些没有人见过的规则，而是基于公认的国际法至上原则和《联合国宪章》，确保平等和安全不可分割，尊重主权、民族价值观和利益。"② 第二，上合组织的合作是开放的、平等的、不自私的。"我们愿意与全世界合作。我们的组织具有非集团性质，我们正在协助解决世界上日益严重的能源和粮食问题，我们也谈到了这些问题是由于世界主要经济体在金融和能源领域的一些系统性错误而引起的。我们的政策没有任何自私。我们希望其他经济合作参与方能在同样的原则基础上制定政策，停止利用保护主义和非法制裁为自己谋取私利。"第三，支持上合组织扩员。"所有加入上合组织的申请都值得认真关注和善意对待"，吸收伊

① Выступление Президента Республики Узбекистан Шавката Мирзиёева на заседании Совета глав государств-членов Шанхайской организации сотрудничества, 16.09.2022, https: // president. uz/ru/lists/view/5542.

② Заседание Совета глав государств - членов ШОС, 06.09.2022, http: //www. kremlin. ru/ events/president/news/69361.

朗加入很有必要，"因为这个国家在欧亚地区和整个世界都发挥着重要作用"；接纳白俄罗斯也有好处，"我们一直主张白俄罗斯全面参与上合组织，这是俄罗斯的战略伙伴和最亲密的盟友。这无疑将增强政治、经济、安全和人道主义领域团结的可能性"。

哈萨克斯坦总统托卡耶夫在上合组织撒马尔罕元首峰会上表示，上合组织是当今世界上最成功的国际组织。该组织成员不断扩大有力地证明了本组织的国际威望和影响力不断提高。当今时代的一个显著特征是互信严重缺失，因此"上海精神"显得格外重要。当今世界已进入形势严重恶化的危险时期，出现了以制裁施压方式以及对抗性方式解决全球重大问题的趋势。在这种情况下，以互信、平等、公开对话为基础，强化与生俱来独特性的"上海精神"显得极为重要，需要充分释放上合组织的潜力，提高本组织的效率，发展各领域的多边合作。托卡耶夫总统建议：第一，加强国防部和特种部队在军事政治领域的合作，加强打击网络犯罪以保护本组织信息空间的基础设施，发挥"上合组织与中亚地区信息协调中心"的作用；第二，将上合组织转变为全球经济合作平台，上合组织成员国国内生产总值约占全球的1/4，即超过23万亿美元，拥有最丰富的能源资源、稀有金属和可再生能源资源，因此该组织有能力将世界上蓬勃发展的经济体与巨大的人力、资源和技术潜力结合在一起；第三，在上合组织框架内实施大型经济项目，使其成为推动经济增长的一种动力；第四，关注过境运输、粮食、能源安全，支持扩大中亚和南亚之间的运输路线，建设南北和东西方向的跨欧亚走廊，建立新的和现代化的多式联运走廊和物流中心；第五，扩大上合组织地区内外农产品贸易，确保国际食品生产和供应链的顺利运作，维持全球食品市场的稳定；第六，重视水资源的开发和合理利用；第七，共同制定上合组织能源战略，确保全球和地区能源平衡。①

---

① Выступление Президента Казахстана Касым-Жомарта Токаева на заседании Совета глав государств – членов ШОС в расширенном формате, 16.09.2022, https：//www.akorda.kz/ru/vystuplenie-prezidenta-kazahstana-kasym-zhomarta-tokaeva-na-zasedanii-soveta-glav-gosudarstv-chlenov-shos-v-rasshirennom-formate-168294.

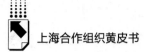

吉尔吉斯斯坦总统扎帕罗夫在撒马尔罕元首峰会上强调，上合组织已成为确保国家间关系安全和可持续发展的重要力量。"今天，将世界近一半人口和1/4国内生产总值联合在一起的上合组织正在成为一个蓬勃发展的跨区域机制，成功实现成员国设定的目标，即加强互信、睦邻友好、安全稳定；联合应对挑战和威胁；促进上合组织地区国家和人民的经济增长、社会和文化发展。"越来越多的国家加入上合组织大家庭，将为上合组织的未来发展做出各自贡献。扎帕罗夫总统认为，上合组织需要关注全球问题和挑战，延迟解决这些问题将会对维护国际和平产生严重的负面影响。因此，建议在比什凯克设立"打击国际有组织犯罪中心"；继续协助阿富汗解决最复杂的社会问题和人道主义问题；落实上合组织成员国在发展互联互通、有效的经济和运输走廊方面的合作构想，发展过境运输；关注气候变化和粮食安全，努力遏制和减轻气候对自然，特别是对冰川和生物多样性的负面影响。扎帕罗夫认为中吉乌铁路意义重大。"作为一个内陆国家，吉尔吉斯斯坦正在努力利用连接世界交通枢纽和走廊的机会，改善交通和物流基础设施。"扎帕罗夫相信，中国"一带一路"倡议的深入发展，以及其与各国和各地区发展战略对接的深入实施，必将有助于深化和扩大经济伙伴关系，改善基础设施，加强人文交流。①

塔吉克斯坦总统拉赫蒙在撒马尔罕元首峰会上指出，上合组织的成功运行证明过去20年来，在上合组织框架内建立互利伙伴关系的模式是可行的，所有成员国都可以通过平等和基于共识的决策来确保其有效性。拉赫蒙总统建议：第一，关注气候变化、交通联通、绿色能源，确保上合组织地区的可持续发展；第二，确保地区安全问题，需要逐步加大打击恐怖主义、极端主义、分裂主义、贩毒和其他形式的跨境有组织犯罪的力度，防止宗教极端主义思想蔓延，呼吁在杜尚别建立"上合组织禁毒中心"；第三，坚持"中亚是上合组织的核心区"这一原则，2021年在塔吉克斯坦杜尚别举行的上合组织

---

① Выступление Президента Кыргызской Республики С. Н. Жапарова на заседании Совета глав государств-членов ШОС，16.09.2022，http：//rus. sectsco. org/archive _ news/20220923/914593/VYSTUPLENIE-Prezidenta-Kyrgyzskoy-Respubliki-SN-Zhaparova-na-zasedanii-Soveta-glav. html.

峰会上确定了该战略方针，应该继续坚持；第四，呼吁通过《上海合作组织地区 2030 年前经济发展战略》。①

印度总理莫迪在峰会上表示，印度支持扩大上合组织成员国之间的合作与信任。印度希望发展供应链领域合作。"新冠疫情大流行和乌克兰危机造成了全球供应链的中断，全世界都面临着前所未有的能源和粮食危机。上合组织必须努力在我们地区发展可靠和多样化的供应链，这就是需要改善国与国之间联系的原因。"②

巴基斯坦总理谢里夫在峰会上介绍了巴基斯坦在维护区域和平与安全以及通过上合组织平台打击恐怖主义方面的积极作用与贡献，呼吁上合组织成员国团结起来，在全球根除极端主义和恐怖主义。谢里夫呼吁阿富汗与国际社会达成新的契约，并与阿富汗塔利班当局进行建设性接触，解冻阿富汗的国家资产，因为阿富汗本身就是恐怖主义的受害者，对阿富汗有利的事情对巴基斯坦也有利。

伊朗总统莱希在峰会上表示，上海合作组织必须采取特别措施，反对美国的单边主义和制裁。其中一个解决方案是在上合组织成员国之间建立稳定的贸易，这需要在金融交易等领域共同发展基础设施。莱希表示，在高加索地区建立和平、稳定与安全的环境对伊朗至关重要。各方应在国际法基础上，通过对话和和平方式解决分歧。伊朗始终强调必须尊重领土完整和国家主权，拒绝改变亚美尼亚和阿塞拜疆之间公认的边界，愿意帮助解决阿塞拜疆和亚美尼亚两个邻国之间的分歧。③

---

① Выступление Президента Республики Таджикистан на саммите ШОС в режиме видеоконфернции ВИДЕО, 16.09.2022, https://asia-times.org/glavnaya/9988-vystuplenie-prezidenta-respubliki-tadzhikistan-na-sammite-shos-v-rezhime-videokonferncii-video.html.

② Премьер Индии призвал страны ШОС обеспечить надежные поставки в регионе, 16.09.2022, https://1prime.ru/world/20220916/838135669.html.

③ Президент Ирана на саммите ШОС: Мы отвергаем любое изменение признанных границ, 16.09.2022, https://www.golosarmenii.am/article/158778/prezident-irana-na-sammite-shos-my-otvergaem-lyuboe-izmenenie-priznannyx-granic.

Y.3

2022年上海合作组织成员国政府
首脑（总理）理事会第二十一次会议

吴德堃*

摘　要： 上海合作组织成员国政府首脑（总理）理事会第二十一次会议
于 2022 年 11 月 1 日通过线上视频的方式召开。成员国政府首脑
及代表、观察员国代表、本组织各机构负责人、会议主办国客人
等参加了会议。在本次会议上，各成员国代表签署了《上海合
作组织成员国政府首脑（总理）理事会第二十一次会议联合公
报》。与会各方就经贸合作、粮食和能源安全、物流运输、货币
结算、人文体育等方面的问题进行了沟通和协商。

关键词： 上海合作组织总理会议　经贸合作　粮食安全

上海合作组织成员国政府首脑（总理）理事会第二十一次会议于 2022
年 11 月 1 日以线上视频的方式举行。来自二十一个国家和组织的代表参加
了本次总理会议，其中包括中国国务院总理李克强、俄罗斯总理米舒斯京、
哈萨克斯坦总理斯迈洛夫、乌兹别克斯坦总理阿里波夫、吉尔吉斯斯坦总理
阿科尔别克·扎帕罗夫、塔吉克斯坦总理拉苏尔佐达、印度外交部部长苏杰
生、巴基斯坦外交部部长比拉瓦尔以及白俄罗斯总理戈洛夫琴科、蒙古国总
理奥云额尔登、伊朗第一副总理穆穆赫贝尔、上海合作组织秘书长张明、上
海合作组织地区反恐怖机构执行委员会主任米尔扎耶夫、会议主办国客人土

* 吴德堃，中国社会科学院俄罗斯东欧中亚研究所助理研究员。

库曼斯坦副总理格尔季梅拉多夫、联合国亚太经济社会委员会执行秘书阿利斯夏巴纳、欧亚经济委员会执委会主席米亚斯尼科维奇、中西亚经济合作组织秘书长诺济里、亚洲相互协作与信任措施会议秘书处副执行主任迟方、独联体执委会副主席涅马托夫、上海合作组织实业家委员会理事会轮值主席瓦哈波夫、上海合作组织银行联合体理事会轮值主席米尔索阿托夫等。会后与会各方共同发表了《上海合作组织成员国政府首脑（总理）理事会第二十一次会议联合公报》。①

当前全球地区冲突不断，美西方国家单边主义和霸权主义横行，国际形势阵营化和对抗化问题日益加剧，面对纷繁复杂的国际形势和经济下行压力，上海合作组织成员国政府首脑会议重点讨论了地区间经贸物流合作、维护地区和平和安全、人文体育交流等方面的问题。与会代表一致认为，上海合作组织及其提倡的"上海精神"为世界经济与和平稳定做出了极大贡献，各成员国愿继续利用好上海合作组织这一多边平台加强相互沟通和协作，为本地区社会经济发展、安全稳定创造更好的条件。

一　经济贸易和物流运输问题

2022 年世界经济在经历了 2021 年大幅衰退后增长动力仍显不足，面临经济下行压力、通货膨胀增加、资本市场大幅波动、国际贸易增速下降等问题。根据世界银行的估计，2022 年发达经济体的增长速度为 2.4%，比 2021 年下降 2.8 个百分点；2022 年新兴市场和发展中经济体的经济增速为 3.7%，比 2021 年下降 2.9 个百分点。② 面对世界经济复苏疲软、贸易增速下降等问题，上海合作组织各成员国代表分别就促进地区经贸发展、维护能源和粮食安全等问题建言献策。

---

① 《上海合作组织成员国政府首脑（总理）理事会第二十一次会议联合公报》，https：//www.mfa.gov.cn/web/zyxw/202211/t20221102_ 10796418.shtml。

② 《2022－2023 年世界经济形势分析与展望》，https：//baijiahao.baidu.com/s？id＝1754410703061984754&wfr＝spider&for＝pc。

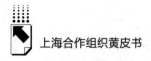

（一）贸易合作

中国国务院总理李克强就上海合作组织地区经贸合作提出了扩大贸易投资、促进地区经济复苏的倡议。李克强总理认为，上海合作组织国家都是经济全球化的参与者、建设者和受益者，各国要共同维护以世贸组织为核心的多边贸易体制。① 同时，李克强总理也强调了营商环境的重要性，具备良好的营商环境是企业发展的基础。因此，李克强总理提议要采取有效的举措来完善营商环境，为企业搭建有力的平台，为各国企业开展跨境投资提供良好的环境。

俄罗斯总理米舒斯京对世界经济形势、西方制裁和俄罗斯经济形势及与上海合作组织国家贸易进展等进行了阐述。米舒斯京总理认为，上海合作组织正在稳步发展，并将在解决国际和区域问题以及维护整个欧亚地区的和平、安全和稳定方面发挥更大作用。世界政治和经济的根本性转变进程正在加速，一个更加公平的世界秩序正在形成。就西方制裁俄罗斯问题米舒斯京总理表示，西方国家继续试图强加自己的规则，采用"非法"制裁来干涉主权国家的内部事务，所有这些都对全球安全架构和经济稳定产生了负面影响，致使全球经济增长放缓，能源、商品、原材料、食品和金融市场出现波动。西方国家已经对俄罗斯采取了12000多项单边限制性措施，俄罗斯继续受到越来越大的压力。这些制裁影响了俄罗斯的金融、技术、石油和天然气、采矿、运输和其他经济领域的发展，但是俄罗斯已基本克服了美西方经济制裁造成的影响，为稳定经济发展创造了条件。俄罗斯将采取措施确保公共财政的可持续性，保障消费者需求和投资活动。米舒斯京总理表示，到2022年10月底，俄罗斯的通货膨胀率为13%，2022年4月为18%左右。2022年1~8月俄罗斯与上海合作组织成员国的贸易额增加了1/3以上，超过1500亿美元。俄罗斯将继续采取一切必要的措施巩固这一积极趋势，加强与各国在各领域的合作。

---

① 《李克强总理在上海合作组织成员国政府首脑（总理）理事会第二十一次会议上的讲话》，http://www.gov.cn/gongbao/content/2022/content_ 5727889.htm。

哈萨克斯坦总理斯迈洛夫表示，在上海合作组织框架内的多边合作仍然是哈萨克斯坦政府的优先事项之一。哈方认为应继续完善本组织的各项活动，要更加关注消除贸易壁垒，落实好撒马尔罕峰会上通过的《上海合作组织发展地区内贸易的联合行动计划》。同时，斯迈洛夫指出上海合作组织国家在世界经济下行压力背景下仍然保持着相当高的发展水平。根据2021年的统计，上海合作组织成员国的经济增长率为4%~9%，哈萨克斯坦和上海合作组织国家之间的贸易总额增加了22%，达到近510亿美元。为进一步促进成员国贸易达到更高水平，斯迈洛夫总理建议，促进成员国的银行和开发机构在上海合作组织银行间协会的授权范围内参与贸易交易和出口的融资。此外，他还反复强调需要吸引投资和重视高科技引入。"在这方面，我们呼吁建立制度，切实落实上合组织技术园区和创新集群的概念。我们还建议建立一个上海合作组织成员国投资者协会，将大型投资基金联合起来，交流商业信息，并在经济的关键部门形成多边合作项目。"①

吉尔吉斯斯坦总理阿科尔别克·扎帕罗夫首先评价了上海合作组织在国际和地区合作中发挥的积极作用，他认为上海合作组织通过将占世界国内生产总值近1/4的国家联合起来成为一个充满活力的跨区域组织。针对经贸合作，扎帕罗夫总理表示，国际社会经历了转型和剧烈变化的时期，各国首先面临的任务是恢复贸易和经济联系，消除贸易壁垒和限制，扩大各国之间的工业合作。数字经济发展计划将有助于促进上合组织成员国之间在数字经济领域的实际合作和经验交流，提高区域经济的竞争力。数字发展纲要将加强上海合作组织成员国在数字经济领域的务实合作和经验交流，并提高本地区经济竞争力。鉴于上合组织成员国处于不同的数字发展水平，各国需要专注消除数字鸿沟，获得数字化发展的共同利益。利用数字经济和信息技术，通过高科技确保国际贸易的无缝对接，这些对于进一步促进经济可持续增长至关重要。

其次，扎帕罗夫总理提出必须采取措施切实落实撒马尔罕峰会期间通过

---

① Выступление Премьер‐Министра РК Смаилова А. А. на заседании СГП ШОС. http：// rus. sectsco. org/archive _ news/20221103/922338/Vystuplenie‐Premer‐Ministra‐RK‐Smailova‐ AA‐na‐zasedanii‐SGP‐ShOS. html.

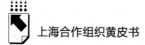
的决定和文件。有必要共同协助上合组织国家发展自由经济区的工业园区和运输物流中心，并建立多功能的商业合作平台，利用上合组织-中国区域经贸合作示范区的潜力来促进这一领域的合作很重要。吉尔吉斯斯坦总理还一再强调，必须尽快解决建立上合组织开发银行和上海合作组织发展基金的问题。

塔吉克斯坦总理拉苏尔佐达表示，塔政府愿意将与上海合作组织成员国和观察员国的合作提升至新的高度。苏尔佐达总理认为，在世界局势迅速变化的背景下，上海合作组织也遇到了阻碍成员国经济发展的风险挑战。因此，应全面释放上海合作组织的经济潜力，同时与观察员国和对话伙伴开展更紧密的合作。在过去的20多年里，上海合作组织建立了30多个互动机制，其中有一半的机制与经济有关。2022年塔吉克斯坦与上海合作组织国家的贸易额呈现逐步增长态势，7月的贸易额已接近30亿美元，塔方愿意积极落实撒马尔罕峰会上通过的决议，进一步加强与上海合作组织国家的经贸联系。同时，苏尔佐达总理还表示将继续努力创造良好的营商环境，积极吸引投资。建议积极落实上海合作组织2030年经济发展战略，该战略目标是为经济领域战略突破创造有利条件，并提高塔吉克斯坦人民的生活水平。

乌兹别克斯坦总理阿里波夫就继续发展上海合作组织国家经贸合作提出了三点建议：一是在"上海精神"原则基础上加强相互支持和伙伴关系，确定发展的优先事项，开始制定上合组织2040年发展战略；二是从根本上提高经济、贸易和投资合作的水平和规模，乌兹别克斯坦关注经贸合作，认为经贸合作是上海合作组织区域合作的基础，经贸发展有利于提高各成员国人民的生活水平，乌方希望发挥上海合作组织区域互补优势，建立更有效的产业链，启动上合组织新经济对话，建立工业和技术合作平台；三是建立上海合作组织经济特区联盟，这有助于深化产业合作和刺激贸易发展。① 乌方希望各国能够支持2023年在撒马尔罕乌兹别克斯坦-上合组织工业区举行第

---

① Текст выступления премьер-министра Республики Узбекистан А. Н. Арипова, http://rus. sectsco. org/archive _ news/20221103/922381/Tekst - vystupleniya - premer - ministra - Respubliki-Uzbekistan-ANAripova. html.

一届特区行政领导人会议。

巴基斯坦外交部部长比拉瓦尔首先对上海合作组织 20 多年来的发展进行了评价，表示愿意继续同上合组织国家开展更紧密的经贸合作。比拉瓦尔认为，上海合作组织自 2001 年成立以来，在加强区域经济、建立互信、维护地区和平和安全等方面颇有成效。上海合作组织已成为世界上最大的区域性国际组织之一，拥有丰富的自然资源以及科技人才的发展潜力。当前世界面临多重挑战，如恐怖主义、气候变化、经济下行和通胀压力等。上合组织对加强区域安全以及贸易互联互通的贡献有目共睹。巴基斯坦愿意持续与上合组织成员国在促进地区和平、稳定和社会经济发展方面开展合作。希望进一步加强与区域国家的多层面联系，巴基斯坦将坚定不移地支持《上海合作组织宪章》和秉承"上海精神"，加强地区间合作。巴方致力于促进与上合组织成员国之间的贸易，并采取了一系列措施。巴基斯坦与上合组织国家的贸易额在 2021~2022 财年从 186 亿美元增加到了 245 亿美元。上合组织提供了便捷的平台，通过"一带一路"倡议和欧亚经济联盟，上合组织区域国家之间建立了更加紧密的联系和合作。[1]

（二）物流运输互通和金融结算合作

中国国务院总理李克强在五点建议中提出了加强互联互通，实现区域融合发展。李克强总理表示将继续推动共建"一带一路"同各国发展战略和区域合作倡议对接，建议各方共同开展"智慧海关、智能边境、智享联通"和"关铁通"等项目合作，促进"经认证的经营者"互认合作，加强国际贸易"单一窗口"建设，提高口岸通关效率。[2]

俄罗斯总理米舒斯京认为，运输是上海合作组织合作中最先进的领域之

---

[1] "Statement by the Foreign Minister at the SCO Council of Heads of Government（CHG）", November 1, 2022, http://rus. sectsco. org/archive＿ news/20221103/922358/Statement－by－the－Foreign－Minister－at－the－SCO－Council－of－Heads－of－Government－CHG－1st－November－2022. html.

[2] 《李克强总理在上海合作组织成员国政府首脑（总理）理事会第二十一次会议上的讲话》，http://www. gov. cn/gongbao/content/2022/content＿ 5727889. htm。

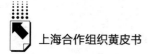

一。8 年前各成员国签署了一项协议，为国际公路运输创造了有利条件。启动了六条路线，设置了多边交通许可证。为了充分实现欧亚地区的巨大过境潜力，有必要加快消除所有阻碍这一工作的限制。哈萨克斯坦总理斯迈洛夫呼吁开发运输和过境走廊。他提出阿克套港有足够的潜力成为印度、波斯湾国家、哈萨克斯坦、俄罗斯路线上的枢纽。跨里海走廊在欧洲、中亚和中国之间提供过境流量的作用也在增加，共同建设这条路线将确保稳定的货运量和可持续的物流。

吉尔吉斯斯坦总理扎帕罗夫表示，吉方重视改善物流和发展基础设施，致力于消除国际客货运输阻碍。吉方提出了落实《上海合作组织成员国铁路合作构想》制定规划的建议。在撒马尔罕峰会上签署了关于建设中国—吉尔吉斯斯坦—乌兹别克斯坦铁路的备忘录。这条铁路建设将成为一个旗舰项目，释放中亚国家作为核心地区的过境潜力。乌兹别克斯坦总理阿里波夫表示，撒马尔罕峰会通过了《关于上海合作组织成员国发展互联互通和建立高效运输走廊的构想》和《上海合作组织成员国基础设施发展纲要》，希望各成员国支持乌兹别克斯坦在联合国协助下在塔什干建立区域间互联互通中心的倡议。中国—吉尔吉斯斯坦—乌兹别克斯坦和铁尔梅兹—马扎里沙里夫—喀布尔—白沙瓦铁路项目的实施将为加强互联互通和提升贸易合作水平提供充足保障，同时还能吸引上海合作组织地区的投资。乌方建议在 2023 年乌兹别克斯坦举行的首届上海合作组织运输论坛上对运输保障领域的协议进行协商讨论。塔吉克斯坦共和国总理拉苏尔佐达认为，发展运输互通仍是上海合作组织内部一个优先考虑的问题。塔吉克斯坦每年与上海合作组织成员国开展的物流运输货物达数百万吨。因此，塔方认为有必要继续开展物流合作，形成统一的运输物流体系，建立国际物流中心，发掘成员国过境贸易的潜力。目前发展运输基础设施和提高上海合作组织内部货运能力的唯一国际法律文件是 2014 年签署的《上海合作组织成员国政府关于为国际公路运输创造有利条件的协定》，因此塔方提议有必要根据该协定设立联合委员会，尽快启动文件中六条公路项目的建设。

在跨境贸易结算和金融合作领域，中国国务院总理李克强提出继续扩大上海合作组织地区本币结算的规模，创新投融资模式。李克强总理希望参会的各方积极支持并参与中方于 2023 年举办的上海合作组织产业链供应链论坛，共同维护区域产业链供应链的韧性与稳定，畅通地区经济运行脉络。[①]俄罗斯总理米舒斯京建议上海合作组织建立自己的金融信息电子交换和银行支付系统。米舒斯京认为，在相互结算中将国家银行间电信平台作为备份渠道，可为上海合作组织成员国的企业创造一个更可预测、更清晰和更可靠的环境。

二 地区稳定与安全问题

在地区稳定和安全方面，各成员国强调要继续就反恐、打击犯罪等问题开展合作。在安全上，随着乌克兰危机加剧，全球粮食安全问题更为突出，各成员国也加大了对粮食安全的关注度，希望在该领域开展沟通和合作。

中国国务院总理李克强表示要维护地区安全，为上海合作组织各国合作营造良好的发展环境。安全稳定是实现发展繁荣的基础，因此李克强提出各方应不断深化执法安全合作，发挥主管部门合作机制的作用，妥善应对毒品贩运、跨国有组织犯罪等非传统安全威胁。在能源和粮食安全方面，李克强总理强调要落实好 2022 年成员国元首峰会通过的关于维护国际粮食安全、国际能源安全的两份声明，提升地区国家粮食和能源供应保障水平。依托成员国主管部门负责人会议机制、上合组织农业技术交流培训示范基地等平台深化成员国间的现代农业合作。[②]

俄罗斯总理米舒斯京强调了粮食安全和能源安全的重要性。米舒斯京认为，上海合作组织各国工作共同的重点之一是确保全球粮食安全。俄罗斯在联合国主持的"黑海倡议"框架内就乌克兰农产品的出口问题进行了

---

① 《李克强总理在上海合作组织成员国政府首脑（总理）理事会第二十一次会议上的讲话》，http：//www.gov.cn/gongbao/content/2022/content_ 5727889.htm。

② 《李克强总理在上海合作组织成员国政府首脑（总理）理事会第二十一次会议上的讲话》，http：//www.gov.cn/gongbao/content/2022/content_ 5727889.htm。

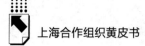

建设性的工作。尽管有关方未能执行取消对俄罗斯化肥和粮食非法限制的协议，俄方还是负责任地履行了自己的义务。俄罗斯将继续在伊斯坦布尔签署的协议框架内与联合国和土耳其就热点问题进行对话，无论粮食交易的前景如何，俄罗斯准备向最需要的国家捐赠多达 50 万吨的粮食，并以可承受的价格向所有感兴趣的国家提供粮食。米舒斯京还回顾了上海合作组织国家农业合作的成果，他表示上海合作组织国家占全球农工业商品营业额的 1/10 以上。2022 年前 8 个月，俄罗斯与上海合作组织成员国的农产品和食品对外贸易额增加了近 25%，达到约 85 亿美元。[①] 在能源问题上，米舒斯京表示，上海合作组织能源俱乐部是在俄罗斯总统普京的倡议下成立的，旨在深化能源领域的务实合作。各成员国应更积极地利用该平台，执行撒马尔罕峰会上通过的决定，并期望能源部长会议将能提交具体建议，以落实这些决定。

哈萨克斯坦总理斯迈洛夫也强调了保障粮食安全的重要性。斯迈洛夫表示："哈萨克斯坦准备利用自己的农业潜力为粮食安全努力做出贡献。有必要制订育种和种子生产领域的合作计划，推动农业发展，与哈萨克斯坦科学育种中心进行合作，确保粮食安全。"[②] 吉尔吉斯斯坦总理扎帕罗夫表示，当前地区安全挑战和威胁日益增多，确保上海合作组织地区安全是一个迫切而严峻的问题。吉方支持落实完善组织成员国应对安全威胁和挑战机制的决定，提议在吉尔吉斯斯坦比什凯克建立"打击国际有组织犯罪中心"。对于能源和粮食安全，扎帕罗夫表示，应将上海合作组织内部水资源和能源互利合作列为优先事项。吉方已经通过了可再生能源法，主张积极开展同上合组织成员国的合作，落实好上合组织成员国元首会议通过的《上海

① Михаил Мишустин принял участие в заседании Совета глав правительств государств-членов Шанхайской организации сотрудничества в формате видеоконференции. http://rus. sectsco. org/archive_ news/20221102/921952/Mikhail-Mishustin-prinyal-uchastie-v-zasedanii-Soveta-glav-pravitelstv-gosudarstv--chlenov-Shankhayskoy. html.

② Выступление Премьер-Министра РК Смаилова А. А. на заседании СГП ШОС. http://rus. sectsco. org/archive_ news/20221103/922338/Vystuplenie-Premer-Ministra-RK-Smailova-AA-na-zasedanii-SGP-ShOS. html.

合作组织成员国可再生能源利用合作纲要》。① 对于吉尔吉斯斯坦来说，发展可再生能源首要解决的就是该国电力短缺问题，吉方已将可再生能源纳入经济发展和国家能源供给结构中。

乌兹别克斯坦总理阿里波夫提议制定保障粮食安全的共同原则和措施，确立具体合作的框架。阿里波夫认为，组织"绿色"运输走廊仍具有现实意义，乌兹别克斯坦计划 2023 年在联合国粮食及农业组织协助下召开国际粮食安全会议，对粮食安全问题开展讨论。在生态安全领域，阿里波夫认为解决咸海地区生态问题已变得日益紧迫。在这种情况下有必要成立上合组织气候理事会，将各国政府、科学家、环境问题专家聚集起来，找到解决气候问题的方案，并在促进"绿色"项目方面加强合作。同时必须集中力量实施撒马尔罕峰会上达成的《上海合作组织成员国可再生能源利用合作纲要》。

三　人文合作

人文合作一直被认为是加强上海合作组织国家相互信任、经贸安全合作的基础。为此，中国国务院总理李克强表示，人文交流可以增进民心民意相通，要充分发挥教育、文化、科技、新闻等各种合作机制的作用，加深各国民众间的相互了解与友谊。中方将于 2023 年举办上合组织友好城市论坛，续办青年发展合作项目，开展上合组织电视节、广电技术交流展等活动，办好 2023 年"上合组织旅游年"框架内的活动。② 俄罗斯总理米舒斯京在会议上表示，上海合作组织的可靠支柱是发展成员国人民之间的联系，包括青

---

① Глава Кабмина Акылбек Жапаров: В рамках своего председательства в Совете глав правительств ШОС мы будем открыты ко всем предложениям и готовы к совместному взаимовыгодному сотрудничеству, https://www.gov.kg/ru/post/s/22160 - ministrler - kabinetinin-bashchysy - akylbek - zhaparov-shku - okmt - bashchylar - keeshine - tragalyk - kyluu - alkagynda-biz - bardyk - sunushtarga - achyk - bolobuz-zhana - birgeleshken - z - ara - paydaluu - kyzmattas.

② 《李克强总理在上海合作组织成员国政府首脑（总理）理事会第二十一次会议上的讲话》，http：//www.gov.cn/gongbao/content/2022/content_ 5727889.htm。

年交流以及在医疗、科学、教育、体育、文化和旅游方面的合作。在谈到体育合作时，米舒斯京表示俄罗斯运动员面临着来自西方集体的强大压力，但俄罗斯和上海合作组织其他成员国一致认为，体育比赛应该是国家之间建立信任和相互理解的有效工具。他提议上海合作组织必须共同打击任何破坏奥林匹克崇高原则的行为，应建立一个由上海合作组织主持的体育组织协会。联合上海合作组织、金砖国家、欧亚经济共同体和独联体等组织的代表，同时对其他参与者开放。各个国家的运动员将能够在重大比赛中公平地展示自己的成绩。体育合作的重点不仅是职业体育，而且包括群众体育。①

吉尔吉斯斯坦总理扎帕罗夫认为，加强国家间互信、友谊和团结的关键是人文合作。上海合作组织国家文化和一体化中心位于比什凯克，该中心将继续为促进上合组织地区文化合作而努力。哈萨克斯坦总理斯迈洛夫表示，将就文化、人道主义和环境保护问题，在成员国主要大学之间制订试点合作计划，以支持艺术、设计和其他创意产业的青年人才。② 乌兹别克斯坦共和国总理阿里波夫表示，将继续扩大科学、教育、文化和体育合作的力度，为积极开展旅游互动创造条件。乌方提出有必要在上合组织内部组织大学校长论坛、文化旅游日、联合体育赛事和运动会等活动。

四 会议的重要意义

上海合作组织政府首脑会议是上海合作组织每年都会举行的重要会议，旨在加强成员国政府间的沟通和协商，落实上海合作组织成员国元首理事会达成的一系列共识和文件，因此举行政府首脑会议对于发展上海合作组织内部关系、拓展合作内容具有重要的意义。上海合作组织成立20多年来，经

---

① Заседание Совета глав правительств государств-членов ШОС. http：//government. ru/news/46943/.

② Алихан Смаилов призвал страны ШОС объединить усилия по обеспечению продовольственной безопасности и развитию транспортных коридоров. https：//primeminister. kz/ru/news/alihan - smailov - prizval - strany - shos - obedinit - usiliya - po - obespecheniyu-prodovolstvennoy-bezopasnosti-i-razvitiyu-transportnyh-koridorov-1103441.

过不断地探索和努力已经形成了一套成熟稳定的沟通合作机制，在面对国际局势不断变化时成员国都会进行讨论，达成应对地区和国际挑战的共识并制定相应的措施。从本次总理会议来看，成员国重点关注了受疫情冲击的国际经济环境以及乌克兰危机导致的粮食安全等问题。对于上海合作组织成员国来说，发展本国社会经济、维护地区稳定与和平符合各国的根本利益。上海合作组织对于促进地区国家经贸发展和安全发挥了支柱作用，为地区国家间的合作提供了平台。成员国遵循"上海精神"，加强政治、经济、安全、人文等领域合作，树立了相互尊重、公平正义、合作共赢的新型国际关系典范。上海合作组织所坚持的"上海精神"代表了各国的共识，为地区乃至世界和平发展贡献了宝贵力量。上海合作组织各成员国将继续推动合作共赢的新型国际关系，携手创造持久和平、开放包容、繁荣与共的新世界。

政 治 合 作
Political Cooperation

Y.4
上海合作组织新一轮扩员：背景、影响与应对

邓　浩*

摘　要： 自 2021 年启动伊朗加入上合组织程序后，上合组织进入新一轮扩员进程，2022 年上合组织扩员呈现进一步加速之势，引起国际社会广泛关注。新一轮扩员具有深刻复杂的时代背景，与世界百年未有之大变局加速演进、欧亚地区形势急剧变化和上合组织加大参与全球治理力度密切相关，是地区和国际形势演变的必然产物。新一轮扩员在提高上合组织国际影响力和"上海精神"传播力的同时，也使上合组织面临新的挑战，伊斯兰因素、中东诸因素的增加凸显了对上合组织的考验，也进一步加大了地区互联互通建设和上合组织自身内部改革的难度。未来上合组织应始终坚持不结盟、不对抗、不针对第三方原则，妥善对待和处置各种复杂因素，积极趋利避害，促进国际公平正义和文明互学互

---

* 邓浩，中国上海合作组织研究中心秘书长，中国国际问题研究院研究员。

鉴，努力形成互联互通建设的合力，切实提高合作效率。

关键词： 上合组织 新一轮扩员 时代背景 扩员影响

扩员一直是上合组织保持旺盛生命力和强大影响力的重要表现之一。从"上海五国"时期吸收乌兹别克斯坦为机制观察员，到 2001 年乌兹别克斯坦与"上海五国"机制成员一起作为创始成员国加入上合组织；从 2004 年接收蒙古国为上合组织第一个观察员国、2009 年同意白俄罗斯和斯里兰卡为上合组织第一批对话伙伴，到 2017 年印度、巴基斯坦成为正式成员国，完成上合组织首次扩员，上合组织一直处于不断扩大的进程中，彰显了上合组织开放包容、海纳百川的胸怀和气度。2021 年上合组织杜尚别峰会启动了伊朗加入上合组织的程序，由此拉开上合组织新一轮扩员的序幕。在 2022 年上合组织撒马尔罕峰会上，伊朗签署加入上合组织义务备忘录，上合组织还启动接受白俄罗斯为新成员的程序，批准埃及、卡塔尔、沙特阿拉伯，同意巴林、马尔代夫、科威特、阿联酋、缅甸为新的对话伙伴，这标志着上合组织进入新的扩张期，新一轮扩员呈现加速之势，上合大家庭自此由十八个国家扩展为二十六个国家，活动区域由中亚、南亚延伸至中东地区，成为欧亚地区无可争议的最大区域性国际组织。新一轮扩员无疑是上合组织发展进程中的重大事件，不仅对上合组织本身也将对地区和全球形势和格局产生重要而深远的影响。

一 新一轮扩员的时代背景

上合组织新一轮扩员是 2017 年首次扩员的延续，是当今地区和国际形势急剧变化催生的产物，具有深刻复杂的时代背景。

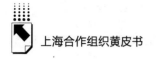

（一）全球形势变化加速上合组织扩员进程

大变局、大疫情、大博弈是当今世界形势发展特点的集中体现，对上合组织新一轮扩员具有加速推进作用。

2017年印度和巴基斯坦成为新的正式成员国是上合组织发展进程中具有里程碑意义的重大事件，开启了构建上合组织命运共同体新时期。印、巴加入上合组织后，世界局势发生了一系列重大变化，百年未有之大变局呈现加速演进之势。一是特朗普 2017年就任美国总统后，奉行"美国优先"政策，退群成瘾，大行单边主义和保守主义，力图另起炉灶，重构排斥中俄的国际秩序。拜登 2021年胜选执政后，依然抱着冷战思维不放，并开始大肆组建冷战式同盟，以意识形态为线大搞阵营对抗和大国对立，导致全球治理进程严重受阻，使联合国、G20等全球治理机制运转蒙上阴影。二是 2020年全球暴发百年一遇的新冠疫情，严重冲击全球公共卫生安全，危及世界稳定，对各国社会经济发展造成沉重打击，也使大国博弈更趋激烈。面对世纪疫情，作为唯一超级大国的美国不是积极承担大国应尽的国际职责，与国际社会一道共克时艰，而是热衷于大搞疫情政治化、污名化，推卸责任，嫁祸于人，大肆传播"政治病毒"，导致全球治理机制几乎失灵，进一步加剧了世界形势的不稳定性和不确定性。三是 2022年 2月俄罗斯对乌克兰发起特别军事行动，这一堪称冷战结束后最大的地缘政治事件引发美西方对俄罗斯发起冷战后最大规模、最强烈度的极限制裁，导致俄罗斯与美西方关系跌入冰点，大国博弈白热化，全球军备竞赛再次升温，全球战略平衡和国际安全面临前所未有的严重挑战，二战结束后建立的以联合国为核心的国际体系和以国际法为基础的国际秩序遭受最严峻的考验。面对扑朔迷离、变幻莫测的世界局势，很多国家发出"世界怎么了，我们该怎么办"这一时代之问。正是在这一时代大背景下，上合组织理念的先进性和普适性凸显，为处于迷茫、彷徨之中的众多国家尤其是广大发展中国家带来了希望，指明了出路。与传统的并在当今世界仍大行其道的冷战思维、霸权主义、帝国做派不同，上合组织充分尊重各国的主权、独立和领土完整，坚持大小国家一律平等、协商一致、不干涉内政原则，以合作促和平、谋发展，维护成员国核心利益，以平等互利方式推动区域合作，追求合作共赢；同时，倡导并践行共同、综合、合作、可持续的新型安全观，坚持不结盟、不对抗、不针对第三方的"三不"原则，积极打造结伴而不结盟、合作而不对抗的新型国家关系模式，提倡平等、互鉴、对话、包容的新文明观，充分尊重文明的多样性与国家自主选择的发展道路，在求同存异中兼容并包，推动文明间交流对话。显而易见，上合组织的全新理念为解决各国发展不平衡、破解安全治理碎片化、认识文明多样性和差异性等提供了可资借鉴的"上合智慧"和"上合方案"。通过20多年的合作实践，上合组织已探索出一条区别于西方的新型多边合作之路，为全球治理走出困境指明了一条希望之路，也为广大发展中国家提供了新的多边合作路径。正因为如此，越来越多的国家要求加入上合大家庭。这是各国应对时代之变、历史之变、世界之变做出的战略性抉择。

（二）欧亚地区局势之变助推上合组织扩员进程

2017年上合组织完成首次扩员后，欧亚地区局势一直不太平，不稳定、不确定因素有增无减，尤其是俄乌冲突爆发后，地区局势更加动荡不宁，各国危机感陡增，对安全保障和发展依托的需求大幅上升。一是2021年美军撤出阿富汗，塔利班再度执政，导致阿富汗局势发生剧变，使地区局势骤然趋紧，各国普遍担心阿富汗再次成为国际恐怖主义和极端主义的策源地，迫切希望通过广泛密切的安全合作来减缓危机，化解风险。二是在乌克兰危机升级背景下，俄与美西方关系跌入冷战后最低点，双方在欧亚地区的博弈进入全面对峙新阶段，导致地缘政治风险陡然升高，各国普遍担心成为大国争斗的牺牲品，迫切希望最大限度地规避风险，实现自身安全利益最大化。一方面，随着乌克兰危机长期化和美西方不断加大对俄制裁打压，一些欧亚国家担心受到连带制裁而不愿与俄紧密捆绑，俄罗斯因自顾不暇，难以全力经营其主导的地区合作机制，各国为求自保不得不寻求新的安全保护；另一方面，美西方大力推行"价值观外交"，以"民主-威权"区分亲疏，划分敌友，迫使欧亚大陆诸多被西方视为异类的国家不得不未雨绸缪，另谋出路。三是乌克兰危机给地区经济蒙上浓重阴影，美西方发起对俄最大规模的制裁，不仅重创俄经济，也殃及与俄经济紧密捆绑的地区国家，使地区国家经济遭遇强烈冲击，各国普遍面临新一轮经济衰退的严峻考验，社会稳定风险升至新高。在此背景下，地区国家普遍希望寻求新的发展空间，努力将俄乌冲突的负面影响降至最低。正是在上述地区局势背景下，上合组织在维护地区安全、促进地区发展上的积极作用凸显，对处于焦虑不安的地区国家产生了不可抗拒的吸引力。上合组织成立20多年来，在维护地区安全方面表现卓越，成为公认的地区"稳定器"，为地区国家经济发展创造了不可缺少的良好稳定环境。① 这使地区国家把维护地区安全、化解发展风险的希望更多地投向上合组织，期待其有效应对挑战，提供更好的发展机遇和空间。20多年来，上合组织独树一帜，始终高举和平、发展、合作、共赢的大旗，奉行平等协商原则，最大限度兼顾各方利益，凝聚各方共识，具有最大的包容性，得到地区国家广泛认可，成为地区治理的希望所在，为地区局势增加了更多的确定性和正能量，成为越来越多国家开展区域多边合作的优先选择。

（三）上合组织重心之变提供扩员强大内在动力

2018年上海合作组织青岛峰会是上合组织接收印、巴为新成员后的首次峰会，峰会明确提出要更加积极地参与全球治理，构建上合组织命运共同体。这是上合组织针对扩员后的新形势做出的具有前瞻性的战略决策，凸显参与全球治理在新时期上合组织发展中的重要地位，确立了扩员后上合组织的发展方向和目标。② 可以说，印、巴加入是促使上合组织加大参与全球治理力度的重要推动因素。正是由于印、巴的加入，上合组织的实力和影响力大幅上升。扩员前，上合组织成员国总人口在世界占比为25%，扩员后上升至44%。扩员前，上合组织成员国GDP在全球占比为15%，扩员后达到

---

① 邓浩：《上海合作组织安全合作的进程、动力与前景》，《当代世界》2021年第9期。
② 邓浩：《从青岛峰会看上海合作组织未来发展》，李凤林主编《2019欧亚发展研究》，中国发展出版社，2019。

23%。显而易见，印、巴的加入大幅提升了上合组织在全球治理体系中的分量，为上合组织深度参与全球治理注入了强劲动能。青岛峰会以来，上合组织参与全球治理的力度明显加大，开始在地区和国际事务中不断发出"上合强音"。在2019~2022年历届上合组织成员国元首峰会上，上合组织通过的会议宣言均明确指出要推动建设相互尊重、公平正义、合作共赢的新型国际关系，强调确立人类命运共同体的共同理念具有重要意义。2022年9月，上合组织撒马尔罕峰会专门就维护国际粮食安全、国际能源安全、应对气候变化、维护供应链安全稳定和多元化发表了四份重磅声明，① 亮明了上合组织对全球性焦点问题的原则立场，彰显上合组织对构建全球伙伴关系，实现更加强劲、绿色、健康发展的强烈意愿和坚定意志，显示了负责任国际组织的应有担当。而新一轮扩员正是在上合组织合作重心发生重要变化的背景下出现的，是上合组织不断加大参与全球治理力度政策取向的必然产物。

近年来，中俄两国对全球治理的关注和投入大幅上升，中国提出了"一带一路""两个构建""全球发展倡议""全球安全倡议""全球文明倡议"等重要倡议，并倡导构建上合组织命运共同体，俄罗斯则提出了大欧亚伙伴关系计划，其中上合组织处于关键位置。可以说，作为上合组织的两大引擎，中俄不约而同地推动上合组织加大参与全球治理力度对上合组织扩员进程加速起到重要作用。扩员实际上与中俄参与全球治理的计划高度契合、相辅相成，吸收更多志同道合的国家加入上合大家庭无疑有助于更好更快地推进中俄的全球治理方案。

从上合组织的特质来看，其存在的最大价值是要为解决世界多样性、差异性问题贡献行之有效的智慧和方案，为此提出了以"上海精神"为核心的一系列新理念新主张，而不断扩员将为上合组织探索一条超越西方的新的治理之路提供更为广阔的实践空间，积累更为丰富的有益经验。乌克兰危机愈演愈烈表明，用冷战思维、霸权主义、帝国模式求同化异只能使世界更加无序、混乱，不仅不会使全球走向大同，相反会加速世界的分

① The Shanghai Cooperation Organisation, http://chn.sectsco.org/.

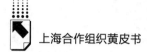

裂，而上合组织恰似一股清流，为世界指明了一条走出困境危局的希望之路。这正是越来越多的国家无视美西方的质疑和反对纷纷要求加入上合大家庭的真谛所在。

二　新一轮扩员对上合组织的影响

新一轮扩员对上合组织的积极意义毋庸置疑，它进一步提升了上合组织的吸引力和影响力，不仅使上合组织的地理范围和活动区域得到更大的延伸和扩展，而且意味着上合组织的治理理念和模式被更多的国家接受和认可，彰显了"上海精神"的感召力和生命力。[①] 但同时也要看到，随着新一轮扩员的加速，上合组织自身面临的挑战和压力也在增大。综合而言，新一轮扩员使上合组织主要面临五大方面的考验。

其一，对上合组织处理与美西方关系带来复杂因素。从新一轮扩员对象国来看，伊朗、白俄罗斯、缅甸均是被美西方制裁的国家，尤其是伊朗多年来一直处于与美国激烈的对峙之中，堪称美国的"眼中钉"。沙特阿拉伯、埃及等阿拉伯国家与美西方的关系也十分微妙，常常成为美西方以民主、人权为由攻击的对象。上述国家加入上合大家庭无疑进一步增加了上合组织与美西方关系的复杂性，尤其是在乌克兰危机引发的大国博弈日趋激烈的背景下，此轮扩员更是平添地缘政治色彩。而从上合组织内部来看，作为上合组织的主要引擎之一，俄罗斯出于应对美西方极限施压的现实考量，也亟须以扩员来提振其与美西方抗争的信心和底气，这使上合组织与美西方的关系更趋复杂。俄罗斯一直赋予上合组织强烈的地缘政治功能，致力于把上合组织打造成一个阻止美国建立单极霸权的平台，因此大力支持并积极推动上合组织扩员，意在进一步强化上合组织的地缘政治功能。在上合组织首次扩员中，俄罗斯拉印度加入上合组织就有防止印度倒向美西方的考量，意图拉住

---

① 　Чжан Мин：странам ШОС комфортно сосуществовать друг с другом，РИА Новости，05. 01. 2023，https：//ria. ru/20230105/shos-1843074885. html.

044

印度与美抗衡。此次俄力推中东国家加入上合组织也主要是出于对抗美国的考虑，乌克兰危机升级更加强化和坚定了俄的这一意图。而上合组织成为与美西方抗衡的组织也正合伊朗心意。毫无疑问，伊朗、白俄罗斯、缅甸等与美西方关系恶化的国家加入上合组织，大大增加了外界对上合组织或会转变成反西方组织的担忧。实际上，上合组织成员国与美西方国家的关系错综复杂，不仅中俄印之间存在差异，中小成员国也各有自己的考虑。在此背景下，如何在新一轮扩员中充分考虑成员国与美西方关系的复杂性、多样性，既坚持上合组织推动建立公正合理的国际政治经济新秩序的"初心"，坚持维护国际公平正义，又避免落入与美西方新冷战的陷阱，防止形成新的阵营对抗，无疑对上合组织构成严峻考验。

其二，凸显伊斯兰因素的影响和挑战性。此轮扩员对象大部分是中东伊斯兰国家，其中伊朗是伊斯兰什叶派的大本营，沙特阿拉伯则是伊斯兰教两大朝圣地——麦加和麦地那所在地，堪称世界伊斯兰教的中心，埃及则是中东强国，加上早在2012年已成为上合组织对话伙伴的土耳其、2017年成为上合组织正式成员的巴基斯坦，目前上合组织可以说基本囊括了全球主要的伊斯兰大国。从上合组织大家庭来看，目前所有二十六个国家中，伊斯兰国家为十六个，占整个成员总数的61.5%。毫无疑问，新一轮扩员使上合组织中的伊斯兰因素凸显。在此背景下，如何与伊斯兰国家相处，如何对待伊斯兰文明，如何共同打击宗教极端主义恐怖势力，对上合组织而言无疑是一个重大挑战。

其三，不得不面对中东复杂多变的局势。随着众多中东国家加入上合大家庭，上合组织活动区域向中东延伸，虽然上合组织并不负有调解中东矛盾冲突的职责，新加入上合大家庭的中东国家也承诺不会把中东地区国家的矛盾带入上合组织，但作为一个要在全球治理中发挥更大作用的国际组织，如何在中东问题上发挥建设性的积极作用，显然对上合组织是一个不小的考验。

其四，在地区互联互通建设中面临考验。中东地区是地区交通的枢纽，处在整个欧亚大陆东西与南北交通要道上，协调各种地区互联互通方案，减少竞争性，增加合作面，就显得更为紧迫，这考验着上合组织的协调整合能力。

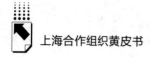
其五，中东国家加入进一步凸显上合组织内部的异质性，加大了内部协调的难度，进一步增加了内部改革的紧迫性，上合组织要提高效率和行动力面临更大考验。

三 确保上合组织新一轮扩员正向效应的基本路径

新一轮扩员恰逢百年变局加速演进的重要时刻，对构建上合组织命运共同体具有重要影响。应审时度势，趋利避害，确保新一轮扩员积极效应得到最大限度的释放。

其一，从中华民族复兴这一根本利益出发，避免落入新的冷战陷阱，防止上合组织变成地缘政治工具。一是要坚持上合组织建立的初心，坚持不结盟、不对抗、不针对第三方的基本原则，努力推动上合组织成为一个具有最大包容性、超越冷战思维的新型国际组织。乌克兰冲突从一个侧面证明了这一方针的正确性和吸引力。二是要大力宣扬"上海精神"，努力使"上海精神"向成员国社会和民间层面传播，做到家喻户晓，深入人心，真正成为上合组织成员国广泛认可和自觉遵守的共同价值。三是要积极践行以合作共赢为核心理念的新安全观、新发展观、新合作观、新文明观、新的全球治理观，推动建立更加紧密的上合组织命运共同体。四是要加大参与全球和地区治理力度，坚定不移地推动建立公正合理、更具包容性的国际政治经济新秩序。五是要做好与美西方长期周旋的准备，积极应对化解地缘政治因素对上合组织的负面影响。

其二，积极拓展与中东伊斯兰国家的合作，促进文明交流互鉴。一是要加强与伊斯兰国家的交往交流，切实尊重其宗教信仰和风俗习惯，加深相互了解和信任。二是要加强中俄在应对宗教极端势力对地区渗透问题上的战略协作，同时，把它作为中俄印三方合作优先议题，扩大三方共识度和合作面。三是要加强与中东伊斯兰国家在反恐方面的合作，共同维护地区稳定和国家公平正义。

其三，积极稳妥参与中东事务，促进中东和平。一是要积极推动上合组织与中东的地区性组织如阿盟、海合会等建立联系，开展地区治理方面的交流，增强在地区事务中的协调合作。二是要在上合组织框架内加强成员国与中东新成员的交流。三是要加强上合组织与中东国家之间的互联互通和人文交流。

其四，更加积极主动地做好地区内各种互联互通方案的协调工作，促进彼此之间的相容性，减少相互排斥。需要采取更为灵活的态度支持有利于地区发展的各种互联互通方案。

其五，积极推动上合组织加快内部改革步伐，当务之急是要探讨建立争端调解制度和机制，切实提高危机反应与管控能力。同时，扩大秘书处和地区反恐怖机构职权，建立工作落实机制。加强刚性合作制度建设，使之更具约束力和执行力。

Y.5
上海合作组织扩员与上合组织命运共同体的构建

于 游[*]

摘 要： 上海合作组织扩员是 2022 年撒马尔罕峰会的重要议题，峰会上签署
了关于伊朗加入上合组织义务的备忘录，为其成为正式成员国铺平
了道路，还启动了白俄罗斯成员国资格的接收程序，并吸收沙特阿
拉伯、埃及、卡塔尔为上合组织新的对话伙伴国，上合组织展示出
了强大的吸引力。尽管国际形势复杂变化，上合组织在维护地区安
全、推动经贸合作、开展人文交流、完善制度建设等领域仍取得了
显著成果，成为欧亚地区和国际事务中的建设性力量。上合组织合
作效率的提升是其能够保持强劲发展势头、具有广泛影响力和强大
吸引力的关键所在。扩员意味着上合组织的国际地位、影响力和话
语权不断提升，为地区国家开展文明对话、发展共享的新模式增添
了新的力量。随着百年变局的加速演进和大国关系的深刻调整，扩
员后的上合组织将为推动地区发展、维护世界和平稳定注入积极力
量。未来应继续完善组织内的制度建设，深化务实合作，促进人文
交流，提供更有效的合作机制以提高合作效率，为推动建设上合
组织命运共同体做出更多实践探索。

关键词： 上海合作组织 扩员 "上合方案" 上合组织命运共同体

---

* 于游，中国社会科学院俄罗斯东欧中亚研究所助理研究员。

2022 年是《上海合作组织宪章》签署 20 周年。9 月 15~16 日，上海合作组织成员国元首理事会第二十二次会议在乌兹别克斯坦撒马尔罕举行。峰会进一步弘扬了"上海精神"，通过了 40 项成果文件，并发表 4 份重磅声明，是上合组织历史上通过最多成果文件的一次峰会，为步入未来 10 年的上合组织开启了发展新阶段。

一　上海合作组织迎来史上最大规模扩员

2022 年的上海合作组织撒马尔罕峰会掀开了上合组织发展的历史新篇章，迎来了成立以来的第二波扩员——签署关于伊朗成为成员国需要承担义务的备忘录，启动白俄罗斯的成员国接收程序，并吸收埃及、卡塔尔、沙特阿拉伯为新的对话伙伴国。一直以来学术界对上合组织的扩员问题充斥着质疑和反对声音，上海合作组织甚至被称为"纸糊的房子"或"清谈馆"。① 但在百年变局加速演进、世界局势动荡不安的形势下，上海合作组织却迎来了组织发展的"扩员潮"，展现了其强大的影响力，越来越多的国家认同上合组织对地区和平稳定发挥的重要作用，并积极申请加入上合大家庭。

（一）扩大"朋友圈"，彰显全球治理的"上合方案"

撒马尔罕峰会上，上合组织不仅迎来了史上最大规模的一次"扩容"，还提出了参与全球治理、发挥上合组织重要建设性作用的方案。《撒马尔罕宣言》强调，成员国在当前国际和地区问题上要继续秉持"上海精神"，维

---

① 参见 Galiya Ibragimova, "What are the Implications of India's and Pakistan's Accession to the SCO?", July 2017, https://www.rbth.com/international/2015/07/14/what_are_the_implications_of_indias_and_pakistans_accession_to__47727.html; Stephen Aris, *Eurasian Regionalism：The Shanghai Cooperation Organization*, Basingstoke：Palgrave Macmillan, 2011; Alexander Cooley, *Great Games and Local Rules：The New Great Power Context in Central Asia*, London：Oxford University Press, 2012; Joshua Kucera, "What Does Adding India and Pakistan Mean for the SCO?", October 2, 2014, https://eurasianet.org/what-does-adding-india-and-pakistan-mean-for-the-sco。

护联合国在协调各国互利合作、平等协商中的核心作用。面对外部势力的负面影响，上合组织各成员国要互相支持，通力合作，掌握本国自主发展权。撒马尔罕峰会达成了各成员国共同应对全球治理挑战的共识，要维护国际粮食和能源安全，保障供应链安全稳定，为全球气候治理提供"上合方案"。与此同时，强调要拓展安全合作，弥补和平赤字，破解全球安全困境，推动成员国经济发展，共同维护地区安全。在应对世界危机、参与全球治理问题上，上合组织展现出应有的担当与责任感，为全球治理难题提供了新的思路和方案。在世界百年未有之大变局加速演进的背景下，越来越多的国家认同"上海精神"，充分肯定上合组织为解决全球治理难题和地区问题做出的积极贡献，并为世界各国携手应对全球性挑战提供了重要借鉴。

（二）上合组织继续扩员意义非凡

上合组织的新一轮扩员是在世界处于新动荡变革期背景下进行的，对上海合作组织未来发展和保障地区和平稳定具有重要意义。

第一，上合组织扩员为变乱交织的世界注入稳定性。当今世界正处于百年未有之大变局，乌克兰危机升级加速了国际格局调整，迎接各国的更可能是一个无序的世界，即混乱的世界；贸易保护主义、民族主义和民粹主义恐会大行其道，民主政治出现倒退，国内问题以及跨界流动引发的冲突将变得更加普遍，大国之间的竞争将会不断加剧，应对全球挑战的合作很有可能难以实现。[①] 国际政治中大国博弈激烈、传统安全与非传统安全威胁同步上升、世界经济大幅衰退、全球治理赤字加剧等挑战日益增多，构建上合组织命运共同体成为成员国应对全球性挑战、参与危机治理的必然选择。上合组织在推动欧亚地区和平发展、参与危机治理中发挥了重要的协调作用，扩员后的上合组织将进一步提升上合组织参与全球治理的分量和能量，为变乱交织的世界注入更多稳定性。

---

① Richard Haass, "How a World Order Ends: And What Comes in Its Wake", *Foreign Affairs*, Vol. 98, No. 1, 2019.

第二，上合组织扩员带动组织功能的自我更新与完善。经过 20 多年的发展，上海合作组织已成为一个颇具影响力的综合性地区国际组织。当然，上合组织在安全、经济等领域取得显著成绩的同时也存在不少需要解决和完善的问题。成员国在文化、历史、综合国力、经济发展阶段、抵御不利战略环境，以及应对突发外交风险能力等方面存在差异，加之彼此间错综复杂的关系，以及政治和经济上的矛盾，造成各方对上合组织的共同利益、超国家价值观及发展方向有着不同的解释。[①] 这些问题考验着上合组织的包容整合能力。上合组织扩员在为组织未来发展增加新动力的同时，也将推动组织采取必要举措解决组织发展中面临的功能不足、效率不高等问题，为上合组织行稳致远的发展提供新的契机。

第三，扩员进一步壮大了上海合作组织的影响力。扩员后的上合组织是世界上人口最多、幅员最广的区域性国际组织。九个成员国的总面积超过 3564 万平方公里，占欧亚大陆领土的 65% 以上，总人口超过 33 亿，约占世界人口的 42%。[②] 伊朗的加入扩大了上合组织的地区影响力，为上合组织框架内安全、经济和人文等领域合作提供了新的机会和发展空间，增添了新的合作潜力。首先，扩员将助力上合组织在维护地区安全问题上发挥更大作用。作为稳定阿富汗局势的重要地区参与者，伊朗的加入有助于解决复杂的阿富汗问题，随着印度、巴基斯坦、伊朗的加入，上合组织成员国在地理空间上连成一片，形成强大合力，有助于进一步深化上合组织框架下打击"三股势力"的合作。其次，扩员将继续提升上合组织在世界经济中的影响力。伊朗是联通南亚、西亚、中亚和高加索地区的重要交通纽带，伊朗的加入将推动上合组织成员国在跨境运输方面的互联互通，为各国经济增长创造新机遇。同时，伊朗可以在金融、贸易和能源领域发挥自己的区位优势和独特作用，有助于进一步提升上合组织在世界经济发展中的影响力。

---

① 戚振宏主编《上海合作组织：回眸与前瞻（2001—2018）》，世界知识出版社，2018，第 188 页。

② 赵会荣：《上合组织再扩员的积极意义》，《环球时报》2022 年 8 月 22 日。

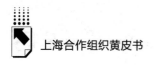

二 "上合方案"影响力不断扩大是上合组织扩员的动力

上海合作组织自成立以来走过了不平凡的发展历程，在政治、经济、安全等领域取得了积极的合作成果，已成为欧亚地区和国际事务中重要的建设性力量。上海合作组织成员国遵循"上海精神"，树立了相互尊重、合作共赢的区域合作典范，成为各成员国深化理解信任、加强团结合作的重要平台。

第一，秉持"上海精神"是上合组织持续发展的精神力量。上海合作组织创始成员国秉持"上海精神"提出的互信、平等、协商等共同理念，不仅成功解决了边界问题，也为世界其他地区和国家解决类似问题树立了典范。"上海精神"改变了冷战时期意识形态决定国家关系的状况，对建设非对抗型的国家关系起到重要作用。① 作为成员国的共享价值观念，上合组织多年来无论是机制运转、制度建设还是具体工作都严格秉承"上海精神"的宗旨要义，坚持睦邻友好、互利合作，坚持平等相待、协商一致。"上海精神"是上合组织发展的理念支撑，也是上合组织成员共享价值观念的情感纽带和合作准则。"上海精神"超越了文明冲突、冷战思维、零和博弈等陈旧观念，成为各个成员国之间处理双边关系、进行多边合作的重要原则，也反映了上合组织各成员国对于冷战后国际秩序和新型国际关系的基本认知，得到各成员国广泛的认同。

第二，强化政治互信是推动上合组织扩员的基本保障。上合组织的建立增进了成员国间的军事互信，以互信不断深化为基础，上海合作组织各领域合作快速发展，向世界展示了不同文明国家间和睦共处、合作共赢的相处之道。自2001年成立以来，上海合作组织倡导和践行的"上海精神"将"互信"排在首位，充分体现了互信是实现成员国间合作的基本保障。

---

① И. Ф. Кефели, Геополитика Евразийского Союза: от идеи к глабальному проекту, Петрополис, Геополитика и безопасность, 2013г. C. 86.

从最开始边界问题的成功解决，到应对恐怖主义、分裂主义和极端主义威胁，再到当前强调求同存异、合作共赢，上合组织成员国以政治互信为基础，全面推进组织各领域合作发展。扩员后的上合组织更加重视成员国间密切融合和政治互信的深化。习近平主席多次强调，要"凝聚团结互信的强大力量。……尊重各自选择的发展道路，兼顾彼此核心利益和重大关切，通过换位思考增进相互理解，通过求同存异促进和睦团结，不断增强组织的凝聚力和向心力"①。政治互信深化是成员国坚持以对话协商解决矛盾和分歧的基础，是上合组织实现顺利扩员的保障，为上合组织行稳致远起到保驾护航的作用。

第三，维护地区安全与稳定是上合组织具有强大吸引力的重要内容。从成立之日起，上海合作组织就把安全领域合作置于重要位置，奉行安全优先原则。多年来，上合组织各成员国加强合作，共同应对非传统安全领域挑战，有力地遏制了"三股势力"在本地区的发展和蔓延。上合组织地区反恐怖机构自正式启动以来，成功制止了数百起恐怖袭击案件，摧毁了上百个武装分子培训基地，抓捕了大批国际恐怖组织成员，缴获了大量枪支弹药和爆炸物。上海合作组织成立 20 多年来，成员国在联合打击恐怖主义、引渡罪犯、情报搜集和交换、信息共享、边境管控、口岸协查、民航安保等联合执法上的合作不断加强，为保证本地区安全形势的总体平稳发挥了巨大作用，实现了上合组织成员国元首提出的维护和保障成员国国家和地区安全与稳定的既定目标。

第四，令人瞩目的经济合作成果是上合组织持续发展的动力支持。上海合作组织经济合作发展势头良好，成员国间合作领域不断拓展，合作模式不断创新，取得了丰富的经贸合作成果，上合组织地区成为全球经济发展最为活跃的地区之一。2021 年上海合作组织八个成员国（中、俄、哈、乌、吉、塔、印、巴）GDP 总额约为 23.3 万亿美元，约占全球 GDP 总额的 1/4。②

---

① 《习近平谈治国理政》第 3 卷，外文出版社，2020，第 442 页。

② 《上合组织 GDP 占全球近 25%，比成立初扩大 13 倍》，https：//m.gmw.cn/baijia/2022-09/13/1303137837.html。

上合组织成员国间贸易总额超7760亿美元，比2020年增长25%，上合组织
贸易潜力巨大。① 依托上合组织银行联合体、丝路基金、中国—欧亚经济合
作基金等平台，上合组织在油气化工、农业现代化以及民生领域的合作项目
逐年增多。此外，在上合组织框架下开展了一系列战略性的基础设施建设大
型项目，并积极推动包括跨境电商、智慧物流等形式的数字经济合作。在全
球经济面临衰退风险的形势下，上合组织经济总体呈稳步增长态势，贸易
"火车头"的稳步加速吸引了世界目光，对许多周边国家的吸引力愈加提升。

第五，丰硕的人文合作成果是搭建国交民亲的重要桥梁。驱动上合组织
发展的"三驾马车"之一——人文合作具有机制性和长期性特点，国家元
首和政府首脑会晤机制对上合组织人文合作进行了顶层设计，各领域部长级
会晤机制将人文合作的具体计划落到实处。通过教育资助、合作办学、学术
交流、智库建设、媒体互动、联合申遗、孔子学院、医疗旅游等形式，开辟
了项目对接型、智库对话型、教育开放型、艺术互动型等新的交流与合作途
径。② 人文交流内容不断丰富，合作领域包括文化、教育、体育、旅游、卫
生防疫、环保等。交流渠道不断拓展，主体正在从以官方为主向官民并举转
变，为地区人文合作奠定了良好的基础。上合组织国家互办文化年、语言
年、旅游年、艺术节等，人文交流活动形式不断创新，丰富多彩。人文交流
与合作对上海合作组织成员国增进互信、化解隔阂、提高命运共同体意识具
有特殊意义，也备受成员国的高度重视和大力支持。2020年习近平主席在上
海合作组织成员国元首理事会第二十次会议上提出"促进民心相通，构建人文
共同体"的重大倡议，并积极推出一系列拉紧人文交流合作纽带的举措。上合
组织成员国间日渐繁荣的人文交流拉近了民心距离，夯实了民意基础。

第六，组织制度建设与完善是扩员进程顺利推进的重要保障。自成立以
来，上海合作组织不断建立和完善制度机制，夯实成员国合作的法律基础和

---

① 《上合组织国家经济合作前景广阔》，https：//m. gmw. cn/baijia/2022 - 09/19/ 36032955. html。
② 李琪：《上海合作组织框架下人文交流合作的新趋势、新路径和新发展》，http：//ex. cssn. cn/gj/gj_ hqxx/201804/t20180403_ 3896810. shtml。

制度保障。国家元首会议、政府首脑（总理）会议、外交部长会议、各部门领导人会议和国家协调员理事会等机制的设立，拓宽了成员国不同层次、不同领域和不同部门间的合作与交流渠道，有力地确保了各领域合作的有序进行。在经济领域，上合组织形成了元首会议、总理会议、部长会议、高官会和专业工作组、秘书处、区域经济合作网站、上海合作组织论坛、银联体、实业家委员会等从上至下、从政府到民间的较为完整的合作框架。① 在法律上以《上海合作组织成员国多边经贸合作纲要》（2003 年）为基础，先后制定了《关于加强多边经济合作、应对全球危机、保障经济持续发展的共同倡议》（2009 年）等文件，不仅明确了区域经济合作的目标、任务和措施，也为成员国间开展具体的合作项目奠定了坚实的法律基础、提供了纲领性指导。根据维护地区安全和发展的需要，上海合作组织在合作打击"三股势力"、打击跨国犯罪、加强信息安全以及应对流行病等领域逐步制定了比较完备的法律体系，为成员国有效开展安全合作、提高安全领域合作协调性提供了制度保障。

通过上述几个方面的发展成就可以看出，上海合作组织在促进成员国各领域的广泛合作、维护地区安全、推进上合组织成员国关系发展方面取得了明显成效，已经形成了较高水平的合作机制，为上合组织的扩大提供了坚实的基础保障和动力支持。

三 上海合作组织命运共同体的发展困境与构建路径

随着全球地缘政治对抗风险的升高和全球性挑战的增多，越来越多的国家希望加入上合组织以实现共赢发展。上合组织扩员将为组织带来深刻变化，既意味着其地缘影响力的扩展，也体现了人类命运共同体"试验田"的扩大。② 上海合作组织命运共同体的构建面临"内忧外患"，需要不断增

---

① 郑羽主编《中俄美在中亚：合作与竞争（1991-2007）》，社会科学文献出版社，2007，第432页。
② 李自国：《上海合作组织的扩员与命运共同体建设》，《俄罗斯东欧中亚研究》2021年第4期，第8页。

进成员国间的相互了解和相互信任，不断深化团结协作，促进民心相通，为推动建设人类命运共同体做出更多实践探索。

（一）上海合作组织命运共同体发展面临的挑战

第一，上合组织覆盖区域内的多重国际合作机制存在竞争关系。上海合作组织区域内存在多个一体化倡议和合作机制，尽管各合作机制都有自己的重点职能，但某些功能与上合组织存在重叠情况，一定程度上限制了上合组织的发展空间。这一区域有俄罗斯主导、以安全合作为主的集体安全条约组织和以经济为主的欧亚经济联盟；有域外大国和国际组织主导的合作机制或项目，如北约的"和平伙伴关系计划"、美国构建的中亚五国与美国的"C5+1"机制；有中亚国家自主发起组织的"亚洲相互协作与信任措施会议"；有印度加入上合组织后积极推动的"北南运输走廊"及与中亚国家的互联互通项目等。在这些组织或项目机制中，上海合作组织成员国大多参与其中，出现了功能或地区公共产品重合的情况，不可避免地挤压了上合组织的发展空间，影响其功能发挥。[①] 如何将上合组织与这些国际机制有效链接，充分发挥上合组织的作用，考验着上合组织的包容整合能力。

第二，上合组织成员国的利益偏好差异加大了成员国在达成共识、提供公共产品方面的难度。有些成员国侧重安全领域的合作，有些成员国则重视经济领域的发展合作，甚至在同一合作领域中不同成员国的利益诉求也是多元的。成员国对上合组织定位和利益需求的不同在一定程度上削弱了上合组织的凝聚力。[②] 中亚成员国对发展上合组织的利益偏好也不一致。在安全领域，吉尔吉斯斯坦和塔吉克斯坦更重视防范极端主义在国内和地区蔓延带来的安全隐患；塔吉克斯坦和乌兹别克斯坦密切关注阿富汗局势对国内安全的挑战和外溢风险。在经济领域，哈萨克斯坦作为中亚成员国中经济实力最强的国家，更重视上合组织框架下的金融合作和重大基础设施项目的合作；乌

---

① 李亮：《上海合作组织建立成员国间冲突调解机制初探》，《俄罗斯研究》2020 年第 3 期。
② 朱永彪、魏月妍：《上海合作组织的发展阶段及前景分析——基于组织生命周期理论的视角》，《当代亚太》2017 年第 3 期。

056

兹别克斯坦强调经济合作应优先置于基础设施、能源、环境保护以及水资源利用等领域；吉尔吉斯斯坦在上合组织成立之初就积极建议将推进地区交通网络和能源俱乐部建设确定为上合组织的优先发展方向。上合组织成员国复杂多样的利益诉求和选择偏好影响了上合组织框架内地区公共产品总体供给水平和种类以及上合组织制度的发展。

第三，上合组织成员国间历史矛盾和现实冲突复杂。情感的历史记忆常常对国家和民族间关系发展起着重要作用，上海合作组织成员国间存在多种复杂的历史矛盾和现实冲突。中亚国家间因边界问题、跨界民族问题和水资源争端等摩擦不断。吉塔的边界冲突尤其严重，2010~2019 年，双方边界冲突多达 150 起，成为影响边界谈判的重要障碍。① 水资源问题更加复杂，涉及的矛盾方牵涉多国。围绕阿姆河和锡尔河这两条中亚最大跨境河流的水体和水利设施，上游的塔、吉两国与下游的哈、土、乌等国经常剑拔弩张。水资源争夺还时常引发中亚各国的能源大战，夏季停电、冬季断供天然气等事件频发。② 印度与巴基斯坦两国矛盾不断，印巴边界冲突呈频发态势。印巴两国加入上合组织后，双方仍然沿实际控制线频繁发生交火。路透社援引巴基斯坦数据报道称，2021 年前三个月，克什米尔控制线地区发生了 253 起冲突，印巴两国常徘徊在发生重大冲突的边缘。③ 作为南亚地区大国，印度长期将中国视为关键对手，在中印边境制造摩擦和冲突，借力"印太战略"联合美日澳打压遏制中国。成员国间复杂的历史矛盾和现实冲突是上合组织发展面临的重大现实问题，在一定程度上制约了组织的发展速度和效率，滞缓了上合组织内部凝聚力的形成。

---

① Лидеры Киргизии и Таджикистана охладят пыл мятежной границы//Ритм Евразии. 31. 07. 2019，https：//zen. yandex. ru/media/ritmeurasia/lidery-kirgizii-i-tadjikistana-ohladiat-pyl-miatejnoi-granicy-5d4162dd6f5f6f22a129bde5.

② 李亮：《上海合作组织建立成员国间冲突调解机制初探》，《俄罗斯研究》2020 年第 3 期。

③ Военные Индии и Пакистана договорились о перемирии в Кашмире，Независимая газета，2021-03-02，https：//www. ng. ru/world/2021-03-02/6_ 8093_ india. html.

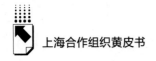

（二）上海合作组织命运共同体的构建路径

第一，完善上海合作组织的多边合作机制，提高组织的制度信任。全球化受阻使区域合作机制的重要性上升，上合组织将在地区合作中发挥更大作用。上合组织要继续加强体制建设，创新合作模式，提高合作效率，完善经济、安全、人文等领域的合作和交流机制，发挥上合组织相较于其他区域组织的制度优势和发展潜力，加强各成员国政策协调能力，促进政策规则对接和经验共享，实现"软联通"建设，增强成员国间和成员国对上合组织的信任。

第二，深化务实合作，加快项目落地，增加利益交汇点。上合组织成员国间的信息交流与对话机制逐渐常规化和制度化，但一些实质性内容的合作仍处于起步阶段，各项务实合作项目的效用最大化受到限制。要在巩固现有合作成果的基础上继续深化务实合作，推动发展战略对接，通过国际运输走廊建设、扩大本币结算、提高口岸通关效率等举措维护区域产业链供应链的韧性与稳定，推动区域贸易自由化进程，扩大区域内国家市场开放程度。利用区域优势，探索构建农业、医疗服务和数字经济等领域的区域产业链。[①]聚焦上合组织国家地方经贸合作需求，不断深化模式创新、制度创新，提高上合组织合作效率。进一步夯实示范区在推进上合组织地方经贸合作中的作用，引领上合组织国家经济高质量发展。

第三，加强人文交流与合作，促进民心相通。上海合作组织成员国异质性明显，历史矛盾和现实冲突复杂交织，对上合组织命运共同体的构建形成了挑战。人文交流是打破隔阂、深化信任的重要方式。应通过政府、学界和民间组织举办全方位、多层次的文化交流活动，加强上合组织成员国间的人文交流与合作。在合作广度上，要继续发展上合组织内文化、旅游、教育、医疗卫生、科技创新等领域的合作，形成全方位、深层次、多渠道的合作架构。坚持"上海精神"共有理念，积极宣传上合组织为成员国人民带来的

---

① 刘华芹、于佳卉：《上海合作组织区域经济合作20年回顾与展望》，《欧亚经济》2021年第1期。

切实收益，加深上合组织成员国的身份认同感，消除各成员国和社会民众间的隔阂与疏离感，建立互信。

四　总结

当今世界进入动荡变革期，全球地缘政治对抗风险升高，全球性挑战日益增多，应推动构建更加紧密的上海合作组织命运共同体，为上合组织地区治理提供解决方案。面对地区治理的现实需要和上合组织发展的内在要求，习近平主席在2018年上合组织青岛峰会上首次提出了"上海合作组织命运共同体"理念，为促进上合组织发展、推动建设新型国际关系、共谋地区安全和繁荣提供了"中国方案"。① 2019年习近平主席再次重申要携手构建更加紧密的上海合作组织命运共同体。② 2020年习近平主席又提出了构建卫生健康共同体、安全共同体、发展共同体、人文共同体等倡议。③ 2022年的上海合作组织迎来了成立以来的第二波扩员，为推动构建更加紧密的上合组织命运共同体提供了新动力。上合组织成员国全面推进各领域合作，已逐步探索出了新的集体安全合作模式，维护了整个地区的安全与稳定；推动经济合作，构建"你中有我，我中有你"的利益与发展共同体；人文合作不断推进，悄然改变着国家间关系，民众间相互认知水平不断增强。20多年的成功发展经验证明，上合组织不是"清谈馆"，而是一个已经取得丰硕合作成果、在维护地区稳定和促进地区发展中取得了骄人成绩的合作组织，树立了相互尊重、团结合作、互利共赢的地区与国际合作典范。上海合作组织的不断扩大为构建上合组织命运共同体注入了新的力量，也将为维护世界稳定、促进全球发展与合作提供更多的上合智慧，做出更多的贡献。

---

① 《习近平在上海合作组织成员国元首理事会第十八次会议上的讲话（全文）》，http：//www. xinhuanet. com/world/2018-06/10/c_ 1122964013. htm。

② 《习近平主席在上海合作组织成员国元首理事会第十九次会议上的讲话（全文）》，http：//www. xinhuanet. com/politics/leaders/2019-06/14/c_ 1124625213. htm。

③ 《习近平出席上海合作组织成员国元首理事会第二十次会议并发表重要讲话》，新华网，2020-11-10，http：//www. xinhuanet. com/politics/leaders/2020-11/10/c_ 1126723147. htm。

Y.6
全球视野下的上合组织成员国
民商事司法合作

鲍宏铮*

摘　要： 上合组织的司法合作开展 20 多年来，其领域已从安全和反恐逐步
扩展至民商事司法领域。在目前民商事司法领域具体合作机制还
不多的情况下，全球范围内以及本地区与上合组织有重叠的其他
国际组织的现有民商事司法合作机制便成为分析上合组织在这一
领域发展情况的重要依据。在全球层面，如联合国的《货物销售
合同公约》、海牙私法会议的《送达公约》、仲裁行业内部的《华盛
顿公约》、世贸组织上诉机构等机制，在地区层面，如独联体的示范
法、《基辅协议书》以及欧亚经济联盟的法院等机制，都为上合组织
的民商事司法合作做了铺垫。但由于这些机制间缺乏系统性整合，
覆盖面也不完全，仍需要各成员国在民商事司法方面深化合作。
中国是本地区经济活动的重要动力，在经济水平、营商环境、地
区影响力等方面具有优势，因此可以通过新规则的制定等方式为
上合组织的民商事司法合作提供中国方案，贡献中国智慧。

关键词： 示范法　统一法典　司法互助协议　《基辅协议书》　欧亚经
济联盟法院

　　上海合作组织在司法合作领域自 2003 年第一次举办成员国总检察长例

---

* 鲍宏铮，中国社会科学院世界历史研究所助理研究员。

行年度会晤至今已有 20 年的历史，合作领域已从最初的安全与反恐逐步扩大到民事、商事领域。民事领域的抚养费追讨（2014 年）、名誉权侵权（2015 年）、儿童权利保护（2018 年）等问题，以及商事和投资领域的海关估价（2014 年）、投资争端的解决（2017 年）、商事纠纷的解决（2018 年）等问题都曾成为年度成员国法院院长会晤的会议主题。

上合组织各成员国紧密相邻，中国西北边疆地区的居民与上合组织各国之间有着长期交往的历史，近年来随着"一带一路"倡议的实施，越来越多的中国企业赴上合组织成员国从事劳务、贸易和投资，上合组织成员国公民在其他成员国境内长期生活已成为常态，各国人民之间的友好往来日益密切。这涉及跨国婚姻、家属国籍、遗产继承、租赁、买卖、投资等社会经济生活的方方面面，在民事、商事、投资等方面所涉及的法律问题也随之越来越多。成熟完善的民商事法律合作机制将是上合组织各国经贸领域合作健康发展的重要保障。同时，"三股势力"和其他刑事犯罪往往也会在经费筹集、经费分配、人员招募等方面与民商事法律发生关系，因此为了充分履行上合组织反恐、打击跨国犯罪的职能，也需要一个完善的民商事司法合作环境。

司法主权是国家主权的核心内容之一，在世界上的各种一体化机制中，司法都是在政治上最为敏感、在技术上最为复杂的领域，国际民商事司法领域的合作也是如此。上合组织的民商事司法合作当前仍处于起步阶段，属于自身的民商事司法合作机制还不多，因此更需要从全球视角对上合组织的民商事司法合作水平进行定位，以期为上合组织未来在这一领域的发展提供参考。

目前的上海合作组织成员国可分为三组：一是苏联前加盟共和国，也是独联体成员国，即俄、哈、吉、塔、乌；第二组是创始成员国之一中国；第三组是 2017 年加入上合组织的印度和巴基斯坦。在这三组国家中，独联体国家由于都有苏联的历史背景，又有独联体这一合作机制，其司法制度相对比较接近。这也是上合组织开展司法合作的一个背景，可以将上合组织中独联体五国民商事司法合作情况作为出发点，对上合组织整体的民商事司法合作加以评析。

国际司法合作的核心内容之一是判决的跨境执行，就是各国之间可以对

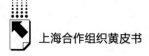

别国司法部门做出的判决给予承认并加以执行，在尊重各国司法主权的前提下减少司法空间中的壁垒，这也是上合组织民商事司法合作的重要方面。这一目标的实现可以通过多种途径。

一　统一法律

如果各国之间的法律互相接近或达于一致，那么彼此对对方的判决结果给予承认和执行的难度就会大为降低。统一法律有以下几种形式。

（一）示范法

示范法可起到模板作用。如果有关国家在制定本国法律的时候都参考同一示范法，那么其法律之间的接近程度就会提升。

上合组织中的独联体五国在苏联时期使用的是相同的法律。五国在独立之后，一方面在发展和制定适合本国国情的法律，另一方面为了加强彼此之间在政治、经济、文化等各领域的合作，又在采取措施使彼此的法律趋向接近。其最重要的举措就是在独联体框架内由独联体成员国议会大会拟定公布了各种法律的示范法。各成员国在制定本国相应法律的时候会参考示范法的立法思想、文本结构、术语使用等，从而使独联体各成员国的相关法律文本有许多相近、相通之处，审理过程、审判依据和判决执行方面法律的趋同使各国间的司法合作较容易协调。

经过30多年的时间，独联体成员国议会大会在制定示范法方面已经取得重要成果。民法、刑法、经济法、行政法等领域已经颁布了200多部示范法，涵盖了从民法典到劳动法、破产法等广泛的法律领域。

（二）国际统一法典

上合组织部分成员国在一些领域还通过签署国际公约实现了法律的统一。一些国家如俄罗斯，依据《俄罗斯联邦宪法》第15条，除有法律特别规定，俄罗斯所签订的国际条约的法律效力要高于俄罗斯国内法律。国际公约在一国国内的适用大体可分两种情况。有些国际公约要求缔约国通过修改国内法的方式实现与国际公约的统一，如知识产权领域的《伯尔尼公约》在各国的执行就是这种性质。另有一些国家直接采用了某些领域的国际统一法典，规定在一定情况下可以在国内审判中直接适用统一法典的法条，如根据1987年12月10日中国对外经济贸易部公布的《关于执行〈联合国国际货物销售合同公约〉应注意的几个问题》的通知，中国公司与该公约缔约国（当时除匈牙利外）公司签订的合同如不另行做出法律选择，则合同规定的事项自动适用联合国公约的有关规定，发生纠纷和诉讼亦须依联合国公约处理。这些国际法典在国际民商事纠纷中成为各国当事人均认可的法典，这给纠纷的解决带来了极大的便利。

二　司法互助协议和民商事安排协议

司法互助协议解决的是基于国内法所做出的判决是否可以在别国得到承认和执行的问题。上合组织成员国之间的司法互助协议主要有三种类型。具体的民商事司法安排协议则从国际法的角度为当事方设定准据法的选择依据，由此使有关的审理活动得到当事方的认可。民商事司法安排协议涉及自由贸易协定、鼓励与保护投资协定等多个领域，本文以投资保护协定来加以说明。

（一）参与全球性的国际民商事法互助公约

全球性的民商事司法互助公约，主要通过海牙国际私法会议由各参与国讨论拟订。海牙国际私法会议至今已出台数十部有关的公约，其中最重要的可举以下几部（上合组织成员国的参与情况见表1）。

其一，《关于向国外送达民事或商事司法文书和司法外文书公约》（简称《送达公约》，1965年生效），旨在协调各国的起诉书等法律文件能够通过法院的渠道进行合法、正规的跨境传递，送达当事人，从而发起诉讼。跨境文书送达是国际民商事司法程序能够展开的前提条件。

其二，《关于从国外调取民事或商事证据的公约》（简称《取证公约》，

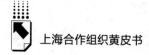

1970 年生效），旨在使缔约国的有关部门能够在案件调查审理过程中对其他缔约国法院提出取证要求，并能得到配合。

其三，《承认与执行外国民商事判决公约》（简称《承认与执行公约》，2019 年颁布，2023 年 9 月 1 日生效），旨在使缔约国法院做出的判决等能够在其他缔约国得到承认与执行。目前，上合组织中只有俄罗斯于 2021 年签署了该公约。

其四，在仲裁方面有《关于承认及执行外国仲裁裁决公约》（简称《纽约公约》，1959 年生效）和《关于解决国家与其他国家国民之间投资争端公约》（简称《华盛顿公约》，1965 年生效），旨在解决投资争议问题。另外，1994 年签署的《能源宪章条约》虽然主要以能源的生产、运输、分销内容为主，但其提供了一套比较完整的争端解决机制，因此在国际商务活动中也受到了广泛重视。

表 1　上合组织成员国参与国际公约情况及在该国生效的时间

	中国	俄罗斯	哈萨克斯坦	吉尔吉斯斯坦	塔吉克斯坦	乌兹别克斯坦	印度	巴基斯坦
《送达公约》	1989 年	2001 年	2016 年				2007 年	1989 年
《取证公约》	1997 年	2001 年	2016 年				2007 年	
《承认与执行公约》		2021 年						
《纽约公约》	1987 年	1960 年	1995 年	1996 年		1996 年	1960 年	
《华盛顿公约》	1993 年		2000 年	1995 年		1995 年		1966 年
《能源宪章条约》			1998 年	1998 年		1998 年		

资料来源：笔者根据有关资料整理。

（二）地区多边司法互助协议

在地区多边司法互助协议中，上合组织内对部分成员国作用最为显著的是在独联体框架下签署的几个条约，如 1992 年 3 月在基辅签署的《经济活动争端解决规程协议》（简称《基辅协议书》）、1993 年 1 月在明斯克签署的《民事、家庭、刑事法律关系和法律互助协定》（简称《明斯克协定书》）、2002 年在基希讷乌签署的《民事、家庭、刑事法律关系和法律互助协定》（简称《基希讷乌协定书》），以及 1998 年 3 月签署的《在独联体境内互相执行仲裁、商事、经济法院判决的规程》。

《基辅协议书》等多边司法互助协议至今仍是独联体各国在这一领域的基础性文件，上合组织中的独联体五国之间因此未再单独签署双边司法互助协议。

（三）双边司法互助协议

上合组织内的独联体五国与其他三国之间，以及这三国之间，目前仍主要依靠双边司法互助协议来实现有关司法合作。如中国和上合组织中的独联体五国均签有包含民商事法内容的双边司法互助协议，但与巴基斯坦的司法互助协议则仅限刑事而不包括民商事，中国与印度之间尚无司法互助协议。俄罗斯分别在 1992 年和 2000 年与中国和印度签署了双边民事司法互助协议，但未与巴基斯坦签署同类协议。

（四）双边投资协定

投资活动具有规模大、周期长、受政治因素影响比较大等特点，因此若出现投资争端也比较复杂难解。各国之间普遍为解决投资争端问题签订了专门的条约（下称"专设仲裁"）。

中国分别在 1992 年 3 月、1992 年 5 月、1992 年 8 月、1993 年 3 月、2006 年 9 月与乌兹别克斯坦、吉尔吉斯斯坦、哈萨克斯坦、塔吉克斯坦和俄罗斯签订了关于促进和相互保护投资协定的双边条约。2022 年 12 月 5 日，中俄双方还发表了《关于启动 2006 年 11 月 9 日签署的〈中华人民共和国政府与俄罗斯联邦政府关于促进和相互保护投资协定〉升级谈判的联合声明》。

争端解决方式通常可分为投资者-受资国模式（investor-state dispute settlement，ISDS）和投资国-受资国模式（state-state dispute settlement，SSDS）（两个条约缔约国之间）。中国与上述五国的投资争议解决方式具体可见表 2。

表2　中国与上合组织独联体五国投资协定中的争端解决机制

缔约国	争端解决方式	
	投资者与受资国	签约国之间
乌兹别克斯坦 吉尔吉斯斯坦 哈萨克斯坦 塔吉克斯坦	斯德哥尔摩商会仲裁院(第9条)	专设仲裁(第8条)
俄罗斯	《华盛顿公约》、联合国国际贸易法委员会(第9条)	专设仲裁(第8条)

资料来源：笔者根据有关资料整理。

上合组织各成员国之间也签署了大量的双边投资条约。现举其中的一部分为例加以分析（详见表3和表4）。

表3　俄罗斯与上合组织成员国签订的双边鼓励与保护投资协定

签订时间	缔约国	争端解决方式	
		投资者与受资国	签约国之间
1994年12月	印度	联合国国际贸易法委员会(第9条)	专设仲裁(第10条)
1998年7月	哈萨克斯坦	联合国国际贸易法委员会(第9条)	专设仲裁(第10条)
1999年4月	塔吉克斯坦	瑞典斯德哥尔摩商会仲裁院或联合国际贸易法委员会(第10条)	专设仲裁(第11条)
2006年11月	中国	联合国国际贸易法委员会或《华盛顿公约》(第9条)	专设仲裁(第8条)
2013年4月	乌兹别克斯坦	联合国国际贸易法委员会或《华盛顿公约》(第8条)	专设仲裁(第9条)

资料来源：笔者根据有关资料整理。

表4　部分上合组织成员国之间签订的双边投资协议

签订时间	缔约国	争端解决方式	
		投资者与受资国	签约国之间
2000年	吉尔吉斯斯坦—塔吉克斯坦	联合国国际贸易法委员会、《华盛顿公约》(第8条)	专设仲裁(第9条)

续表

签订时间	缔约国	争端解决方式	
		投资者与受资国	签约国之间
2001 年	哈萨克斯坦—塔吉克斯坦	巴黎国际仲裁院、《华盛顿公约》（第10条）	专设仲裁（第9条）

资料来源：笔者根据有关资料整理。

从上述各个成员国之间在不同时期所签订的投资协定中可以看到，对争端解决的方式有多种选择，例如在早期（20 世纪 90 年代）的条约中，瑞典斯德哥尔摩商会仲裁院扮演着重要的角色。这一情况进入 21 世纪后开始有所变化。《华盛顿公约》和联合国国际贸易法委员会占据着日益重要的地位。

三　一体化组织的制定法及其法院

国际经济一体化的实现以国际条约为基础，而对是否遵守多边国际条约则一般由在多边框架下建立的国际法庭进行裁决。

（一）全球性一体化组织及其法庭

国际法庭有一般性的常设法庭，如联合国下设的国际法院，也有由专门领域多边条约机制自设的国际法庭，其中，世界贸易组织（WTO）上诉机制是国际商事活动中威信最高也是各国参与度最广的，对上合组织的成员国来说亦是如此。

目前，上合组织的七个成员国即中国（2001 年）、俄罗斯（2012 年）、哈萨克斯坦（2015 年）、吉尔吉斯斯坦（1998 年）、塔吉克斯坦（2013 年）、印度（1995 年）、巴基斯坦（1995 年）均为世贸组织成员，接受和执行世贸组织上诉机构就准入、补贴等与世贸组织有关问题的裁决。

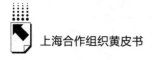

（二）地区性一体化组织及其法庭

目前在上合组织所在地区有两个发展水平较高的区域一体化组织，均与后苏联空间国家有关，即独联体和欧亚经济联盟。这两个组织都设有本组织的法院，即独联体经济法院和欧亚经济联盟法院，对与由本组织颁行的条约有关的争议享有管辖权。这种管辖权可分为两个部分。一是有关法院对本组织机构颁布的条约、法律和法规进行解释。由于这些法律法规在所涉领域是各成员国都要遵守的统一法典，所以法院的释法也是推动成员国之间法律统一的过程。在国际组织拥有全权的领域内，该国际组织出台的法律可以直接适用。① 二是对条约所涉具体领域中的案件进行审理。相关的判决结果在本组织的成员国内均应得到执行，因此这实际上是通过国际组织的内设法院，在超国家层次上进行的司法合作。

从现实情况来看，独联体经济法院虽然也有审理职能，但其受理范围仅限政府之间对条约执行的争端，且这在其工作总量中的比例相当低。1993年至 2008 年的 15 年间，该法院只判决了 8 起案件。② 而根据 2020 年的统计，其最后一次判决发生在 2017 年。独联体经济法院的主要工作是对独联体法律的释法。

欧亚经济联盟经过了从关税同盟到欧亚经济空间的一系列演变，经济联盟正式成立于 2015 年，上合组织中的俄罗斯、哈萨克斯坦、吉尔吉斯斯坦是其成员国。欧亚经济联盟作为一个具有成员国让渡主权性质的国际组织，与欧盟有某些相似之处，即着眼于通过经济领域的密切合作，实现高度的一体化。根据《欧亚经济联盟条约》，该联盟分为关税同盟和统一经济空间两部分职能。在关税同盟范畴内，欧亚经济联盟有适用于所有成员国的《税典》，在

---

① Управление систематизации законодательства и анализа судебной практики Верховного Суда Российской Федерации: Обобщение правовых позиций и практики Суда Евразийского экономического союза-2022 г. стр. 44.

② Экономический Суд Содружества Независимых государств — 15 лет, авторский коллектив: Е. Ф. Довгань, Ковчер. 2008, стр. 129, http://www.sudsng.org/download _ files/publication/pub15year/kniga_ itog1. pdf.

关税壁垒、非关税壁垒（技术和卫生等壁垒）、消费者保护、医药物资流通等领域享有权限；在统一经济空间范畴内，欧亚经济联盟在外汇政策、服务贸易、投资、税收、反垄断、能源、交通运输、政府采购、知识产权、补贴、外籍劳工等领域享有权限。这也意味着，欧亚经济联盟法院对成员国在上述领域内出现的国际争端享有管辖权，民商事活动中的自然人和法人可以作为主体参与诉讼，即个人和企业可以到欧亚经济联盟法院提起诉讼。

四　对上合组织现有民商事司法合作机制的评述

上合组织各国在司法合作方面已经有了一定的基础，也取得了一定的成绩，但仍然存在很多不足。

（一）主要问题

第一，国际公约所涵盖的上合组织成员国并不全面。一些极为重要的条约上合组织的一些成员国并未签署。

在国际统一法典方面，如联合国的《国际货物销售合同公约》，目前只有中国（1988 年）、俄罗斯（1991 年）、吉尔吉斯斯坦（2000 年）、乌兹别克斯坦（1997 年）为缔约国，而地区经济大国哈萨克斯坦和 G20 成员印度以及塔吉克斯坦和巴基斯坦均没有加入该条约。

国际司法互助公约方面，上合组织部分成员国的参与程度也不高，如在跨境投资方面至关重要的《华盛顿公约》，俄罗斯等国尚未加入。目前在解决涉及俄罗斯的投资争端中，有一些双边投资协定虽然也要求依据《华盛顿公约》解决争端，但这主要是基于双边条约的个例，而不是俄罗斯的一般做法；其执行虽然在双边范畴内有所保障，但这种"意大利面碗"式的由双边条约构成的条约网络，对于一个区域国际组织来说显然缺乏效率。而且，即使是这种"意大利面碗"式的双边条约网络也很不完整，一些国家之间仍未签署此类协议，如中国与印度之间、俄罗斯与巴基斯坦之间就没有

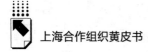
双边投资协议，况且在涉及第三国而第三国又未签署类似协议的情况下，双边协议的效力将有所下降。

第二，由于各国法律传统的不同、立法思想和技术的差异，对同一法律术语、法律范畴规定的解释常常并不一致，因此存在有待厘清的条款，需要有关国家在立法和司法过程中进行更为全面准确的界定。例如，在国际统一法典方面，中国和俄罗斯原则上都采用《ICC跟单信用证统一惯例》，但该惯例与俄罗斯《民法典》中对某些重要术语的解释不尽相同，这降低了采用统一法解决争端的效率。[1] 又如，在双边和多边司法互助方面，民事、商事在不同国家有不同界定。中国与俄罗斯签署的《关于民事和刑事司法协助的条约》（1992年）就对民事的范畴进行了明确界定，即本条约所指的"民事案件"也包括商事、婚姻家庭和劳动案件（第1条第3款）。但有些国际协定的有关规定则有某种不确定性，如《明斯克协定书》在民商事法方面只涉及民法和家庭法内容，这在实践中就可能引发某些问题。从广义上讲，雇工与私人雇主之间的劳动纠纷也可以视作民事纠纷，因此俄罗斯法院也多次依据《明斯克协定书》承认并执行了其他独联体缔约国法院做出的劳动争议案件判决，但是，这些属于判例范畴的判决结果是否具有普遍性则存在不确定性，即如果有关法院不以此种广义的概念去理解有关案件，则这些案件就可能无法在《明斯克协定书》框架下得到跨国承认和执行。[2] 再如，上合组织中的独联体各国对《基辅协议书》《明斯克协定书》在跨境承认与执行法院判决过程中一些术语的理解也存在类似的差异。如对何者为法院的界定，即有权执行行政处罚的机构所做出的处罚决定如对交通、路政方面的有关处罚决定是否可视作法院的判决等。再如，何者为判决，即不立案决定或和解协议书均由法院做出，但其是否能算作判决也存在模糊空间。

---

① Правовое Регулирование Расчетов по Инкассо，http：//www.yurclub.ru/docs/civil/article11.html.

② Марышева Н.И.，Иностранное судебное решение как субъект признания и приведения в исполнение в России. Право. Журанл высшей школы экономики. 2020 №2.

另外，双边协议只涉及双方合作，不同国家的双边条约在内容上会存在差异，且不同国家之间双边协议的签订时间可能相差若干年，政治经济情势变化很大，这也使得双边条约之间存在差异。双边协议虽可作为地区多边协议的基础，但想协调好并非易事。

第三，国际公约的缔约国基于自身考虑存在对某些条款声明保留的情况，如中国对《海牙取证公约》第 2 章除第 15 条之外做出的保留和对《送达公约》第 10 条做出的保留等。[①]

（二）一些深层原因

除了上述比较显见的问题，上合组织在民商事法律方面还存在一些深层次的法律文化问题，这在上合组织的独联体成员国中尤其明显。

冷战时期苏联实行的是较为封闭保守的政治经济政策，限制人员和企业与外国的交往和贸易，因此其在国际民商事司法方面的合作并不多，尽管 20 世纪 80 年代后期苏联颁布了有较大改动的新版《民诉法》，但其整体倾向仍难以改变。1991 年苏联解体，一分为十五个独立国家，前一天还在由苏联国内法进行调整的民商事活动，其当事人在第二天就变成了外国人，因此苏联前加盟共和国迫切需要新的民商事实体法和民商事诉讼法。这些新法的制定面临几项挑战：一是要改变苏联法律服务于单一公有制和中央指令性计划经济的指导思想，从根本上重新制定；二是要适应本国文化传统和国情民意，如与东正教、伊斯兰教有关的社会观念；三是事发突然，措手不及，但又要尽快出台。法律制定尤其是与日常社会和经济生活息息相关的民商事法制定是一项重大工程，需要高度的仔细审慎，因此各国曾在很长一段时间内只得正式或非正式地继续使用苏联法律，而且在更长的时间内延续了苏联法律的部分立法思想。例如《基辅协议书》于 1992 年 3 月签署，距离苏联解体仅三个月的时间，各新独立国家尚处于动荡之中，司法互助协议的制定

---

① 《中华人民共和国司法部：国际民商事司法协助常见问题解答》，http://www.moj.gov.cn/pub/sfbgw/jgsz/jgszzsdw/zsdwsfxzjlzx/sfxzjlzxxwdt/202303/t20230330_475371.html。

并无充分的学术准备和民意讨论，更大程度上这只是一种救急性的临时措施。而当时最方便也最可靠的立法参考便是曾经在各加盟共和国都通行的苏联法律，尤其是 1961 年的《民法》、1972 年苏联最高法院的《关于经互会成员国法院判决和仲裁裁决执行的规定》等法律。但这些法律普遍留有浓重的计划经济色彩和时代烙印，这给上合组织中的独联体成员国的法律制定工作带来了诸多影响。

在示范法方面，各国法律制定的进度不同，摆脱苏联法律影响的程度也不同，这造成示范法的作用有所下降。首先，出台的示范法虽多，但仍有很多领域没有涵盖。就国际民商事法领域而言，程序法较少。例如，尽管独联体议会大会在 2003 年曾出台了《关于民事诉讼法示范法典的构想与结构的规定》①，但至今并没有制定出一部《民事诉讼法》的示范法典。其次，示范法本身就有一些不到位的地方。例如在国际民商事法领域，《民法》示范法在涉及冲突时，在大多数情况下采用的是单一法规定，即在涉及两国的民事案件中，简单指定以某一国的法律为准，仅有一处采用了推定法，即根据具体情况决定是以甲国还是乙国甚至丙国的法律为准。这显然与苏联解体后独联体各国大量的国际民商事往来不相适应，因此各国普遍突破了示范法中的规定，也强化了国别法的差异。

在跨境承认与执行方面，独联体框架下的民商事法国际互助协议也存在一些长期未能解决的问题，实际上造成有关机制在一定程度上处于被架空状态。其中最主要的一点是独联体的三个公约均没有对在审理期间的财产保全问题进行规定，涉案人很可能在审理期间将涉案资产进行转移，因此尽管独联体成员国之间可以承认其他成员国的判决并允许在本国予以执行，但实际上已无可供执行的资产，案件只能不了了之，跨国司法协助因此难以最终落实。又如，在苏联时代并不存在普通的国际商业活动，对外贸易几乎为国家所垄断。在这种情况下，由于社会制度的相同，同时为了体现社会主义制度

---

① Постановление Межпарламентской Ассамблеи государств – участников Содружества Независимых Государств О Концепции и Структуре модельного Кодекса гражданского судопроизводства для государств-участников Содружества Независимых Государств.

的优势，在经互会内部对成员国法院判决的跨国承认与执行中并未按国际通行惯例规定在违背社会道德良俗和国家利益时的拒绝条款，而在上合组织框架下，这给判决的跨境执行带来了一系列问题。

此外，上合组织各国特别是独联体成员国在司法方面遭遇的困难还有社会文化方面的深层次原因。总体而言，后苏联空间国家对彼此的司法和仲裁系统缺乏信任。例如，就仲裁而言，上合组织中的独联体国家都拥有仲裁机构，但每年仍有众多争议当事人将争议提交到国际商会仲裁院（法国）、斯德哥尔摩商会仲裁院、伦敦国际仲裁法院、国际投资争议仲裁中心（美国）进行审理，尽管知道旅途劳顿、仲裁费用高企，甚至仅翻译费就是一笔不菲的开支。独联体经济法院也于 2008 年在俄罗斯圣彼得堡设立了独联体仲裁院，但由于对司法腐败的顾虑和仲裁与法院相对独立性的担忧，独联体仲裁院并未成为其成员国的首选。

（三）中国的重要作用

中国作为上合组织中具有重要影响力的大国，在上合组织的民商事法律合作方面有大量工作可做。

首先，中国是世界第一贸易大国，也是上合组织地区多个成员国的第一大贸易伙伴。中国对全球经济活动的参与度最深最广，经验也最为丰富，因此完全有条件推动更多的上合组织成员国加入有关国际公约，为国际商事、投资和民事法律的协调创造条件。

其次，就贸易结构而言，随着中国的产业升级，高端制造业产品占比稳步提升，同时与之有关的服务业占比也在提高。中国可积极参与新规则的制定，如在市场准入、投资保护、市场监管等方面推广在中国外贸领域中已经成熟的做法，并通过上合组织的平台使之体现在与民商事法有关的条约甚至是示范法中，整体提升上合组织的贸易管理水平。

值得一提的是，目前上合组织中的各国在处理投资争端时，普遍采用投资者-受资国模式，而这一模式在国际投资活动中正受到越来越多的挑战。投资国—受资国模式正逐步成为国际投资中的另一种重要的争端解决机制。

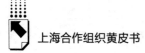

中国在《区域全面经济伙伴关系协定》（RCEP）中也对投资者–受资国模式持谨慎态度。中国在有关领域的考虑应通过上合组织机制传递到上合组织成员国中，以提升本地区的投资保护水平。

最后，中国作为上合组织中秉持高质量对外开放态度的成员国，在司法、社会管理方面具有较为丰富的经验，受到了各界人士的信任，特别是国内外商业界的认可。同时，中国与上合组织成员国具有地理相近、人员互通的优势，因此中国法律可在国际商务活动中更多地起到准据法的作用，中国法院和仲裁机构可成为更多上合组织成员国企业的诉讼与仲裁选择地，从而扩大中国作为国际司法中心的影响力，增加中国在国际司法特别是民商事法领域的话语权，为解决上合组织地区的国际民商事司法合作提供更多的中国方案，贡献更多的中国智慧。

Y.7
务实合作视角下的上海合作组织
命运共同体构建

杨 进　胡朝阳*

摘　要： 上海合作组织命运共同体建设离不开务实合作，务实合作是该组织持续发展的核心动力之一。在"上海精神"的指引下，务实合作具有良好的基础和保障。一是成员国普遍具有深化务实合作的意愿；二是上合组织长期合作形成了相对成熟的一系列合作机制。从成果看，上合组织长期致力于贸易投资便利化、区域基础设施建设、能源资源开发、教育文化交流、科技创新、农业合作和医疗卫生等领域的合作，在这些领域积累了丰富的合作经验并取得了丰硕成果，尤其是取得了一些重大战略性成果，直接奠定了上海合作组织命运共同体建设的雄厚基础。正是务实合作的扎实推进，才使上海合作组织的发展避免了虚化，使上合组织框架内的合作对于成员国更加具有吸引力。务实合作领域的成果极大地促进了成员国对上合组织集体身份的认同，务实合作是构建上海合作组织命运共同体的关键一环。

关键词： 上海合作组织　务实合作　命运共同体

　　上海合作组织成立发展至今，各成员国间形成了开展务实合作的广泛共

---

* 杨进，中国社会科学院俄罗斯东欧中亚研究所副研究员；胡朝阳，中国社会科学院大学国际政治经济学院研究生。

识，即在"互信、互利、平等、协商、尊重多样文明、谋求共同发展"的"上海精神"指引下，高度关注成员国发展过程中面临的实际问题，不断拓展合作领域，加强合作机制，提升合作水平，强化人文交流。目前，务实合作已经成为上合组织合作的优先方向，在每年召开的国家元首会议、政府首脑（总理）会议、外交部长会议以及定期召开的各部首长会议上，各成员国都会对深化组织框架下的务实合作进行规划部署，为深入推进务实合作提供方向指引和政策保障。在各成员国的努力推动下，上海合作组织框架下的务实合作范围已从最初的安全合作扩大到经贸、交通、农业、能源、文化、教育、科技、旅游等众多领域，并取得了一系列重要成果，各成员国逐渐享受到务实合作带来的切实好处。务实合作在推动地区共同繁荣发展、构建上海合作组织命运共同体方面的作用正在迅速增长。

一 上海合作组织开展务实合作的基础与保障

上海合作组织在 2017 年实现第一次扩员后，八个成员国的领土面积占欧亚大陆的 3/5，人口占世界近一半，2021 年上合组织成员国 GDP 占全球 GDP 的近 1/4。无论是从覆盖面积、人口规模还是从经济体量方面来看，上海合作组织都是具有巨大国际影响力的国际组织。上海合作组织框架内的务实合作能够顺利开展，主要得益于各成员国拥有加强务实合作的共同意愿，以及在组织内达成了推进务实合作的一系列政策文件，形成了较为成熟的长期合作机制。

第一，上海合作组织各成员国加强务实合作的共同意愿构成了开展务实合作的基础。2001 年上海合作组织成立之初通过的共同宣言指出："鼓励各成员国在政治、经贸、科技、文化、教育、能源、交通、环保及其他领域开展有效合作，充分释放各成员国之间的合作潜力。"[①] 这表明上海合作组织在成立之初就将务实合作纳入组织发展规划当中，并且随着上合组织不断发

---

① 《上海合作组织成立宣言》，http：//chn. sectsco. org/documents/。

展，各成员国深化务实合作的意愿逐渐增强，在历届成员国元首会议上，各国领导人都对加强务实合作提出倡议与设想。2002 年在第二次成员国元首会议上，各国领导人一致同意发展经济是上合组织工作的重要任务。① 在顶层设计的推动下，上海合作组织率先在贸易与投资便利化、海关协作、交通和能源建设领域展开合作。这些领域是上海合作组织开展务实合作的基础领域，贸易和投资的便利化和海关协作能够为组织内部的双边合作、三边合作、小多边合作创造有利条件；率先开展交通和能源建设领域的合作是基于组织成员国地理区位和资源禀赋特点。在这几大领域开展务实合作关系到上合组织成员国的利益，并且能够为上合组织框架下务实合作的长远发展创造有利条件。

第二，在上合组织机构不断完善、上合组织由初创阶段迈进发展阶段后，上合组织根据成员国的发展需要及国际地区形势的变化，不断调整务实合作的方向及重点领域。在 2008 年国际金融危机严重冲击全球经济的背景下，上合组织加快金融合作，加强对上合组织内资本流通的监控，携手应对经济危机，通过《上海合作组织成员国关于加强多边经济合作、应对全球金融经济危机、保障经济可持续发展的共同倡议》。在全球互联网及电子信息技术蓬勃兴起后，上合组织开始高度重视科技创新及信息安全领域的合作，成员国元首分别于 2013 年、2021 年、2022 年多次通过《关于加强科技创新领域合作的声明》。2020 年新冠疫情暴发后，上合组织开始携手应对新冠疫情，先后通过了《上海合作组织成员国元首理事会关于共同应对新冠肺炎疫情的声明》《上合组织成员国抗击新冠肺炎疫情采取的先进措施概述》等指导性文件。在 2022 年世界及地区局势恶化，全球遭遇能源危机和粮食危机的复杂背景下，上合组织及时通过了《上海合作组织成员国经贸部长关于维护多边贸易体制的声明》《关于保障能源安全的声明》《关于保障全球粮食安全的声明》《关于保障供应链可靠、可持续性和多样化的声明》等多个具有现实意义的指导性文件，加强协调合作，

---

① 《上海合作组织成员国元首宣言》，http：//chn. sectsco. org/documents/。

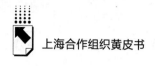

应对共同挑战。

第三，上海合作组织发展进程中形成的长期合作机制、达成的政策文件为务实合作提供了坚实保障。2003年通过的《上海合作组织成员国多边贸易合作纲要》是上合组织务实合作领域最早的指导性文件，文件涉及100多个合作项目，覆盖经济、科技、人文等广泛的务实合作领域，随着合作项目的落实，成员国间商品、资本、服务和技术自由流通水平大幅提升。此后，上合组织陆续通过《上海合作组织成员国政府海关合作与互助协定》《上海合作组织成员国政府间文化合作协定》《上海合作组织成员国政府间农业合作协定》《上海合作组织成员国政府间合作打击犯罪协定》《上海合作组织成员国政府间科技合作协定》《上海合作组织成员国政府间国家道路运输便利化协定》《上海合作组织成员国旅游合作发展纲要》等诸多务实合作文件，这些文件共同构筑了上海合作组织框架下务实合作的法律基础，为务实合作的开展指明了方向。此外，为了深入推动不同领域的务实合作，提升相关领域的相互协作能力，上海合作组织不断完善合作机制，现已建立起一套涵盖众多领域的合作机制。除国家元首会议、政府首脑（总理）会议、外交部长会议，上海合作组织框架下还建立了经贸、交通、财政和央行、司法、海关、教育、农业、卫生等部门领导人定期会晤机制，成立了电子商务、投资、发展过境潜力、现代信息和电信技术、贸易便利化等工作小组。自上而下多层次合作机制的构建有效地推进了各领域合作的政策制定和落实工作，日益成熟的互信机制和决策模式为务实合作的顺利开展保驾护航。

二　上海合作组织框架下务实合作中的突出领域

回顾上海合作组织22年来务实合作历程，可以发现贸易投资便利化、区域基础设施建设、能源资源开发、教育文化交流、科技创新、农业合作、医疗卫生是上海合作组织务实合作的关键领域，受到各成员国的高度关注，并且取得了显著成果。

第一，在贸易投资领域。上海合作组织区域经济合作与成员国间经贸联系呈现双上升态势。在区域经济合作方面，2021 年中国与上海合作组织成员国之间的经贸额达 3433 亿美元，是 2001 年的 28 倍。① 区域经济合作增长离不开成员国之间日益紧密的经贸联系，在上合组织成员国当中，塔吉克斯坦与上合组织成员国之间的贸易额约占其贸易总量的 90%。2022 年塔吉克斯坦的前三大贸易伙伴均为上合组织成员国。哈萨克斯坦的第一大和第二大贸易伙伴国已连续多年来自上合组织成员国，2021 年哈萨克斯坦与上海合作组织成员国之间的贸易额达到 500 亿美元，其中有 62% 属于工业产品贸易。② 2020 年以来，乌兹别克斯坦与上合组织成员国之间的贸易额占其贸易总量的 50% 以上。此外，中国、印度、俄罗斯作为上合组织中重要的经济体一直保持着密切的经济联系，2021 年中国和印度双边贸易额首次突破千亿美元，达到 1256 亿美元;③ 2022 年中俄双边贸易额达到创纪录的 1902.71 亿美元，同比增长了 29.3%，中国连续 13 年成为俄罗斯第一大贸易伙伴。④

上合组织成员国间双边贸易的迅速发展推动了区域经济合作的快速增长，这一良好势头背后原因主要来自三个方面。一是成员国间经济互补性强，俄罗斯和哈萨克斯坦等国以出口能源和资源为主，同时对机电产品有较大需求，这恰好符合中国的需求。二是中欧班列数量增加，带动了沿线上合组织成员国间的经贸合作。上合组织核心区域——中亚——是中欧班列西部通道的必经之地，与此同时，中欧班列的东部通道和中部通道则经过上合组织成员国俄罗斯和观察员国蒙古国。疫情期间，中欧班列沿线的上合组织成

① 《上合组织经贸合作"再上一层楼"》，https：//baijiahao. baidu. com/s？ id = 174412576 5287840557&wfr = spider&for = pc。
② Товарооборот Казахстана со сторонами ШОС составил ＄50 млрд, https：//www. inform. kz/ru/tovarooborot－kazahstana－so－stranami－shos－sostavil－50－mlrd_ a3955505？ ysclid = lj8a2g0loc160970718.
③ 《商务部近期回应中印、中美经贸热点》，https：//baijiahao. baidu. com/s？ id = 17250 34607064168914 &wfr = spider&for = pc。
④ 《中俄经贸合作稳步推进》，https：//baijiahao. baidu. com/s？ id = 1760754770603647589 &wfr = spider&for = pc。

员国在保障供应链稳定方面发挥了重要作用。铁路运输在疫情期间展示出的优势进一步释放了上合组织成员国之间经济合作的潜力。三是相关国家外交关系的不断深化为加强彼此间的经贸合作打下了良好基础。与此同时，随着上合组织银联体、上合组织贸易部长会议、欧亚经济论坛、上合组织经济论坛等多边贸易和金融机制与服务平台的建立和运行，上合组织区域经贸规则得到了进一步完善，经贸合作潜力也得到了更好的释放。

第二，在基础设施建设领域。交通是上合组织重点投入对象，上合组织充分发挥成员国间的跨境铁路和跨境公路优势，形成了与海运、空运互补的"中欧物流新通道"。早在2013年通过的《关于进一步开展交通领域合作的联合声明》中就指出，随着成员国间铁路货物运输量的增长以及区域内铁路运载负荷的增大，需要对交通运输设施建设发展予以特别关注，通过落实一批交通基础设施建设项目来提升途经上合组织成员国境内的国际和区域交通走廊的竞争力和吸引力，在上合组织区域内建设现代化的国际多式联运物流中心。2014年上合组织通过了《上海合作组织成员国政府间国际道路运输便利化协定》。2017年，该协定进入实施阶段，包括东起连云港西至圣彼得堡在内的六条跨境路线已于2020年底前全部开通。与此同时，以铁路货运为核心运输模式的中欧班列西中东三条运输通道全都经过上合组织成员国境内，其中西部通道由我国西部阿拉山口（霍尔果斯）出境经过上合组织核心区域中亚地区，中部通道和东部通道分别由二连浩特和满洲里（绥芬河）口岸出境经过俄罗斯。国际公路网和中欧班列共同构成了上合组织区域内路网互通动脉，在促进各国贸易往来、稳定国际供应链产业链方面发挥了重要作用。

除跨境交通设施，中国还在上合组织框架下积极开展与中亚国家、巴基斯坦等国的基础设施建设合作。如乌兹别克斯坦东部与西部的关键工程"安格连—帕普"铁路项目、沟通吉尔吉斯斯坦比什凯克和奥什的"新南北公路"项目、巴基斯坦PKM高速公路项目（苏库尔—木尔坦段）都是在中国的参与下建设完成的，这极大地改善了上合组织成员国当地的交通情况，对于当地的经济发展具有积极意义。

随着互联网通信技术的发展，电信基础设施合作正在成为上合组织框架下区域基础设施合作的新增长点，中国新疆已与周边的上合组织成员国间建成了 17 条跨境光缆，同时中吉、中塔陆地光缆系统正在规划建设中。加强数字互联互通、为经济发展创造新机遇是上合组织在数字经济领域的建设目标，同时也是上合组织务实合作领域的新增长点。

第三，在能源开发领域。上合组织成员国之间形成了能源互联互通互利共赢的合作局面。在上海合作组织框架下开展能源合作具有诸多优势。一是俄罗斯、哈萨克斯坦等上合组织成员国拥有丰富的油气资源，是世界上主要的能源生产国和能源出口国，这一先天优势为上合组织的能源合作提供了有利条件；二是中国一直以来积极推动上合组织框架下的能源合作，凭借市场优势、资金优势、区位优势、技术优势，借助上合组织平台展开能源合作。上合组织成员国之间在能源领域的互补性成为能源合作持续深化发展的有力支撑，2016 年俄罗斯成为世界第一大石油出口国，同时也是世界上主要的天然气出口国之一，与之相对应，中国、印度分别成为世界上第二大、第三大原油进口国，也是天然气的主要买家。

在俄乌冲突加剧、欧洲地缘政治格局急剧变化的背景下，俄罗斯能源出口欧洲受到越来越大的挑战，中国、印度正在成为俄罗斯石油、天然气的主要买家。2022 年全年俄罗斯对中国石油出口增长了 28%，达到了 8900 万吨，液化天然气出口增长了 35.2%，管道天然气出口增长了 1.5 倍。2022 年，俄罗斯对印度石油出口激增，对印度原油出口增长了 19 倍，达到了 4100 万吨，对印度石油产品出口增长了 1 倍多，达到了 620 万吨，成为印度最大的石油进口来源国。[1] 根据国际能源机构的数据，2023 年 4 月印度和中国从俄罗斯进口的原油数量占俄罗斯原油出口总量的 79%。[2]

---

[1] Новак：экспорт нефти из России в Индию вырос в 2022 году в 19 раз，https：//smotrim. ru/article/3395669？ ysclid=lj8j1mz2zi812520148.

[2] Топливный максимум：Россия нарастила экспорт нефти и нефтепродуктов до самого высокого уровня с начала спецоперации，https：//russian. rt. com/business/article/1149149-rossiya-neft-eksport-rekord？ ysclid=lj8ifjbstk350807519.

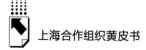

中国与中亚国家的能源合作也取得了较大的进展，除中哈原油管道、中国—中亚天然气管道建成投产，中国还参与了里海地区油气田开发项目，中国石油企业与哈萨克斯坦石油公司在卡沙干油田等重大油田开发项目中达成合作协议，通过充分发挥中国的技术和资金优势，提升中亚地区油气供给能力。

除油气领域的合作，清洁能源合作也正在加速纳入上合组织能源合作范畴当中，在2023年上合组织成员国第三次能源部长会议上，各成员国一致认为能源合作是上合组织务实合作的重要部分，目前上合组织框架下的能源合作呈现化石能源与清洁能源"双轮驱动"发展态势，积极探索能源合作新路径、拓宽能源转型新领域是上合组织未来能源合作的发展方向。会议通过的《上海合作组织成员国关于开展新型燃料和能源行业建模合作的联合声明》，表明了上合组织能源合作正在逐渐突破传统的能源合作领域和合作模式，深化能源合作、建立新型能源互动模式是上合组织未来能源合作的目标。

同时，在世界能源转型的大背景下，维护能源安全，建设透明、高效、开放的国际能源市场也是上合组织在新形势下能源合作的方向，在2022年上合组织撒马尔罕峰会上通过了《关于保障能源安全的声明》，这份声明提到成员国要加强能源政策协调，共同建设公平公正、均衡普惠的全球能源治理体系，促进清洁能源市场的开发。可以预见，在未来一段时期内，能源合作将会继续是上合组织务实合作领域中的重点。

第四，在教育文化领域。上海合作组织文化部长会议是上海合作组织框架下最早成立的部长级会议之一，2002年召开第一次文化部长会议，从此拉开了上海合作组织人文合作的序幕。2005年举办第一次上海合作组织成员国文化节，标志着上海合作组织人文合作双机制——文化部长会议和文化节机制形成，为成员国之间进一步开展丰富多彩的人文交流合作奠定了基础。在此机制下，上海合作组织相继展开了教育、旅游、生态等领域的合作，人文合作的范围逐渐扩大，不仅增进了成员国之间人民的相互了解和传统友谊，还成为务实合作的重要支撑部分，在推进政治、经济等领域合作方面发挥了积极作用。

目前，上海合作组织文化部长会议已经成功举办了二十次，人文合作内容不断拓宽，形式也更加丰富，除定期举行的上海合作组织文化艺术节官方活动，还有形式多样的半官方或民间活动，包括 2008 年举办的"上海合作组织之夜"艺术家演出活动、2017～2018 年举办的"九个美妙乐章"系列音乐会、2018 年举办的首届上海合作组织电影节，以及连续多年举办的"画说西湖"论坛和"上海合作组织国际美术双年展"等文化交流活动。中国作为上海合作组织人文合作的积极推动者，牵头成立上合组织博物馆联盟，出版发行了《上海合作组织世界遗产全集》图册，同时在上合组织框架下举办了文化和旅游融合发展研修班、美术作品展、青年联欢周等一系列交流活动，为上合组织人文合作做出了积极贡献。

在人文合作机制下，上合组织教育合作取得了丰硕成果，形成了政府和学界有机配合的"2+2"合作机制，即官方的教育部长会议和常设教育合作专家工作组会议及民间的大学校长论坛和"教育无国界"教育周。其中，上海合作组织教育部长会议是组织内教育合作领域最高会晤机制，在制定阶段性合作路线图、扩大学术交流、建设联合大学方面发挥着重要作用；常设教育合作专家工作组是为了更好地协调和实施教育领域的具体合作规划，这两大官方合作机制是推动教育合作的重要平台。

旅游作为民间人文交流的重要途径受到了上海合作组织的高度关注。各成员国依托本国的旅游资源开发了具有本国特色的旅游项目。俄罗斯央行数据显示，2019 年，中国赴俄罗斯旅游人次超过 120 万，中国游客给俄罗斯带来超过 10 亿美元的收入。① 哈萨克斯坦利用本国草原文化及遗产大力推动草原文化旅游项目，创办草原文化节吸引各国游客。2018 年，哈萨克斯坦国家博物馆承办的"伟大草原遗产：珍宝艺术"展在陕西历史博物馆开幕，共展出 190 类 370 件珍贵文物，对传播欧亚草原文化、增进中哈两国人

---

① Китайские туристы массово устремились в Россию，https：//lenta. ru/news/2020/02/11/hlynul/? ysclid=l4y8sqdfni485933512.

民相互了解具有重要意义。乌兹别克斯坦充分发挥古丝绸之路历史文化优势，与中国考古学家在费尔干纳盆地、撒马尔罕地区和苏尔汗河流域进行联合考古发掘和遗产保护工作，取得了一系列阶段性成果。2020 年，故宫博物院展出了中乌联合考古队 2015~2018 年在乌兹别克斯坦境内考古发掘的出土文物精品 90 组。乌兹别克斯坦希瓦古城联合修复项目于 2020 年 3 月顺利竣工。2021 年 11 月，以"旅游发展与文化遗产保护：从理论到实践"为主题的中乌文旅合作与发展论坛在线上召开，双方专家在文旅领域进行常态化、规范化、规模化合作，积极开展人才联合培养、专题培养、学术交流等项目，共同推进上海合作组织各国在人文交流合作方面达成共识。塔吉克斯坦同样积极利用上海合作组织国际旅游论坛机制，大力推销其国内工艺美术、民俗用品、手工艺品及民族乐器等特色旅游产品。

除此之外，中国与吉尔吉斯斯坦、印度等国家互相举办文化年、旅游年等活动。上合组织成员国通过文化遗产保护、文化资源开发工作，丰富了旅游合作内容，形成了独具历史特色和文化底蕴的上合组织旅游文化品牌。

第五，在科技合作领域。2010 年召开首届上海合作组织成员国科技部长会议，此后每两年召开一次，形成了定期合作机制。与此同时，上合组织通过了多个文件从不同方向对科技合作进行规划指引。2013 年通过了首个《上海合作组织政府间科学技术合作协议》，明确在包括环境保护和自然资源利用在内的七个领域开展优先合作，2016 年通过了《上海合作组织科技伙伴计划》、2018 年通过《上海合作组织 2019~2020 年科研机构合作务实措施》、2019 年通过《上海合作组织成员国数字化和信息通信技术领域合作构想》。在 2022 年最新一次科技部长会议上通过了《上海合作组织成员国优先领域科技合作行动计划（2022~2025 年）》《上海合作组织多边联合科研创新项目实施机制方案》《上海合作组织成员国人工智能发展合作计划》等文件，成员国重视在人工智能、大数据等高科技领域的合作，希望通过科技创新推动区域经济发展，为区域人民打造健康安全的生存环境。此外，在上合组织框架下，每年都会举办科技合作交流活动。2022 年举办了上合组织国际科技合作与技术转移论坛，2023 年举办了上合组织数字技术合作论坛，这些交流活动有力地推动成员国在科技领域进行经验互享，并挖掘合作需求。

第六，在农业合作领域。上海合作组织框架下的农业领域合作起步较晚，2010 年首届上海合作组织成员国农业部长会议召开，通过《上海合作组织成员国政府间农业合作协定》，但是在农业领域的合作进展显著，并取得了许多合作成果。与传统农业领域合作不同，上合组织框架下的农业合作更加注重可持续性，在农产品贸易基础上，育种与良种繁育、土壤改良、农业灌溉、农业机械制造、农业科研、农产品加工等农业领域上游和深层合作也受到更多关注与重视。在开放共享、合作共赢、可持续的合作理念下，2020 年首个上海合作组织农业技术交流培训中心在中国陕西省杨凌揭牌成立，该中心主要承担"农业技术交流合作""农业技术教育培训""农业技术示范推广""农业贸易和产能合作"等功能，以农业科技推动农业合作转型升级、带动区域经济可持续发展是该中心的目标。该中心成立以来，建成了综合保税区、现代农业发展研究院和联合实验室，创建农业技术实训基地20 个，面向上合组织成员国实施援外培训和远程农业技术培训 24 期，有2.4 万人次参加了培训。① 与此同时，乌兹别克斯坦建成上合组织农业基地——中乌现代农业科技示范园，哈萨克斯坦爱菊农产品物流加工区也在农业合作领域发挥着重要作用。在上合组织框架下大力发展农业科技创新合作、建设现代化农业生产体系、确保区域内的粮食安全是农业领域合作的主要任务。

三　务实合作对上海合作组织发展的重大意义

务实合作作为一种从现实需求出发，关注实际问题、注重合作成果的合作方式，其产生的意义是积极深远的，不仅能推进组织本身的优化升级，而

---

① 《上合组织农业基地让世界"共飨"农科成果》，http：//eb. nkb. com. cn/nykjb/20220817/mhtml/page_ 01_ content_ 20220817002001. htm。

且会给上合组织内各个成员国带来切实利益，进一步增强组织的凝聚力，达成上合组织本身与组织成员国相互促进、共同发展的双驱动发展态势。就上海合作组织而言，其覆盖面积广阔、涵盖人口众多、成员国宗教文化差异大，这种多元组成使务实合作成为提升组织向心力、推动组织发展的重要工具。因此，在上海合作组织框架下开展务实合作具有重要意义。

第一，推动组织机制发展，扩充上合组织合作内容与合作范围，使上合组织能够长期保持积极的高水平合作，有利于维持上合组织的可持续发展。务实合作是一种以合作成果为导向的合作方式，合作成果在很大程度上是组织行动产生利益的一种表现形式。在上合组织框架下，务实合作的范围越广、整合区域资源的能力越强、参与的国家越多，务实合作的吸引力就会越强，上合组织就会朝着健康可持续发展的方向前进。与此同时，开展务实合作的过程就是成员国参与组织事务、形成彼此间互动关系的过程，其中包括一系列仪式性和实质性的活动，比如举办各级别的定期会晤、发表联合声明、成立上合组织经贸示范区、举办各类论坛及艺术节等政府及民间交流互动活动。这些活动成为上合组织成员国关系互动的纽带，并且随着组织的深化发展纽带越系越紧密，上合组织的发展与成员国关系的强化形成双向促进，提升了成员国间的黏合性和组织的稳定性，使上合组织能够保持长期向前发展的活力。

第二，务实合作能够满足成员国的利益需求，有利于成员国自身的发展。利益是成员国参与国际组织实践的首要考虑因素，一国参与国际组织的积极性往往取决于从中获利的程度，国际行为的趋利性促使国际组织通过培育国际合作、提供公共产品来满足成员国的利益需求。务实合作就带有这样的属性，以合作成果为导向，在广泛合作的基础上最大限度地满足成员国的各类利益需求。上海合作组织框架下务实合作覆盖领域极为广泛，基本能够满足不同成员国的发展需求，为成员国提供长期利益。其中能源合作可同时满足能源出口国俄罗斯、哈萨克斯坦和能源进口国中国、印度的需求；农业合作能够满足农业大国乌兹别克斯坦、畜牧业大国哈萨克斯坦的需求；交通基础设施合作能够满足中亚过境国的需求；科技合作能够满足新一轮科技革命背景下各国希望抓住新增长点发展国家经济的需要。上合组织各成员国都能够在务实合作中找到符合本国利益需求的领域。当成员国的利益需求得到满足时，上海合作组织的持续健康发展也就拥有了保障。

第三，务实合作有利于构建集体身份认知，进一步提升组织的凝聚力，降低上合组织扩员后成员国异质性增加导致组织行动协调性、执行力减弱的影响。2017 年，印度和巴基斯坦的加入使上合组织变得更加多元，二次扩员后伊朗的加入将进一步突出成员国身份认同的差异性，上海合作组织的组织效率、执行力和凝聚力会面临新的挑战。务实合作将会成为协调成员国文化认同、地区认同、利益认同等方面差异的最大公约数，尤其是上海合作组织框架下的务实合作范围广泛、覆盖领域全面、合作时期跨度长、合作成果众多。事实上，上海合作组织的功能定位从政治合作、经济合作、安全合作到人文合作，几乎涉及国际合作的所有领域，这就意味着每个成员国都能在上海合作组织务实合作框架下找到满足其利益需求的领域。因而，只要在相关合作领域上海合作组织制定的文件、达成的协议不损害成员国利益，上海合作组织的凝聚力就不会出现问题。[1] 比如在价值观和意识形态、地缘政治和国家战略方面，成员国中的大国俄罗斯、印度、中国之间差异显著，几乎难以找到契合点，但在广泛的务实合作框架下，成员国可以在打击恐怖主义、开展经贸合作、深化能源合作等领域达成利益共识，进而发展合作。可以看到，上海合作组织框架下广泛和务实的合作能够为增强组织凝聚力提供多个落脚点，积极推进以成果为导向的合作，有助于避免上合组织出现"论坛化"风险。

结　语

上海合作组织框架下的务实合作在上合组织成立之初就被纳入元首宣言当中，从顶层设计层面奠定了务实合作在组织发展中的重要意义。上海合作

---

① 杨进：《集体身份构建与上海合作组织凝聚力建设》，《俄罗斯学刊》2019 年第 5 期。

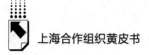

组织成立 22 年来，各成员国一直积极参与各种务实合作，共同携手不断拓宽务实合作的范围和层次。目前，上海合作组织框架下的合作几乎涉及国际合作的所有领域，并且在政治、经济、安全、人文等方面的合作中取得了重要成果，这既离不开成员国推进务实合作发展的共同意愿，又受益于上合组织发展过程中形成的各类政策文件和合作机制的支持。上海合作组织现已形成了 21 个部首长会议，以更加精细化专业化的方式推进务实合作，与之相伴，各类政策文件和工作计划在务实合作的有序推进过程中起到了保驾护航的作用。

务实合作关注成员国的实际问题，注重合作成果，能够为成员国提供良好的公共产品，满足成员国利益需求。与此同时，上海合作组织框架下的务实合作常常结合成员国的实际发展情况和形势发展需要，优化合作内容和方向，使合作成果真正惠及各成员国。当前，经贸往来、基础设施建设、能源开发利用、人文教育交流、科技创新发展、农业合作是上海合作组织务实合作框架下合作成果最为显著的领域，这些领域也正在成为未来务实合作的重要增长点。

上海合作组织框架内的务实合作具有重要意义，具体体现在三个方面：一是有利于上合组织的可持续健康发展，使上合组织能够保持高水平合作；二是能够切实满足各成员国的利益需求，有利于成员国的稳定发展；三是能有效降低成员国异质化对组织效率的影响，为成员国合作提供最大公约数，增强上合组织凝聚力。随着上海合作组织二次扩员的完成，上合组织多元化特点进一步加深，而多元化的另一面也意味着分散，上合组织达成一致意见的难度将会增加。上海合作组织框架下的务实合作覆盖领域广泛的特点将有助于成员国寻找共同利益，避免组织陷入"论坛化""俱乐部化"的风险。

安全合作
Security Cooperation

Y.8
国际体系变迁与上合组织再扩员[*]

高焓迅**

摘　要： 伊朗是较早申请加入上合组织的国家之一。2022年9月16日上合组织撒马尔罕峰会签署了《关于伊朗伊斯兰共和国加入上海合作组织义务的备忘录》，这标志着伊朗即将成为上合组织正式成员国。伊朗加入上合组织是国际/地区秩序深刻演变的结果，也是中俄伊三方应对国际和地区形势不断变化的必然选择。在国际关系民主化、国际格局多极化演变中，中俄伊三边互动的主要推动因素是抵制以美国为首的霸权主义欺凌、共同捍卫地区稳定与繁荣、倡导尊重多样文明和谐共生。在上合组织框架下，中俄伊三边良性互动有利于增进地区国家间政治互信和相互了解，共同应对以"三股势力"为代表的安全威胁，弥合因新冠疫情和地缘政治危机导致的国际地区产业链断裂，深化成员国间经济合

---

* 本文为国家社科基金重大项目"上海合作组织命运共同体构建研究"（编号：ZDA130）阶段性成果。

** 高焓迅，中国社会科学院俄罗斯东欧中亚研究所副研究员，法学博士。

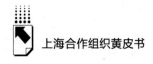

作，推动构建上合组织命运共同体。

关键词: 上合组织　国际秩序　霸权主义　伊朗　中俄关系

一　国际秩序演变中的上合组织

冷战结束后，与中国陆上接壤的苏联不复存在，在国际格局发生重大变化，旧有的国际秩序坍塌而新的国际秩序又尚未形成之时出现了许多新的问题。正如英国伦敦国际战略研究所的报告所言:"（两极格局崩塌）不仅摧毁了苏联，而且改变了世界。"① 这也成为中国和俄罗斯、哈萨克斯坦、吉尔吉斯斯坦、塔吉克斯坦和乌兹别克斯坦六个创始成员国为维护地区稳定繁荣寻求合作、联手解决区域治理难题而建立上合组织的主要动机。正如西方评论员所言:"不论你喜欢与否，上合组织已成为新兴多极化世界中强大的经济和政治参与者，正在悄然打破西方主导的传统国际政治经济秩序。"②

"上海精神"是上合组织的核心价值观，这一价值观蕴含创始成员国提出的诸多新理念。《上海合作组织成立宣言》明确指出上合组织将致力于建立民主、公正、合理的国际政治经济新秩序，这表明了上合组织成立的初衷。在上合组织框架内，成员国奉行"协商一致"的决策原则，人口过亿的世界大国中国、俄罗斯同人口不足千万的塔吉克斯坦、吉尔吉斯斯坦等地区国家在上合组织框架内拥有同等的"否决权"。《上海合作组织宪章》强调，本组织的基本任务和宗旨是加强成员国间相互信任和睦邻友好，发展多领域合作。上合组织自建立之初就秉持开放与合作的态度，强调"结伴而不结盟"，追求共同、综合、合作、可持续安全，反对以追求自我的"相对

---

① 顾关福主编《战后国际关系（1945~2010）》，天津人民出版社，2010，第86页。

② W. P. S. Sidhu, Re-energizing India-U. S. Civil Nuclear Cooperation, The Modi-Obama Summit: A Leadership Moment for India and the United States, India: New Delhi, pp. 35-37.

安全"与"绝对安全"而损害他国安全利益。上合组织致力于加强成员国间经济合作，激发地缘经济潜力，提升成员国间贸易投资便利化水平，谋求地区人民福祉。"上海精神"是上合组织创始成员国最具创造性的探索，成为冷战结束以来国际协调与制度建设演变的一面旗帜。

国际秩序调整相对更加困难。国内外学界认为国际秩序调整的趋势主要有三个层面：第一，注重以规则为基础的国际秩序将会持续存在，但其西方中心主义的色彩将大大减弱；第二，形塑国际秩序的推动力更多会自下而上地产生且带有更多的竞争性；第三，由于以美国为主导的全球秩序调整已经停滞，而且也很难重新回到原有的势头，区域秩序变得更加关键，未来国际秩序将会变得更加区域化和碎片化。① 冷战结束以来，国际力量对比不断变化，东升西降趋势明显。需要指出的是，新兴大国群体性崛起，谋求的不是颠覆现行国际秩序，而是要巩固二战结束后以联合国为中心的国际秩序，上合组织成员国不是当今国际秩序的"破坏者"，而是其支持者、建构者。

二　伊朗加入上合组织的背景

就上合组织内部发展而言，伊朗是较早申请加入上合组织的国家之一，也是上合组织所在地区极为重要的参与者，伊朗成为上合组织正式成员国对上合组织各领域发展而言利大于弊。从上合组织外部环境变化来看，以美国为首的霸权主义不断施压，上合组织所在地区安全赤字、治理赤字触底，迫使中俄伊三边深入互动。

伊朗的对外政策具有鲜明的御外性特征。1979 年伊斯兰革命之后，伊朗建立了伊斯兰共和国，其政治制度和安全体系的构建帮助伊朗在动荡的中东地区实现了长期稳定；两伊战争期间抵御了他国入侵，也顶住了美国数十年全面遏制的压力，尤其是在 2003 年伊拉克战争和 2011 年"阿拉伯之春"

① 唐世平：《国际秩序的未来》，《国际观察》2019 年第 2 期。

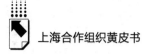

爆发后，面对激烈的地缘战略竞争，伊朗的影响力不断上升，成为中东最主要的地区强国之一。

伊朗长期受美西方封锁、制裁，面对国内外严峻的安全形势，伊朗坚持奉行"防御型传统安全观"，即以维护什叶派阵营和政权安全为目标、以强化自主安全能力建设为主要手段。伊朗加紧组建以什叶派穆斯林为核心的安全联盟；应对西方和以沙特阿拉伯为首的逊尼派阵营的威胁；发展包括核力量在内的传统安全力量建设。①

发展与中俄及中亚周边国家的关系一直是伊朗对外政策的优先方向。伊朗始终未放弃加入上合组织的想法。自上合组织建立伊始，伊朗就积极与上合组织联系。随着上合组织机制建设走向成熟，特别是"接受新成员条例"生效后，伊朗成为首批观察员国之一。为成为上合组织正式成员国，伊朗在解决核问题和维护传统安全之间寻求"最大公约数"。伊朗积极配合相关国家和国际机构协商处理核问题。2015年，伊朗与"伊核六国"即美、英、法、俄、中、德全面达成协议，确立了解决核问题的"路线图"和具体实施步骤。同年，联合国安理会通过第2231号决议，对伊朗的制裁开启解除程序。2020年10月，联合国对伊朗武器禁运宣告终止，这也意味着联合国对伊朗的制裁已全面解除。

相较于上合组织其他成员国，塔吉克斯坦与伊朗在历史联系、民间交往上关系密切，两国有着几乎共同的历史文化背景，但同时两国在打击"伊斯兰复兴党"、维护地区安全稳定、捍卫政权合法性问题上又存有尖锐的矛盾，因此塔吉克斯坦在上合组织框架内为数不多的几次反对票均用于反对伊朗加入上合组织问题上。

2020年新冠疫情席卷全球，国际和地区不稳定因素增多；2021年美国全球战略收缩步伐加快，美军及北约部队撤离阿富汗，上合组织域内安全治理任务加剧；2022年俄乌冲突全面升级，大国博弈全方位展开。在此情况下，伊朗积极调整对外政策，其中，其对"防御性安全"的调整变化尤为

---

① 王林聪：《中东安全问题及其治理》，《世界经济与政治》2017年第12期。

明显。一方面，伊朗开始重视国内经济建设和民生福祉保障，长期奉行的"防御性安全"催生"防御性经济"，尤其是在新冠疫情、大国地缘政治博弈等外部因素困扰下，其经济因背负巨大的安全成本而难以发展，社会民生问题愈发严峻的情况下；另一方面，伊朗积极缓解与邻国之间的紧张关系，包括通过"北京会谈"与原有"宿敌"沙特阿拉伯实现关系正常化，继而推动与中东海湾国家恢复关系，同时，积极赢取包括塔吉克斯坦在内的上合组织创始成员国信任，如 2021 年 4 月伊塔共同组建联合防御委员会，为深化双边安全合作铺平了道路。2021 年上合组织杜尚别元首理事会做出开启第二轮扩员进程的决定，峰会决定启动吸纳伊朗为上合组织正式成员国的法律进程，即在履行相应的法律程序后，伊朗将成为上合组织第九个正式成员国。

2022 年 2 月俄乌冲突全面升级，成为欧亚地区自冷战结束以来最严重的地缘政治冲突。中国和伊朗共同开展国际调停、劝和促谈。

2023 年 2 月，中国外交部发布《关于政治解决乌克兰危机的中国立场》文件，提出尊重各国主权、摒弃冷战思维、停火止战、启动和谈、停止单边制裁等 12 条主张，强调各国应该尊重彼此主权，通过和平手段恢复和平稳定局势。[1] 正如中国外交部发言人所强调的那样，在看待和处理国际地区热点问题上，中方始终坚持维护世界和平、促进共同发展的外交政策宗旨，坚持致力于推动通过外交谈判等方式和平解决冲突，在乌克兰问题上也一样。中方愿以此为基础，同国际社会一道，继续致力于为政治解决乌克兰危机发挥建设性作用。[2]

2022 年 12 月，伊朗外长阿卜杜拉希扬就俄乌冲突同联合国秘书长古特雷斯通电话表示，伊朗认为，俄乌冲突的根源在于北约东扩的错误政策，而所谓"伊朗给俄罗斯提供用于俄乌冲突的武器"这一指控毫无根据，以美

---

① 《关于政治解决乌克兰危机的中国立场》，http：//newyork. fmprc. gov. cn/web/zyxw/202302/t20230224_ 11030707. shtml。

② 《布林肯声称俄乌停火对俄有利，俄外长反问这种肤浅分析依据何在？》，http：//www. xinhuanet. com/mil/2023-03/30/c_ 1211961557. htm。

国为首的霸权主义提出这一指控的目的是使自己向乌克兰提供武器援助合法化。阿卜杜拉希扬指出，伊朗反对战争，并将继续为早日结束俄乌冲突贡献力量。① 伊朗最高领袖哈梅内伊也在讲话中谴责了美国为维护霸权主义蓄意挑起俄乌冲突。哈梅内伊指出，实际上是美国制造了乌克兰战争，以便让北约向东扩张。美国利用这场冲突让自己的利益最大化，美国的武器工厂正在获益。因此美国不希望和平解决乌克兰危机，美国是结束这场冲突的最大障碍。

三 俄罗斯与上合组织

俄罗斯是上合组织的重要参与国，无论是在俄领导人讲话、国家对外战略文件等叙事话语中，还是在俄对外行动中，上合组织都被俄视为团结新兴国家、巩固传统友谊、重振俄大国雄风的战略平台。

俄罗斯始终对上合组织建设持积极姿态，将上合组织定位为具有极高战略价值的国际合作平台。2001 年上合组织成立之时，俄罗斯总统普京就指出："俄罗斯将为新组织的巩固积极工作。" 2002 年，在俄罗斯主持召开的上合组织圣彼得堡元首峰会上，普京再度表示："世界形势的发展证明，一年以前成立的上合组织是有充分理由和正确的，上合组织的活动符合所有参加这一组织国家的长期和根本利益。"需要指出的是，上合组织圣彼得堡元首峰会是在"9·11"事件爆发、美俄关系明显改善的背景下举行的，但普京的讲话说明，俄罗斯对上合组织的态度并没有因美俄关系的变化而改变。2007 年在俄罗斯外交部主持撰写的《俄罗斯对外政策构想》中明确指出："只有通过综合的途径，我们在中亚方向的工作才能成功，包括利用好集安组织、欧亚经济共同体和上合组织等。"② 2008 年，时任俄罗斯总统梅德韦

---

① 《伊朗外长：俄乌冲突根源在于北约东扩的错误政策》，https：//baijiahao.baidu.com/s？id=1751149226343609627&wfr=spider&for=pc。

② Обзор внешней политики РФ. МИД РФ. 2007 г.，https：//politoboz.com/content/obzor-vneshnei-politiki-rossiiskoi-federatsii-prostranstvo-sng-zame.

杰夫在发表的首个国情咨文中表示："自负和强力已经不像过去那样令人信服和有效，世界不可能由一个首都来管理，多数国家转向务实的多方位政策说明了巩固国际制度的迫切性，俄罗斯正是基于这一立场来参与多边机制合作，包括上合组织、金砖国家和亚太经合组织等。"同年，时任俄罗斯总统梅德韦杰夫签署的《俄罗斯对外政策构想》指出："俄罗斯将继续加强同成员国在上合组织框架内的合作，并致力于参与广泛存在于亚太地区的各类区域一体化建设。"①2009 年，俄罗斯在《2020 年前国家安全战略》中明确指出："发挥上合组织在政治合作方面的潜力，推动上合组织框架内各领域合作，强化与中亚国家间的相互关系，对俄罗斯而言具有特殊意义。"② 2010年俄罗斯出台的新版《俄罗斯军事学说》指出："在独联体、欧安组织和上合组织框架内，俄罗斯应巩固其在国际安全领域与其他成员国的相互合作，并发展与其他国际组织在这一领域的关系。"③

中亚的稳定与繁荣是上合组织各领域合作的直接体现。2023 年 3 月 31日，俄罗斯出台新版《俄罗斯对外政策构想》，全面调整俄对外关系，把上合组织的"核心区"——中亚国家所在地区置于突出位置，指出俄罗斯将保证中亚安全稳定作为当前主要任务。俄罗斯积极加强同中亚国家的高层互访，据俄方统计，普京同中亚国家元首的双多边会晤占俄外事活动的"半壁江山"：2022 年普京共进行了 70 多次与外国元首的会晤，其中 40 多次是与中亚国家领导人的见面；共计 220 次电话交谈中，100 多次是与中亚领导人的直接联系。④ 这表明中亚国家对俄罗斯维护地区安全稳定的意愿和能力深信不疑，俄同中亚国家高层互信基础牢固。与此同时，中亚国家对外政策

---

① Концепция внешней политики РФ. Утверждённая президентом России Дмитрием Медведевым, https：//studall. org/all2-11952. html2008 г. .

② О Стратегии национальной безопасности Российской Федерации до 2020 года. Указ Президента Российской Федерации от 12 мая 2009 г. N 537, https：//rg. ru/2009/05/19/strategia–dok. html.

③ О Военной доктрине Российской Федерации. Указ Президента Российской Федерации от 5 февраля 2010 г. N 146, https：//rg. ru/2010/02/10/doktrina–dok. html.

④ Саммит Россия – Центральная Азия, 14. 10. 2022, года, http：//www. kremlin. ru/catalog/countries/TJ/events/69598.

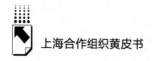
的独立性也在增强。俄乌冲突发生后，中亚国家基本上采取了"中立立场"，在坚定支持乌克兰主权独立和领土完整的同时均不参与对俄罗斯的谴责，反对以美国为主的西方国家对俄罗斯实施"极限制裁"。

四　中国与上合组织

中国对上合组织抱有特别的热情。上合组织是以中国城市命名、总部设在中国境内的国际组织。中国把上合组织发展看作全新的国际关系实践，偏重从理想和价值体系构建的角度来认知上合组织。①

新时代中国特色大国外交是"坚持推动构建人类命运共同体"，将"高举和平、发展、合作、共赢的旗帜，恪守维护世界和平、促进共同发展的外交政策宗旨，坚定不移在和平共处五项原则基础上发展同各国的友好合作，推动建设相互尊重、公平正义、合作共赢的新型国际关系"。这与"上海精神"即"互信、互利、平等、协商、尊重多样文明、谋求共同发展"高度契合。二者实际道明了构建新型国际关系的发展逻辑，即以彼此尊重为前提、以处事公平正义为原则、以共同获益为目标。

在 2018 年 6 月举办的上合组织青岛峰会上，中国领导人开创性地提出上合组织未来发展应秉持以发展观、安全观、合作观、文明观和全球治理观为主的五大理念，推动构建上合组织命运共同体。上合组织命运共同体是以"上海精神"为核心价值的升华，将对推动构建新型国际关系、推动构建人类命运共同体产生重要而深远的影响。②

2021 年在上合组织成立 20 周年之际，上合组织杜尚别峰会决定启动接收伊朗为成员国的程序。"上合大家庭"不断发展壮大，不仅表明以"上海精神"为核心的上合组织理念具有强大感召力，也说明上合组织愿同其他国家和国际组织发展友好合作关系，在更大范围、更宽领域、更深层次上推

---

① 赵华胜：《上海合作组织：评析和展望》，时事出版社，2012，第 103 页。

② 《推动构建更加紧密的上合组织命运共同体》，《人民日报》2022 年 9 月 13 日。

进各领域合作，在地区和国际事务中发挥更大建设性作用，各方对推动构建更加紧密的上合组织命运共同体充满期待。

2022 年 1 月中国国家主席习近平同中亚五国元首会晤时表示，中方高度评价中亚国家发展取得的历史性成就，认为各国均走出了一条独具本国特色的发展道路，支持各国维护国家独立、主权和领土完整，支持中亚地区进一步深化合作，不断巩固和平，营造友好、信任、睦邻的氛围，并指出中亚国家具有重要国际地位。[1] 在元首外交的战略引领下，中国同中亚五国务实合作取得丰硕成果，实现共建"一带一路"合作文件、中长期经贸合作规划"全覆盖"。2022 年中国与中亚五国贸易额达 702 亿美元，创历史新高；截至 2022 年底中国对中亚五国直接投资存量近 150 亿美元；共同实施了一批油气采矿、加工制造、互联互通、数字科技等领域合作项目，给各国人民带来了实实在在的利益。[2]

结　语

中国和俄罗斯是上合组织的"双引擎"，可以说，上合组织是中俄关系全面战略协作深化的产物，也是在区域治理方面的延伸。上合组织成立 20 多年的发展实践表明，中俄对上合组织的发展发挥着不可替代的带头作用。在上合组织新德里峰会上伊朗将成为正式成员国，不仅满足了伊朗多年来的夙愿，而且表明上合组织全体成员国一致赞同伊朗加入"上合大家庭"。在百年变局下，民意不可违。上合组织为致力于睦邻友好和共同繁荣的国家提供了合作平台，也为国际社会构建以合作共赢为核心的新型国际关系注入了强大动力。

---

[1] 《中国同中亚五国领导人关于建交 30 周年的联合声明（全文）》，http：//www. gov. cn/xinwen/2022-01/26/content_ 5670478. htm。

[2] 《"中国—中亚五国"经贸部长首次会议成功召开》，http：//www. mofcom. gov. cn/article/syxwfb/202304/20230403404782. shtml。

Y.9

2022年欧亚地区安全变局中的上合组织与集安组织

牛义臣[*]

摘　要： 上合组织与集安组织有着深厚的历史渊源和现实联系，作为在欧亚地区有重要影响的国际组织，双方已有多年互动与合作经验。近年来，集安组织在欧亚地区安全领域的积极性和活跃程度有所提升，但其在维护地区安全和成员国安全方面发挥重要作用的同时，也有难以消除的局限性。2022年的欧亚地区极不平静，与集安组织密切相关的几个重大事件导致该组织的状态出现明显波动。一直以来，上合组织和集安组织在维护成员国传统安全、保障地区安全稳定方面做出了重大贡献，在地区非传统安全领域发挥着重要作用。作为影响上合组织发展的重要因素，欧亚地区安全局势和集安组织的状态变化是值得关注的问题。新形势下，上合组织表现出强大的吸引力，也将承受更强的压力和张力考验。

关键词： 集安组织　俄乌冲突　欧亚地区安全

上海合作组织和集体安全条约组织在形成背景、成员构成、地域范围、安全功能等方面有许多相似、交叉和互补的联系。上合组织和集安组织均已

---

* 牛义臣，中国社会科学院俄罗斯东欧中亚研究所助理研究员。

成为欧亚地区有影响力的区域国际组织。① 两者在保障区域和国际安全与稳定，打击恐怖主义、贩毒、非法贩运武器、有组织跨国犯罪等问题上已结成多年的合作关系。基于两个国际组织间的密切联系，集安组织的发展和运行状态也必然成为影响上合组织发展环境的重要因素之一。

一 上合组织与集安组织的深刻联系

上合组织的前身是"上海五国"机制，集安组织的前身是独联体《集体安全条约》机制，两者都是在苏联解体后的地缘政治环境中孕育而生。可以说，上合组织和集安组织生发于共同的历史大背景之下。

苏联解体后，为了进一步解决苏联时期留下的边界问题，中国与俄罗斯、哈萨克斯坦、吉尔吉斯斯坦、塔吉克斯坦五个国家的元首于1996年4月26日在上海举行会晤，并以中国为一方，其他四国为一方，签署了《关于在边境地区加强军事领域信任的协定》。由此，五国元首开启了每年一次的机制化会晤进程。1998年7月，五国元首第三次会晤时改变了此前中方一对四的会晤模式，转而成为五国各为一方的多边会晤。作为上海合作组织前身的"上海五国"机制就此诞生。乌兹别克斯坦从2000年开始参与该机制。2001年6月15日，六国共同发表《上海合作组织成立宣言》，宣告成立上海合作组织。

作为集安组织的前身，《集体安全条约》由俄罗斯、亚美尼亚、哈萨克斯坦、乌兹别克斯坦、塔吉克斯坦和吉尔吉斯斯坦的国家首脑于1992年5月15日签订。之后，阿塞拜疆、格鲁吉亚、白俄罗斯分别于1993年9月24日、1993年12月9日、1993年12月31日加入该条约。各缔约国同意该条约于1994年4月20日正式生效，有效期为5年，可持续延期。至1999年4月，《集体安全条约》5年有效期满，俄罗斯、白俄罗斯、亚美尼亚、哈萨克斯坦、塔吉克斯坦和吉尔吉斯斯坦签订了《集体安全条约续约备忘录》，

---

① 庞大鹏主编《上海合作组织发展报告（2022）》，社会科学文献出版社，2022，第149页。

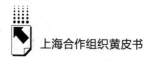

同意该条约延期，阿塞拜疆、格鲁吉亚和乌兹别克斯坦三国则退出了该条约。2002 年 5 月《集体安全条约》缔约国决定将《集体安全条约》机制改组为区域性国际组织，即集体安全条约组织。

各自正式成立组织以来，上合组织和集安组织在体制机制发展方面都取得明显成就，且保持着积极的发展势头。从发展形势来看，上合组织和集安组织各有所长。前者在成员扩展和辐射范围方面优势明显，而后者在内部机制、安全力量和行动能力建设方面成效突出。上合组织接纳印度和巴基斯坦之后，成员国数量由原来的六个扩展到了八个，且仍有多个国家有意加入上合组织。而乌兹别克斯坦的加入和退出导致了集安组织成员国的数量反复波动。集安组织的集体快速反应部队等集体安全力量已组建多年，且保持机制化的军事演习和联合行动。集安组织框架内还持续开展军事技术和军事经济合作，积极采取措施应对集安组织成员国安全面临的挑战和威胁、打击非法毒品交易和非法移民、消除极端和恐怖行为，以优惠条件向成员国提供军事装备和资源。在协调成员国合作、增进同其他国际组织联系等方面集安组织也开展了大量工作。集安组织在地区安全事务中积极活跃，成为地区内重要的多边行为主体，对地区安全产生了积极影响。[①]

从地缘空间来讲，两个组织的覆盖区域在欧亚地区大范围重合，俄、哈、吉、塔四国既是上合组织成员国，也是集安组织成员国。中亚地区对两个组织来说都是重要区域。2007 年 10 月 5 日，上合组织秘书处与集安组织秘书处签署谅解备忘录，双方达成共识，在保障区域和国际安全与稳定，打击恐怖主义、贩毒、非法贩运武器、有组织跨国犯罪等问题上发展平等的建设性合作关系。反恐、打击"三股势力"、维护地区安全是两个组织共同面临的重要任务。多年来，上合组织与集安组织以多种形式保持着密切沟通和互动，议题涉及地区和国际安全稳定、应对新挑战和威胁、阿富汗问题及在相关领域合作等方面内容。

---

① 牛义臣：《集体安全条约组织》，社会科学文献出版社，2020，第 25 页。

二　集安组织在欧亚地区安全中的作用与局限

集安组织作为一个国际行为体,其体制机制建设不断完善,在地区安全领域发挥的作用和活跃程度不断提升,行动能力得到加强,关注范围也有所扩展。随着活动能力的增强,集安组织在欧亚地区安全中的地位也得以加强。

(一)集安组织的主要活动及作用价值

集安组织通过其法律文件对该组织的目标及活动领域做了阐述。2002年10月出台的《集体安全条约组织章程》指出,集安组织的目标包括维护和平、维护国际和地区安全与稳定,在集体基础上捍卫成员国的独立、领土和主权完整,成员国要提供政治资源以优先实现这些目标。集安组织的主要活动领域如下。第一,构建集体安全体系。为实现组织目标,各成员国应采取联合措施在组织框架内建立一个有效的集体安全体系,当安全、稳定、领土完整和主权受到威胁时,保障集体防卫和实施集体防御,包括建立该组织的联合(集体)部队、地区(统一)军团、维和部队及统一的管理体系和机构、军事基础设施。第二,军事技术(军事经济)、装备、人员培训合作。成员国在军事技术(军事经济)、军队保障、护法机构和特种部队等领域进行必要的合作,为成员国军队、特种部队和护法机构培训专业人员和军事人才,并为他们提供必要的军事装备。第三,应对非传统安全威胁。成员国协调和整合理论,合作打击国际恐怖主义和极端主义,应对毒品和精神药物、武器非法交易、有组织跨国犯罪、非法移民和威胁成员国安全的其他问题。第四,成员国在边界守卫、信息共享、信息安全,以及保护居民与领土不受自然和技术性紧急情况及发生战争或战后影响的威胁等领域进行合作。[1]

---

[1]　牛义臣:《集体安全条约组织》,社会科学文献出版社,2020,第21~23页。

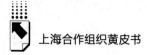

集安组织在保持集体预防外部侵略功能的同时，提高了对非传统安全的关注度，对恐怖主义、跨国犯罪、走私贩毒、非法移民等问题采取了实际的打击和应对措施，设立了相应的部门、机构和保障力量，这使集安组织成为地区内非传统安全保障方面的国际组织先行者。同时，集安组织对成员国政局稳定给予很大关注，针对阿富汗安全威胁外溢、外部干涉和"颜色革命"等问题积极寻求应对策略，这对成员国也具有重要的价值和意义。

在应对域内矛盾冲突方面，集安组织就相关问题能给成员国提供有限的支持，但无法助其彻底解决相关问题，这是影响该组织威信和吸引力的重要因素。集体防御外来入侵作为集安组织的基本职能，虽然在没有集安组织成员国遭遇外来入侵情况下，该项职能没有实际发挥作用的机会，却是集安组织存在和保持发展的重要支柱之一。

应对包括恐怖主义、跨国犯罪、非法移民、贩毒及紧急状态等在内的非传统安全问题成为集安组织的重要功能之一，也是集安组织得以迅速发展的一个推动力，这在集安组织机构设置的发展中有明显的体现。在集安组织反毒品走私专门机构领导协调委员会的领导下，该组织定期举行专门的反毒行动，以达到识别和阻止贩毒路线、防止秘密毒品实验、预防麻醉品非法交易、破坏毒品经营活动经济基础的目的。在非传统安全领域取得的成就和影响，成为集安组织对成员国形成吸引力的重要支撑。

阿富汗与集安组织南部边界相连，应对阿富汗局势变化及其影响也是集安组织关注的重点之一。近年来，集安组织做了大量工作，以巩固南部边防、加强集安组织责任区的安全。根据 2005 年 6 月 23 日的集体安全理事会决议组建了阿富汗工作组，该工作组隶属于集安组织外长理事会。2005 年 11 月，集安组织集体安全理事会制订了《实施集体安全条约组织成员国在阿富汗重建问题及其完善工作上的行动协调措施计划》。2011 年 12 月，制订了《关于集体安全条约组织应对来自阿富汗境内的安全威胁的行动计划》；2012 年 12 月，做出了《关于对阿富汗局势发展的中期预测（2015 年前）和应对来自该国威胁的措施》的决定。2013 年 6 月，集安组织对上述行动计划进行了补充修订。随着形势的发展，集安组织针对阿富汗问题的各项计划和措施也在不断地实施和调整。① 集安组织采取的措施包括增强集体安全条约组织的军事能力、巩固集体安全条约组织与阿富汗边境安全、与其他国际组织合作等。

2003~2004 年独联体地区连续发生数次"颜色革命"之后，集安组织开始对其成员国发生政治危机和紧急状况的可能性给予关注，并寻求应对之策。2007 年，根据集体安全理事会决定，集安组织成员国紧急状态协调委员会得以建立。2010 年吉尔吉斯斯坦骚乱事件之后，集安组织成员国为建立危机应对体系采取了一系列组织和法律措施。2010 年 12 月，集体安全理事会通过了《关于修订集体安全条约组织成员国紧急状态协调委员会规章》《关于集体安全条约组织危急情况应对程序规章》《关于集安组织成员国建立紧急状态集体应对体系工作计划》等相关决定；2011 年，通过了《关于集体安全条约组织成员国紧急状态应对程序条例》；2012 年 12 月，通过了《关于高等职业教育机构为集体安全条约组织成员国培养国防和应对紧急状态的专业人才的决定》《关于集体安全条约组织成员国紧急状态集体应对体系的基本发展方向的决定》。2013 年 11 月，集安组织在莫斯科举行了"防止和解决集体安全条约组织成员国危机的联合措施"模拟演练。在该演练过程中，假定集安组织的一个成员国出现了危机，对该国领土完整和主权构成了威胁，该组织各成员国为应对这一情况制定了必要的方案和措施以消除危机和保障其国内稳定。2013 年 12 月，集安组织秘书处以"政府和社会合作应对外来干涉和'颜色革命'"为主题举行圆桌会议。会上不仅研究"颜色革命"及其与外部支持和干预的关系，还讨论了集安组织应该采取的一些应对方法。②

（二）集安组织在欧亚地区安全中的局限性

集安组织对影响成员国安全的地区热点问题、可能发生的紧急状况给予很大关注并提出应对策略，为成员国安全保障和维护地区安全稳定提供了有

---

① 牛义臣：《集体安全条约组织》，社会科学文献出版社，2020，第 40 页。
② 牛义臣：《集体安全条约组织》，社会科学文献出版社，2020，第 44~45 页。

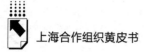

力支撑。尽管集安组织的吸引力和影响力较之前有了提高，但也难以掩盖集安组织客观存在的局限性。

首先，集安组织成员国只包括欧亚地区的部分国家，这使其活动的空间范围存在明显的局限性。近年来，在打击恐怖主义、宗教极端主义、跨国犯罪、毒品走私等非传统安全领域，集安组织的行动日渐积极，也取得了一定成效，但其活动主要是在成员国范围之内。集安组织一系列的措施和举动对其成员国产生作用，同时也不可避免地会对欧亚地区其他相关国家产生影响。如果说集安组织的一些举措对其成员国的安全产生的是积极影响，那么对其他国家而言则未必如此。比如，若阿富汗安全威胁因素外溢（包括武装恐怖分子、国际犯罪、贩运毒品），作为阿富汗邻国的中亚国家自然会首当其冲。为保护其成员国安全，集安组织采取了一系列措施，加强安全防范。在此情况下，不是集安组织成员国却同为阿富汗邻国的乌兹别克斯坦和土库曼斯坦所面临的安全压力就可能大大增加。欧亚地区一些国家之间多有悬而未决的矛盾，尤其是近年来亚美尼亚与阿塞拜疆、吉尔吉斯斯坦和塔吉克斯坦之间的矛盾时有激化甚至发生冲突。这些矛盾和冲突成为影响欧亚地区安全的不稳定因素，集安组织面对这些问题却缺乏解决的能力和手段。

其次，集安组织各成员国的利益诉求及其在该组织框架中的地位和作用存在明显差异，导致集安组织维护地区安全的行动能力和效率受到局限。集安组织框架下成员国的安全需要和诉求中一致性较高的方面能够更好地得到落实和满足，差异大的方面便不容易得到满足。在打击恐怖主义、宗教极端主义、毒品走私和跨国犯罪等非传统安全领域，集安组织成员国安全需求的一致性较高，该组织近年来在这些领域便表现活跃并发挥了实际作用。但集安组织各成员国所处的安全环境、面临的具体安全问题和主要诉求却存在客观的差异。比如，集安组织部分成员国与别国的领土争端，非当事国在相关问题上的诉求便有很大区别，如俄罗斯有意通过集安组织巩固其在欧亚地区的地位和影响力，因此当遇到这些问题时集安组织的行动力和有效性便会有所折扣。

三　2022年集安组织的新状态及上合组织面临的新形势

一直以来，上合组织和集安组织在维护成员国传统安全、保障地区安全稳定方面做出了重大贡献，在地区非传统安全领域发挥着重要作用。[①] 对于欧亚地区乃至整个世界来说，2022年都称得上是不寻常的年份。2022年1月的几天里，哈萨克斯坦经历了一场重大危机，是该国独立30年来最严重的一次危机。[②] 2022年1月5日，哈萨克斯坦因暴力骚乱进入为期两周的紧急状态。2022年2月24日，俄罗斯对乌克兰实施特别军事行动，俄乌冲突进入新阶段。2022年6月，纳卡局势再次恶化，亚阿边境地区的交火升级，阿塞拜疆与亚美尼亚关系再度恶化。2022年9月中旬，吉尔吉斯斯坦与塔吉克斯坦边境再次爆发武力冲突，互相指责对方违反停火协议。这几个重大事件和热点问题都与集安组织有着直接关系。在相关事件和问题中，集安组织在欧亚地区安全中的作用和局限均得到了体现。相比之下，域内年度重大和热点事件对上合组织的影响虽不如对集安组织的影响那么直接和强烈，却也值得关注。

（一）集安组织状态的大起大落

2022年初，集安组织派维和部队协助哈萨克斯坦有效应对了该国的安全危机。该次维和行动是集安组织成立以来第一次实际使用集体部队完成维护成员国安全任务，空前展示了该组织的机制效能和执行力。随着2022年2月24日俄乌冲突的爆发以及之后欧亚地区局势的变化，集安组织又明显暴露出其在维护该地区安全中的局限性。

---

① 庞大鹏主编《上海合作组织发展报告（2022）》，社会科学文献出版社，2022，第152页。

② Выступление Главы государства Касым-Жомарта Токаева на внеочередной сессии Совета коллективной безопасности ОДКБ，https：//www. akorda. kz/ru/vystuplenie-glavy-gosudarstva-kasym-zhomarta-kemelevicha-na-vneocherednoy-sessii-soveta-kollektivnoy-bezopasnosti-odkb-1002245.

1. 在哈萨克斯坦维和行动中迎来"高光时刻"

2022 年 1 月的几天里，哈萨克斯坦经历了一场重大危机，这是该国独立30 年来最严重的一次危机。① 2022 年 1 月 5 日，哈萨克斯坦因暴力骚乱进入为期两周的紧急状态。当日，托卡耶夫总统宣布解散政府，并亲自出任国家安全会议主席。当日夜间，托卡耶夫召开由其本人主持的第一次安全会议，在会上称哈萨克斯坦局势是"对国家完整的破坏"，并表示其已向集安组织寻求援助。应哈萨克斯坦总统托卡耶夫的请求，集体安全条约组织集体安全理事会于 1 月 6 日根据《集体安全条约》第 4 条，决定在有限的时间内向哈萨克斯坦共和国派遣集安组织集体维和部队，以稳定该国局势并使之正常化。② 1 月 6 日，俄罗斯国防部发布消息称，作为集安组织维和力量的第一批俄罗斯维和部队已抵达哈萨克斯坦。集安组织秘书处当日发布消息称，该部队的先遣队已经开始在哈萨克斯坦执行上级下达的任务。随后，俄罗斯空天军飞机几乎不间断地向行动区域运送了 2000 多名维和人员和大约 250 件装备，进行了超过 108次飞行。③ 这些维和部队的职能是保护机场、军事仓库和其他战略设施。

集安组织维和部队在完成任务后，并未像欧美所担心的那样留在哈萨克斯坦，而是迅速完成了撤离。1 月 10 日，哈萨克斯坦总统托卡耶夫在集安组织集体安全理事会特别会议上表示，随着在哈萨克斯坦反恐行动的结束，集安组织维和部队的任务也将结束。④ 俄罗斯及集安组织其他成员国也表

---

① Выступление Главы государства Касым-Жомарта Токаева на внеочередной сессии Совета коллективной безопасности ОДКБ, https://www.akorda.kz/ru/vystuplenie-glavy-gosudarstva-kasym-zhomarta-kemelevicha-na-vneocherednoy-sessii-soveta-kollektivnoy-bezopasnosti-odkb-1002245.

② Заявление Председателя Совета коллективной безопасности ОДКБ – Премьер-министра Республики Армения Никола Пашиняна, https://odkb-csto.org/news/news_odkb/zayavlenie-predsedatelya-soveta-kollektivnoy-bezopasnosti-odkb-premer-ministra-respubliki-armeniya-n/#loaded.

③ Генеральный секретарь ОДКБ Станислав Зась в Алматы выступил на церемонии завершения миротворческой операции на территории Республики Казахстан, https://odkb-csto.org/news/news_odkb/generalnyy-sekretar-odkb-stanislav-zas-v-almaty-vystupil-na-tseremonii-zaver-sheniya-mirot-vorcheskoy-/#loaded.

④ Выступление Главы государства Касым-Жомарта Токаева на внеочередной сессии Совета коллективной безопасности ОДКБ, https://www.akorda.kz/ru/vystuplenie-glavy-gosudarstva-kasym-zhomarta-kemelevicha-na-vneocherednoy-sessii-soveta-kollektivnoy-bezopasnosti-odkb-1002245.

示，随着哈萨克斯坦反恐行动的结束，集安组织维和部队特遣队将返回本国的常驻地。1 月 11 日，哈萨克斯坦总统托卡耶夫宣布，集安组织维和部队的主要任务已圆满完成，两天后将开始分阶段撤离，撤离过程最多需要十天。① 随后，集安组织发布消息印证了托卡耶夫发布的内容。1 月 13 日，集安组织成员国防长签署了《关于组织集体安全条约组织成员国军事特遣队从哈萨克斯坦共和国领土返回常驻地点的联合决定》。② 1 月 13 日，集安组织维和部队中的首批俄罗斯空降兵分队从哈萨克斯坦返回其在伊万诺沃的常驻地。③ 1 月 14 日，亚美尼亚、白俄罗斯和塔吉克斯坦的维和分队也陆续搭乘俄罗斯军事运输机返回各自常驻地。吉尔吉斯斯坦作为邻国，其维和分队自行返回常驻地。

集安组织协助哈萨克斯坦恢复局势的行动是集安组织成立以来首次动用军事力量帮助成员国维护安全的行动。该行动反应迅速、效果良好，前所未有地展示了集安组织在维护成员国安全方面的行动能力。集安组织证明了其存在的必要性和有效性，也得到了成员国的积极评价。该组织被认为已成为一个强大的国际机构，是确保各成员国稳定与安全的有效机制。④

2. 面对俄乌冲突失去存在感

俄罗斯对乌克兰采取特别军事行动前后，集安组织就俄乌问题反应有别。2014 年乌克兰危机爆发后，集安组织对之给予了关注。该组织的态度和立场经历了一定的协调和转变，总体上是给俄罗斯提供了声援。八年间，

---

① Выступление Главы государства К. К. Токаева на заседании Мажилиса Парламента Республики Казахстан，https：//www. akorda. kz/ru/vystuplenie-glavy-gosudarstva-kk-tokaeva-na-zasedanii-mazhilisa-parlamenta-respubliki-kazahstan-1104414.

② Состоялось внеочередное заседание Совета министров обороны ОДКБ，https：//odkb-csto. org/news/news _ odkb/vneocherednoe-zasedanie-soveta-ministrov-oborony-odkb-sostoitsya-13-yanvarya-v-rezhime-videokonferen/.

③ Первые подразделения российских десантников из состава сил ОДКБ вернулись из Казахстана，https：//tass. ru/armiya-i-opk/13422913.

④ Генеральный секретарь ОДКБ Станислав Зась в Алматы выступил на церемонии завершения миротворческой операции на территории Республики Казахстан，https：//odkb-csto. org/news/news _ odkb/generalnyy-sekretar-odkb-stanislav-zas-v-almaty-vystupil-na-tseremonii-zaver-sheniya-mirotvorcheskoy-/#loaded.

俄乌之间龃龉不断，集安组织时有表态，基本态度是劝和促谈，一定程度上对俄罗斯予以附和。2021 年 12 月 27 日，集安组织秘书长扎西表示，没有人想要战争，而北约加强军事基础设施的建设，加剧敌对言论，并在集安组织成员国边界附近进行危险挑衅。扎西认为，俄罗斯向北约提出安全保障建议后，集安组织责任区西部边界的紧张局势应该有所缓解，但该地区的局势"远未稳定"。2022 年 2 月 20 日，扎西表示，在乌克兰同意或联合国授权的情况下，集安组织可派遣维和部队前往顿巴斯。2022 年 2 月 24 日俄罗斯对乌克兰实施特别军事行动后，集安组织面对如此重大的国际事件却表现出了不合时宜的"淡定"。集安组织不仅没有对俄乌冲突采取任何举措，甚至未就俄乌冲突表明立场和态度。在哈萨克斯坦成功维和行动的映衬下，集安组织在俄乌冲突爆发后几乎失去了存在感。表面上看集安组织对俄乌冲突没有采取措施，事实上该组织则是在"无所作为"的情况下以自己的方式对地区局势产生着影响。俄罗斯对乌克兰发动特别军事行动后，俄罗斯面临众多的指责和制裁。在此氛围下，集安组织成员国作为俄罗斯的盟友，没有给予俄罗斯支持，也没有在美西方持续施压和舆论的带动下加入"反俄"的行列。在联合国大会 3 月 2 日和 3 月 24 日两个对俄不利的决议投票中，集安组织成员国中仅有白俄罗斯投了两次反对票给予俄直接支持，哈萨克斯坦、吉尔吉斯斯坦、塔吉克斯坦和亚美尼亚均投了弃权票。吉尔吉斯斯坦从支持俄罗斯转为中立。吉总统扎帕罗夫 2 月 26 日表示支持俄罗斯为保护顿巴斯地区平民而采取的行动，后又于 3 月 9 日表示该国无力制止冲突，只能采取中立立场。哈萨克斯坦则与俄乌双方保持联系。哈总统托卡耶夫于 3 月 2 日分别与普京和泽连斯基通话，一方面，哈俄继续开展各层面的沟通与合作，并多次讨论加强双边关系及促进多边框架内合作等问题；另一方面，哈与乌保持互动、在人道主义领域开展合作，向乌提供人道主义援助。哈、吉均明确否认了助俄出兵乌克兰的消息。塔吉克斯坦总统拉赫蒙表示，西方因乌克兰冲突而对俄实施的经济制裁也会影响到塔吉克斯坦。亚美尼亚就俄乌冲突没有明确表态。

3. 在纳卡问题和吉塔冲突中未能满足成员国诉求

2020 年 9 月，阿塞拜疆和亚美尼亚在纳戈尔诺－卡拉巴赫地区爆发军事冲突。在俄罗斯的调停下，俄亚阿三方于 2020 年 11 月签署有关在纳卡地区停火的联合声明，商定在纳卡地区部署俄罗斯维和人员，阿亚双方停在各自位置全面停火。此后阿亚双方关系总体呈现平稳趋势，两国在划界问题上保持对话并有所进展。2022 年 6 月，纳卡局势再次出现恶化迹象，亚阿边境地区袭击事件频发，双方均指责对方违法停火协议。随着袭击和交火的升级，纳卡局势和阿亚关系再度恶化。亚美尼亚议会 2022 年 9 月 13 日发表声明，要求集安组织根据《集体安全条约》所承担的义务，采取紧急措施保护亚美尼亚共和国的领土完整。① 应亚美尼亚要求，9 月 13 日，集安组织集体安全理事会举行特别会议，商定向亚美尼亚派遣集安组织代表团评估该地区局势，并决定设立工作组长期监测集安组织责任区的局势。② 亚美尼亚总理帕什尼扬在 10 月 28 日集安组织集体安全理事会特别会议上提出，集安组织必须对阿塞拜疆 2021 年 5 月 12 日及其后包括 2022 年 9 月 13~14 日对亚美尼亚主权领土发动的侵略做出明确的政治评估，并制定恢复亚美尼亚领土完整的明确路线图。③ 之后，集安组织理事会起草了《关于向亚美尼亚共和国提供援助的联合措施》的决定草案，因集安组织拒绝对阿塞拜疆的"侵略行径"进行政治评估，该草案遭亚美尼亚拒签而未获通过。亚美尼亚对集安组织表现出了明显的不满。

多年来，吉塔两国间未划定边界的地区时有冲突发生，2022 年 9 月中

---

① Заявление национального собрания республики Армения о вооруженном Нападении Азербайджана, http: //www. parliament. am/legislation. php？ sel = show&ID = 8270&lang = rus, 13. 09. 2022.

② На внеочередной сессии Совета коллективной безопасности ОДКБ 13 сентября обсудили ситуацию в связи с резким обострением в отдельных районах на границе Армении и Азербайджана, https: //odkb-csto. org/news/news _ odkb/na-vneocherednoy-sessii-soveta-kollektivnoy-bezopasnosti-odkb-obsudili-situatsiyu-v-svyazi-s-rezkim-/13. 09. 2022.

③ Состоялось внеочередное заседание Совета коллективной безопасности ОДКБ, https: // www. primeminister. am/ru/press-release/item/2022/10/28/Nikol-Pashinyan-meeting-CSTO/, 28. 10. 2022.

旬再次爆发武力冲突，双方各有人员伤亡，互相指责对方违反停火协议。2022 年 10 月，吉尔吉斯斯坦国防部部长提议在与塔吉克斯坦接壤的边境地区部署集安组织的少量维和部队。① 集安组织并没有对吉方的提议采取相应的行动措施，仍以促进双方和谈为优先选项。2022 年 12 月，集安组织秘书长扎西表示，如有必要，该组织有相关能力和经验帮助解决塔吉克斯坦和吉尔吉斯斯坦之间的边界冲突。② 虽有此表态，可集安组织的现实状况使其在这一问题上很难采取有力措施。

4. 集安组织在地区安全中的影响力有所下降

集安组织在 2022 年欧亚地区一系列事件中表现出的不同作为使其局限性进一步凸显，其影响力也开始出现下降之势。集安组织面对亚美尼亚与阿塞拜疆、吉尔吉斯斯坦和塔吉克斯坦之间的矛盾冲突，缺乏解决的能力和手段。俄罗斯作为集安组织的主导力量，因对乌克兰发动特别军事行动而遭到严厉制裁和孤立，在俄乌冲突和与美西方的较量中受到极大牵制和消耗。俄罗斯在集安组织框架内对盟友的需求急剧上升，而其向盟友提供帮助和支持的能力相对下降。集安组织成员在对俄乌冲突的态度上存在巨大差异，导致该组织对这一影响巨大的地缘政治事件采取回避态度。尽管集安组织仍保持着常规活动，包括与独联体和联合国等其他国际组织间保持互动，在反毒、反恐、防扩散等领域的工作以及成员国间军事安全和军事经济合作仍在进行，但俄乌冲突背景下，集安组织在欧亚地区安全中的影响力减弱已成事实。

（二）上合组织面临的新形势

在欧亚地区安全局势发生剧烈变化，集安组织影响力出现弱化的情况下，上合组织则保持着生机和活力，进一步展现出强劲的吸引力和凝聚力，

---

① 《吉尔吉斯斯坦防长提议在吉塔边境部署集安组织部队》，https://sputniknews.cn/20221019/1044850991.html。
② 《集安组织秘书长：集安组织有能力帮助解决塔吉冲突》，https://sputniknews.cn/20221220/1046530926.html。

与此同时，上合组织面临的新形势中也充满压力和挑战。

1. 安全环境充满挑战

俄罗斯与美国及北约对立加剧，挤压了欧亚地区国家的外交空间，欧亚地区面临战略撕扯。2022年2月，俄乌爆发军事冲突，俄罗斯与美国及北约的地缘政治较量走向了军事层面，且面临着长期化、扩大化和升级的风险。以美国为首的反俄阵营对俄发起前所未有的制裁，并要求国际社会一同加入。美西方以审判者的姿态，认定所有人都应对俄出兵乌克兰的行为予以反对和制裁。俄罗斯面临严峻的压力和挑战，作为俄罗斯盟友的集安组织其他成员国也不得安宁，从之前可以的"左右逢源"陷入了现在的"左右为难"。

大国地缘政治争夺对欧亚地区国家造成严重的安全恐慌。美国围绕乌克兰与俄罗斯展开激烈的地缘政治斗争，力图将乌克兰打造成为遏制俄罗斯的"地缘政治陷阱"。而俄罗斯因与美国及北约的地缘政治斗争对乌克兰动用武力的行为也让其邻国乃至盟友心生忌惮。作为俄罗斯的邻居和小伙伴，它们均有被卷入这波大国地缘政治斗争的风险。

地区安全威胁有增无减。在俄乌冲突爆发后，对诸如阿富汗、叙利亚等问题以及恐怖主义等非传统安全威胁的关注度虽有所降低，但并不意味着这些问题有了实质性的好转或者解决。与此同时，欧亚地区多组国家间的矛盾纷争再度恶化。新形势下各类安全问题相互叠加，上合组织面临的安全威胁有增无减。

随着俄罗斯与美西方矛盾和斗争的持续，笼罩着集安组织及其成员国的阴云很难散去。在欧亚地区安全环境与氛围严重恶化的情况下，集安组织作为俄罗斯主导的欧亚地区安全机制，今后能否继续在维护地区及盟友安全方面发挥有效作用也将成为问题。

2. 发展势头值得期待

上合组织旨在加强成员国间的相互信任与睦邻友好，主张相互尊重独立、主权和领土完整，互不干涉内政，互不使用或威胁使用武力，平等互利，通过相互协商解决所有问题，奉行不结盟、不针对其他国家和组织及对

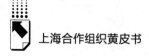

外开放原则，且多年来在维护和加强地区和平、安全与稳定，开展经贸、环保、文化、科技、教育、能源、交通、金融等领域的合作，促进地区经济、社会、文化的全面均衡发展等方面做出了实际行动，并取得了成果。在维护地区安全方面，上合组织不断推进组织框架内的机制建设，注重加强相关制度保障，提高应急协调能力。当前，上合组织框架内基本形成多层次、多领域、纵横结合的安全保障机制，尤其是在打击"三股势力"和防范毒品泛滥方面的能力显著提升。① 上合组织的理念和活动符合众多域内国家的期许并得到认可，上合组织也一直保持着成员国数量增长的趋势和潜力。

在当前欧亚地区整体形势面临众多危机和挑战的情况下，上合组织吸引了域内国家越来越多的关注和期望，也将面临更多压力和考验。结合自身发展情况和所处国际及地区环境，上合组织应充分发挥自身优势，正视困难和挑战，准备迎接未来发展中将要经受的考验。

---

① 庞大鹏主编《上海合作组织发展报告（2022）》，社会科学文献出版社，2022，第153页。

经 济 合 作
Economic Cooperation

Y.10
乌克兰危机背景下上海合作
组织国家经济发展

郭晓琼*

摘　要： 2022 年在大国博弈加剧、新冠疫情反复和乌克兰危机升级等多重因素影响下，全球经济继续放缓，通货膨胀处于几十年以来的高水平，全球贸易增长放缓，美元进一步走强，债务风险上升。乌克兰危机背景下，上合组织成员国的经济增长出现较大分化，各国普遍存在通胀高企的现象，一些国家还因债务居高不下使经济风险上升。

关键词： 上海合作组织　世界经济形势　乌克兰危机

2022 年在大国博弈加剧、新冠疫情反复和乌克兰危机升级等多重因素影响下，全球经济继续放缓，经济仍然面临下行风险。

* 郭晓琼，中国社会科学院俄罗斯东欧中亚研究所研究员，法学博士。

一　国际经济形势新变化

第一，全球经济继续放缓。2022年乌克兰危机升级、持续存在且不断扩大的通胀和新冠疫情反复是全球经济放缓的三大原因。乌克兰危机对全球经济稳定造成严重破坏，推动全球能源格局重塑，随着俄罗斯天然气供应降至2021年水平的20%以下，欧洲天然气价格相比2021年增长了4倍。乌克兰危机导致供应链中断，推升了全球粮食价格，世界低收入国家出现更多困难。持续存在且不断扩大的通胀压力促使世界各国央行采取收紧货币政策，美元对大多数货币大幅升值，全球货币和金融环境收紧的同时也抑制了需求。尽管新冠疫情的影响在大多数国家已经减弱，但疫情的反复继续扰乱着经济活动。根据国际货币基金组织2023年1月发布的《世界经济展望》①，2022年全球经济增长率为3.4%，2023年将继续放缓至2.9%，2024年或会出现反弹，恢复到3.1%的增长率，但仍低于2000~2019年3.8%的平均水平。

第二，经济增速下滑主要由发达经济体推动，新兴经济体和发展中国家经济在2022年触底。发达经济体经济放缓是此轮全球经济放缓的主要推动力量，90%的发达经济体出现增速下降，2022年发达经济体经济增速为2.7%，2023年将进一步下降至1.2%，大多数发达国家经济将从2024年起出现反弹。美国经济2022年增长2.0%，2023年下降至1.4%，2024年上半年进一步下降至1.0%，2024年下半年将出现反弹。欧元区经济2022年增长3.5%，经济增长将在2023年触底，增速仅为0.7%，2024年会升至1.6%。英国经济增速波动较大，从2021年的7.6%快速下降至2022年的4.1%，财政货币政策趋紧，较高的能源价格对家庭预算构成较大压力，到2023年英国经济甚至会出现0.6%的负增长，2024

---

① 《世界经济展望：通胀在低增长中见顶》，https://www.imf.org/en/Publications/WEO/Issues/2023/01/31/world-economic-outlook-update-january-2023。

年回弹至 0.9%。日本经济受乌克兰危机影响较小，经济增长相对平稳，2021 年增长 2.1%，2022 年降至 1.4%，由于财政和货币政策的持续支持，日元贬值带来高利润，并将支持企业投资，2023 年日本经济增长将上升至 1.8%，2024 年随着刺激措施效果的逐渐减少，经济增长或回落至 0.9%。新兴经济体和发展中国家经济从高速增长转为温和增长。2021 年新兴经济体和发展中国家经济增长 6.7%，2022 年下降至 3.9%，2023 年和 2024 年将略有回弹，保持在 4.0% 和 4.2% 的水平。亚洲新兴经济体和发展中国家经济增长从 2021 年的 7.4% 下降到 2022 年的 4.3%，2023 年和 2024 年预计增速恢复至 5.3% 和 5.2%。中国经济增幅出现较大幅度的下降，2021 年为 8.4%，2022 年下降至 3.0%，这是 40 年以来中国经济增长首次低于全球平均水平；2023 年随着流动性迅速改善，中国经济增长将上升至 5.2%，2024 年将下降至 4.5% 的稳定增长水平。印度经济增长从 2021 年的 8.7% 下降至 2022 年的 6.8%，2023 年继续下降至 6.1%，尽管外部环境不利，但印度国内需求仍具有较大弹性，2024 年印度经济增长将回升至 6.8%。东盟五国——印度尼西亚、马来西亚、菲律宾、新加坡、泰国——经济增长也有所放缓，2023 年预计为 4.3%。欧洲新兴经济体和发展中国家经济增长从 2021 年的 6.9% 大幅下降至 2022 年的 0.7%。在制裁之下，俄罗斯经济具有较强韧性，2022 年俄罗斯经济增长为 -2.2%，2023 年将恢复至 0.3% 的微弱增长，2024 年增长将达到 2.1%。根据七国集团目前油价上限水平，俄罗斯原油出口不会受到重大影响。拉丁美洲和加勒比地区经济大幅放缓，2021 年经济增长达到 7.0%，2022 年下降至 3.9%，由于金融紧缩，出口商品价格下降等，2023 年将继续下降至 1.8%，直至 2024 年才会回弹至 2.1%。中东和中亚国家 2021 年经济增速为 4.5%，2022 年增长较上年仍有提高，达到 5.3%，预计 2023 年将下降至 3.2% 的水平，主要原因是沙特阿拉伯经济从 2022 年 8.7% 的高增长下降至 2023 年的 2.6%（见表 1）。

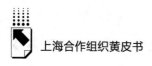

表1 世界经济发展及预测

单位：%

	2021 年	2022 年	预测	
			2023 年	2024 年
世界经济增长率	6.2	3.4	2.9	3.1
发达经济体	5.4	2.7	1.2	1.4
美国	5.9	2.0	1.4	1.0(上半年)
欧元区	5.3	3.5	0.7	1.6
日本	2.1	1.4	1.8	0.9
英国	7.6	4.1	-0.6	0.9
新兴经济体和发展中国家	6.7	3.9	4.0	4.2
亚洲新兴经济体和发展中国家	7.4	4.3	5.3	5.2
中国	8.4	3.0	5.2	4.5
印度*	8.7	6.8	6.1	6.8
欧洲新兴经济体和发展中国家	6.9	0.7	1.5	2.6
俄罗斯	4.7	-2.2	0.3	2.1
拉美和加勒比	7.0	3.9	1.8	2.1
中东和中亚	4.5	5.3	3.2	3.7
世界贸易总量(货物和服务)	10.4	5.4	2.4	3.4
发达经济体	9.4	6.6	2.3	2.7
新兴经济体和发展中国家	12.1	3.4	2.6	4.6
石油价格(美元/桶)**	65.8	39.8	-16.2	-7.1
世界消费价格	4.7	8.8	6.6	4.3
发达经济体***	3.1	7.3	4.6	2.6
新兴经济体和发展中国家	5.9	9.9	8.1	5.5

* 在印度，数据和预测以财年为基础，从 2011 年开始 GDP 是以 2011/2012 财年的市场价格为基础的 GDP。2022 年一栏显示的是 2022/2023 财年。

** 英国布伦特、迪拜法塔赫和西德克萨斯中质原油的简单平均价格。基于期货市场的假定石油价格，2023 年为 81. 13 美元/桶，2024 年为 75. 36 美元/桶。

*** 2023 年和 2024 年欧元区的通货膨胀率分别 5.7%和 3.3%，日本为 2.8%和 2.0%，美国为 4.0%和 2.2%。

资料来源：IMF，"Inflation Peaking amid Low Growth"，January 2023, https：//www. imf. org/en/Publications/WEO/Issues/2023/01/31/world-economic-outlook-update-january-2023。

第三，全球通胀处于几十年来最高水平。2021年以来，全球通胀上涨快于预期，2022年发达经济体的通胀率达到1982年以来的最高水平。美国2022年7月和8月消费价格指数略有下降，但通胀率仍然是近40年来的最高水平，2022年8月价格比上年高出8.3%。欧元区通胀率在2022年9月达到10%，英国达到9.9%。通胀对全球大多数经济体都产生了影响，但对发展中国家低收入群体影响最大。在这些国家，多达一半的家庭消费支出是食品支出，这意味着通胀上涨会对居民健康和生活水平产生严重影响。新兴经济体和发展中国家2022年第二季度通胀率达到10.1%，第三季度继续上涨至11%，达到1999年以来的最高水平。疫情后需求的强劲复苏也推高了服务业通胀水平。乌克兰危机导致粮食和能源价格受到剧烈冲击，粮食和能源价格上涨从全球大宗商品市场持续向消费者价格传导，进一步推高通胀，欧洲受到的影响最大，相比之下，亚太地区国家所受影响较小，通胀上升幅度也小于其他地区（见图1）。2022年下半年食品和能源价格上涨仍然是通胀加剧的主要原因，但已不再是压倒性的主导因素。根据国际货币基金组织2023年1月预测，全球通胀率在2022年第三季度见顶，达到9.5%，2023年大多数经济体通胀都将下降，约有84%的国家通胀率将低于2022年。全球平均通货膨胀率将从2022年的8.8%下降到2023年的6.6%和2024年的4.3%，但仍高于疫情前3.5%的平均水平。[1]

第四，全球贸易增长放缓。2021年全球贸易增长10.1%，2022年由于全球产出增长的下降和供应链约束，全球贸易增长趋势急剧放缓，增速下滑至4.3%。根据国际货币基金组织的预测，2023年全球贸易增速将继续下滑至2.5%，尽管这一水平略高于2019～2020年新冠疫情期间的贸易增速，但仍低于历史平均水平（2000～2021年全球贸易平均增速为4.6%，1970～2021年贸易平均增速为5.4%）。美元升值进一步拖累了全球贸易增长，截至2022年9月，美元名义有效汇率比2021年平均水平升值了约13%。由于

---

① IMF, "Inflation Peaking amid Low Growth", January 2023, https://www.imf.org/en/Publications/WEO/Issues/2023/01/31/world-economic-outlook-update-january-2023.

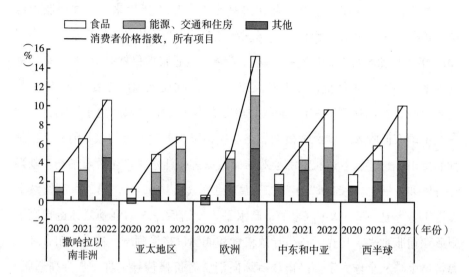

图 1　2020~2022 年世界各地区价格上涨

资料来源：IMF，"World Economic Outlook"，October 2022，https：//www.imf.org/en/Publications/WEO/Issues/2022/10/11/world-economic-outlook-october-2022。

美元在贸易结算中仍占有主导地位，美元升值会对美国境外的消费者和生产者价格产生传导效应。此外，乌克兰危机引起大宗商品价格上涨，导致全球经常账户差额扩大，全球贸易失衡将加剧紧张局势并促使各国采取贸易保护主义措施，可能会增加发生破坏性汇率变动和资本流动的风险。①

第五，各国政策分化使美元进一步走强。中国在疫情反复和房地产行业困境的影响下，经济增长放缓，但鉴于通胀相对温和，央行货币政策相对宽松，并于 2022 年 8 月决定降低贷款利率。日本由于核心通胀率仍保持较低水平，工资增长疲软，日本政策利率可以继续保持低位。英国于 2022 年 9月宣布在债务融资支持下大规模放松财政政策，实施减税并采取措施应对能源价格高涨，此后英镑大幅贬值。由于各国政策的分化和地缘政治紧张局势的加剧，资金涌向安全资产，推动美元升值。2022 年，美元对欧元升值了

① IMF，"World Economic Outlook"，October 2022，https：//www.imf.org/en/Publications/WEO/Issues/2022/10/11/world-economic-outlook-october-2022.

约 15%，对人民币升值了 10% 以上，对日元升值了 25%，对英镑升值了 20%。为防止本币过度贬值，各国可能会收紧财政政策，从而对全球经济增长产生不利影响。

第六，全球债务风险上升。2021 年底全球债务总额达到 303 万亿美元，约为全球 GDP 的 3.51 倍。美国债务规模全球最大，截至 2022 年 10 月 3 日，美国政府债务达到 31.1 万亿美元。英国是发达经济体中债务水平最高的国家，日本的债务状况已成为其经济发展的痼疾。发达经济体具有较为完备的金融、财政体系，这些国家本币大多为国际储备货币，因此发达经济体债务仍具有国际腾挪空间。与之相比，新兴经济体和发展中国家的债务问题更为棘手。新冠疫情和乌克兰危机导致新兴经济体和发展中国家的债务水平居高不下，在通胀长期处于高位的情况下，发达经济体将继续收紧财政政策，这将进一步给新兴经济体和发展中国家的借款成本带来压力，特别是那些受能源和食品价格冲击最为严重的经济体，其债务可持续性将面临较大风险。

二 上合组织成员国经济发展态势

（一）中国

2022 年在地缘政治局势动荡、世界经济风险下行、新冠疫情反复、极端高温天气等多重超预期因素的冲击下，中国经济发展环境的复杂性、严峻性、不确定性上升，需求收缩、供给冲击、预期转弱三重压力持续演化。[1]

1. 国民经济平稳运行

2022 年中国经济平稳运行，全年 GDP 突破 120 万亿元，达到 1210207 亿元，同比增长 3%。按照平均汇率，120 万亿元约折合 18 万亿美元，GDP 稳居世界第二位。其中，第一产业增加值为 88345 亿元，同比增长 4.1%，

---

[1] 《国家统计局局长就 2022 年全年国民经济运行情况答记者问》，http://www.stats.gov.cn/sj/sjjd/202302/t20230202_ 1896734.html。

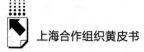

第二产业增加值为 483164 亿元，同比增长 3.8%，第三产业增加值为 638698 亿元，同比下降 2.3%。三大产业在 GDP 中的占比分别为 7.3%、39.9% 和 52.8%。从人均水平看，2022 年中国人均 GDP 为 85698 元，折合 12741 美元。

2022 年农业生产形势较好，拉动经济增长 0.3 个百分点，种植业同比增长 4%，粮食种植面积达到 11833 万公顷，与上年相比增加了 70 万公顷，粮食产量达到 68653 万吨，比上年增产 368 万吨。其中，稻谷种植面积为 2945 万公顷，比上年减少 47 万公顷，稻谷产量为 20849 万吨，与上年相比减产 2%；小麦种植面积为 2352 万公顷，比上年增加 183 万公顷，小麦产量为 13772 万吨，同比增产 0.6%；玉米产量达到 27720 万吨，比上年增产 1.7%；大豆产量为 2028 万吨，与上年相比增产 23.7%。棉花种植面积为 300 万公顷，比上年减少 3 万公顷，全年棉花产量达到 598 万吨，同比增长 4.3%。油料种植面积为 1314 万公顷，比上年增加 4 万公顷，油料产量 3653 万吨，同比增长 1.1%。糖料种植面积 147 万公顷，比上年增加 1 万公顷，全年糖料产量 11444 万吨，同比下降 0.1%。茶叶产量为 335 万吨，同比增长 5.7%。2022 年畜牧业同比增长 4.2%，猪牛羊禽肉产量达到 9227 万吨，同比增长 3.8%。禽蛋产量为 3456 万吨，同比增长 1.4%。牛奶产量为 3932 万吨，同比增长 6.8%。水产品产量为 6869 万吨，同比增长 2.7%。

2022 年工业建筑业生产韧性显现。工业增加值达到 401644 亿元，同比增长 3.4%，规模以上工业增加值同比增长 3.6%。在规模以上工业中，分经济类型看，国有控股企业增加值同比增长 3.3%；股份制企业同比增长 4.8%，外商及港澳台商投资企业同比下降 1.0%；私营企业同比增长 2.9%。分门类看，采矿业同比增长 7.3%；制造业同比增长 2.9%，拉动经济增长 0.8 个百分点，占 GDP 的比重为 27.7%，比上年提高 0.2 个百分点；电力、热力、燃气及水生产和供应业同比增长 5.0%。从具体行业看，汽车制造业、电气机械和器材制造业、通信和其他电子设备制造业取得较快增长，这三个行业的同比增长率分别为 6.3%、11.9% 和 7.6%。建筑业增加值为 83383 亿元，同比增长 5.5%。

2022 年服务业保持增长，其中批发和零售业增加值 114518 亿元，比上年增长 0.9%；交通运输、仓储和邮政业增加值 49674 亿元，同比下降 0.8%；住宿和餐饮业增加值 17855 亿元，同比下降 2.3%；房地产业增加值 73821 亿元，同比下降 5.1%；租赁和商务服务业增加值 39153 亿元，同比增长 3.4%；金融业和信息传输、软件和信息技术服务业保持较快增长，支撑服务业保持稳定发展态势，增加值分别比上年增长 5.6% 和 9.1%，合计拉动经济增长 0.8 个百分点。全年规模以上服务业企业营业收入比上年增长 2.7%，利润总额增长 8.5%。①

2. 消费市场缓慢恢复

2022 年，社会消费品零售总额 439733 亿元，同比下降 0.2%。其中，商品零售额为 395729 亿元，同比增长 0.5%；餐饮收入额为 43941 亿元，同比下降 6.3%。疫情反复对消费市场恢复扰动影响较大，乡村市场销售恢复好于城镇。按经营地统计，城镇消费品零售额为 380448 亿元，同比下降 0.3%；乡村消费品零售额为 59285 亿元，与上年基本持平。从商品类型看，基本生活类商品销售情况良好，限额以上单位商品零售额中一半实现增长，粮油和食品类、饮料类、中西药品类零售额增长较快，分别同比增长 8.7%、5.3% 和 12.4%。绿色升级类消费需求持续释放，2022 年新能源汽车销售呈高速增长态势，据汽车流通协会统计，2022 年新能源乘用车零售约 567 万辆，比上年增长 90%。线上消费取得快速增长。随着移动互联网技术的逐渐成熟，物流配送体系逐渐完善，线上购物推动消费市场增长的动力继续巩固。2022 年实物商品网上零售额 119642 亿元，同比增长 6.2%，占社会消费品零售总额的比重为 27.2%，比上年提高 2.7 个百分点。② 总体看，中国消费发展长期向好和消费升级的基本面都没有改变，城镇化率的提升和乡村市场的巨大潜力都对消费市场的稳定发展起着重要的支撑作用。

---

① 《中华人民共和国 2022 年国民经济和社会发展统计公报》，http：//www.stats.gov.202302/t20230228_ 1919011.html。

② 《消费市场恢复略有放缓 新型消费仍保持较好发展态势》，http：//www.stats.gov.cn/sj/sjjd/202302/t20230202_ 1896741.html。

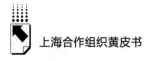

3. 固定资产投资稳定增长

2022 年中国固定资产投资额为 579556 亿元，同比增长 4.9%。其中，第一产业投资 14293 亿元，同比增长 0.2%；第二产业投资 184004 亿元，同比增长 10.3%，其中，电力、热力、燃气及水的生产和供应业投资增长 19.3%，采矿业投资增长 4.5%；第三产业投资 373842 亿元，同比增长 3.0%，其中，居民服务、修理和其他服务业投资增长 21.8%，租赁和商务服务业投资增长 14.5%。

基础设施投资提速较快，制造业投资明显增长。2022 年基础设施投资同比增长 9.4%，增速连续 8 个月加快，比上年提高 9 个百分点。制造业投资同比增长 9.1%，增速高出全国平均水平 4 个百分点。其中，电气机械和器材制造业投资同比增长 42.6%，酒、饮料和精制茶制造业投资同比增长 27.2%，纺织服装、服饰业投资同比增长 25.3%，化学纤维制造业投资同比增长 21.4%。

高技术产业投资增速良好。高技术产业投资同比增长 18.9%，与上年相比增速提高 1.8 个百分点。高技术制造业投资同比增长 22.2%，增速与上年持平。其中，医疗仪器设备及仪器仪表制造业投资增长 27.6%，电子及通信设备制造业投资增长 27.2%，计算机及办公设备制造业投资增长 12.8%。高技术服务业投资同比增长 12.1%，增速提高 4.2 个百分点。其中，科技成果转化服务业投资增长 26.4%，研发设计服务业投资增长 19.8%，电子商务服务业投资增长 16.8%。

大项目投资带动作用增强。2022 年，计划总投资亿元及以上项目的投资同比增长 12.3%，与上年相比增速提高 5.4 个百分点，拉动全国固定资产投资增长 6.2 个百分点，与上年相比提高 2.8 个百分点。①

4. 居民收入与经济增长保持同步，就业形势稳定

2022 年，中国居民人均可支配收入为 36883 元，与上年相比名义增长 5%，实际增长 2.9%，与经济增长基本同步。农村居民收入增长继续快于城

---

① 《政策效应持续显现 投资保持平稳增长》，http：//www.stats.gov.cn/sj/sjjd/202302/t20230202_1896740.html。

镇居民，2022 年，城镇居民人均可支配收入为 49283 元，名义增长 3.9%，实际增长 1.9%；农村居民人均可支配收入为 20133 元，名义增长 6.3%，实际增长 4.2%，城乡居民收入差距相对继续缩小。

2022 年，中国就业形势总体保持稳定。年末就业人员为 73351 万人，其中城镇就业人员为 45931 万人，占全国就业人员的 62.6%。城镇新增就业 1206 万人，比上年少增 63 万人。年末全国城镇调查失业率为 5.5%。①

2022 年，消费领域价格温和上涨，生产领域价格涨幅回落。2022 年全国 CPI 上涨 2.0%，涨幅比 2021 年扩大 1.1 个百分点。食品价格波动较大。2022 年食品价格由 2021 年下降 1.4% 转为上涨 2.8%。受国际粮价持续高位影响，国内食用植物油、面粉和豆类价格分别上涨 6.9%、6.2% 和 4.6%。能源价格涨幅较高。2022 年能源价格上涨 11.2%，涨幅比 2021 年扩大 2.9 个百分点，影响 CPI 上涨约 0.8 个百分点，占 CPI 总涨幅的四成。②

5. 对外贸易小幅增长

全球经济增速明显放缓给中国对外贸易带来不利影响，部分发达国家消费结构转换也会对中国商品出口形成制约。2022 年中国货物进出口总额达到 420678 亿元，同比增长 7.7%。其中，出口额为 239654 亿元，同比增长 10.5%；进口额为 181024 亿元，同比增长 4.3%，顺差达到 58630 亿元，与上年相比增加了 15330 亿元。对共建"一带一路"国家进出口总额达到 138338 亿元，增幅达到 19.4%，其中，出口额为 78877 亿元，同比增长 20%；进口额为 59461 亿元，同比增长 18.7%。对外非金融类直接投资额为 7859 亿元，同比增长 7.2%，折合约为 1169 亿美元，同比增长 2.8%。其中，对共建"一带一路"国家非金融类直接投资额 1410 亿元，增长 7.7%，折合约为 210 亿美元，同比增长 3.3%。③

---

① 《中华人民共和国 2022 年国民经济和社会发展统计公报》，http：//www.stats.gov.cn/sj/zxfb/202302/t20230228_ 1919011. html。

② 《2022 年 CPI 温和上涨 PPI 涨幅回落》，http：//www.stats.gov.cn/sj/sjjd/202302/t20230202 _ 1896745. html。

③ 《中华人民共和国 2022 年国民经济和社会发展统计公报》，http：//www.stats.gov.cn/sj/zxfb/202302/t20230228_ 1919011. html。

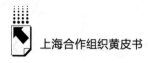
（二）俄罗斯

近年来，由于经济增长内生动力不足，俄罗斯经济一直处于低速增长状态，2019年经济增速仅为1.3%。2020年在新冠疫情和国际油价暴跌的影响下，俄罗斯经济同比下降3.4%。2022年乌克兰危机升级后，美西方对俄罗斯能源、金融、科技、贸易等领域实行了前所未有的制裁。但俄政府对此早有准备，及时积极应对，采取了一系列措施有效缓解了极限制裁对经济的冲击。2022年，俄罗斯社会、经济整体维持了稳定，没有出现严重的经济危机。但从长期看，这些制裁对俄罗斯经济的深层次影响将会逐渐显现，俄经济的发展潜力将被严重削弱。

1. 经济并未因制裁出现大幅度下滑

2022年，俄罗斯GDP为153.4万亿卢布，同比下降2.1%，没有出现西方国家预测的大幅度下滑。分季度看，第一季度经济同比增长3.5%，第二季度同比下降4.1%，第三季度同比下降3.7%，第四季度同比下降4.6%。从行业看，2022年农、林、渔业同比增长6.7%，采掘业同比增长0.4%，制造业同比下降2.5%，建筑业同比增长5%；服务业中，批发与零售贸易、车辆和摩托车维修业产值降幅最大，同比下降12.7%，运输和仓储业同比下降1.8%，餐饮和旅馆业同比增长4.3%，信息和通信业同比增长0.5%，金融和保险业同比增长3.4%，科学与技术活动同比下降5.1%，行政与相关服务业同比增长2.4%，国家治理、军事安全和社会保障业同比增长4.1%，教育业同比增长0.1%，卫生健康及社会服务业同比下降3.2%，文化、体育、休闲和娱乐活动同比增长1.8%。[①]

2. 通货膨胀高企，下半年物价实现稳定

根据俄罗斯联邦统计局数据，2022年底俄罗斯通货膨胀率与上年同期相比上涨11.9%，仅3月通货膨胀率就上涨了7.6%。俄政府立即出台了稳

---

① Федеральная служба государственной статистики, https：//rosstat. gov. ru/statistics/accounts.

定价格的政策，3 月 10 日，俄政府确定了 2022 年底前禁止出口的商品名单，涉及 200 多种俄罗斯从国外进口的产品，以及出口的技术产品、电信设备、医疗设备、车辆、农业机械、电气设备等；俄海关决定至 8 月 31 日前禁止出口糖类，并禁止向欧亚经济联盟国家以外的国家出口谷物、化肥等产品，以保障国内供应。为稳定国内物价，俄政府拨款 25 亿卢布使面包价格稳定在 3 月初的水平。此后俄罗斯消费价格指数保持相对稳定，2022 年食品类商品消费价格指数上涨 10.3%，非食品类商品上涨 12.7%，付费服务价格上涨 13.2%，没有出现恶性通货膨胀。

3. 居民生活水平稳中有升

为消减制裁对居民生活的负面影响，俄政府出台了一系列支持商业、保障就业和保障居民生活的政策措施。如划拨 5000 亿卢布对中小企业实行优惠贷款计划；从国家财富基金中拨款 1 万亿美元用于购买受制裁企业的债券；取消对企业部分行为的限制；优化医疗保健部门采购程序，规定还款宽限期内，贷款人可暂停履行贷款协议项下的义务；为保障就业，俄政府划拨 62 亿卢布对员工数保持在 90% 以上的企业启动优惠商业贷款——"工资基金 3.0 计划"；俄政府还从储备基金中拨款将养老金指数提高到 8.6%，并提高最低工资标准和最低生活保障标准。2022 年初俄罗斯最低生活保障标准为 12654 卢布。[1] 2022 年 5 月 28 日，俄政府宣布自 2022 年 7 月 1 日起将最低生活保障标准提高至 13919 卢布。[2] 2022 年 12 月 5 日又宣布自 2023 年 1 月 1 日起将最低生活保障标准提高至 14375 卢布。[3] 俄政府的措施使俄罗斯居民生活水平稳中有升。2022 年俄罗斯 15 岁以上失业人数为 295 万人，与 2021 年的 363 万人相比减少了 68 万人，失业率从 2021 年的 4.8% 下降到 3.9%。居民平均月收入为 44937 卢布，与上年同期相比增长 12.6%。居民实际可支配收入略有下降，同比下降 1%。收入低于贫困线（最低生活保障）的居民占比也从 2021 年的 11% 下降至 2022 年的 9.8%。

---

① Федеральный закон от 06. 12. 2021 г. , № 390-ФЗ.

② Постановление Правительства Российской Федерации от 28. 05. 2022 г. , № 973.

③ Федеральный закон от 05. 12. 2022 г. , № 466-ФЗ.

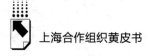

4. 对外贸易大幅增长

乌克兰危机后，国际能源和粮食价格大涨，俄罗斯作为出口国因此获得大量出口收入，尽管2022年底美西方国家对俄罗斯石油出口实行了限价政策，但在价格的推动下，2022年俄罗斯对外贸易大幅增长。根据俄罗斯央行的统计数据，2022年俄罗斯货物和服务贸易额达到9740亿美元，同比增长23.4%，其中，出口6281亿美元，同比增长27.3%；进口3459亿美元，同比增长17%。

（三）印度

2020/2021财年印度经济增长因新冠疫情变缓，在宽松的财政和货币政策支持下，2021/2022财年印度经济实现强劲反弹。进入2022/2023财年，尽管地缘政治局势导致供应链中断，全球货币政策收紧，通胀压力加大，但印度仍是全球增长最快的经济体之一。

1. 经济增速较快

2022/2023财年第一季度至第三季度（2022年4~12月），印度GDP实际同比增长7.7%，印度已超过英国，成为世界第五大经济体。印经济增长主要由国内强劲的需求推动，高收入者私人消费的增长、政府资本支出的扩大和活跃的投资活动都对经济增长起到推动作用。由于进口增速快于出口，净出口拖累了经济增长。从2022/2023财年第三季度起，增长出现放缓迹象，随着财政整顿工作的继续，政府支出份额将出现下降，借贷成本上升、金融状况收紧和持续的通胀压力将对印度经济增长构成压力。

2. 通胀高于目标上限，货币政策收紧

2022/2023财年上半年，印度通货膨胀率为7.2%，高于印度储备银行规定的6%通胀上限。2022年2~4月，在能源和食品价格上涨的推动下，通胀大幅加速并在4月达到7.8%的峰值。由于印度政府削减了能源消费税，5月后印度国内能源价格下降了8%以上。为应对食品价格上涨，印度政府积极采取了一系列发展供给侧措施，如缓解化肥供应紧张、实行粮食出口限

制、降低食用油进口税等，货币政策委员会也从 2022 年 5 月起连续 4 次上调利率，将名义利率从 4% 上调至 5.9%。随着供给侧措施和货币紧缩政策逐渐生效，4 月后印度的通货膨胀率开始下降，但仍保持在 6% 以上的水平。2022/2023 财年印度平均通胀率下降至 6.6%

3. 经常项目赤字，货币贬值

乌克兰危机升级后国际油价快速上涨，2022/2023 财年第一季度，印度原油进口额同比增长 90% 以上，贸易逆差扩大至 GDP 的 8.2%。2021 年 9 月至 2022 年 5 月，由于与发达经济体利差缩小及金融市场不稳定，印度资本流出达到 357 亿美元。贸易逆差的扩大和资本流出导致经常项目赤字不断扩大。印度政府迅速采取措施，提高利率，吸引外资流入，同时进行外汇干预，为卢比汇率提供支持，政府还推出新的与生产挂钩的投资激励措施和财政支持政策，鼓励外商到印度投资。

印度拥有超过 5000 亿美元的国际储备，是世界上国际储备规模最大的国家之一，尽管 2022/2023 财年上半年国际储备减少了 13%，但根据 2021/2022 财年第三季度到 2022/2023 财年第二季度的总进口量，现有国际储备仍然能够支持其近 8 个月的进口。因此，印度卢比贬值压力较小，没有出现大幅贬值，截至 2022 年 10 月，卢比兑美元贬值约 10%，好于其他新兴市场国家。

4. 财政状况改善

较快的经济增长对税收增加起到重要支撑作用，尽管政府降低了燃料税，但商品和服务税收的增长保障了财政收入的扩大，2022/2023 财年上半年中央财政收入增长 9.5%。在财政支出方面，印度政府增加了对低收入家庭的化肥补贴和食品补贴，2022/2023 财年上半年中央财政支出扩大了 12.2%。2020/2021 财年印度政府财政赤字占 GDP 的 13.3%，2021/2022 财年降至 10.3%，预计 2022/2023 财年财政赤字将继续改善，降至占 GDP9.6% 的水平，中央政府财政赤字有望达到占 GDP6.4% 的目标。

（四）哈萨克斯坦

2000 年以来，哈萨克斯坦实施了市场化改革，在资源出口和强劲的外商直接投资推动下，经济实现较快增长，哈萨克斯坦逐渐成为中等偏上经济体，在减贫方面也取得了良好的成绩。然而，经济增长掩盖了经济发展模式的脆弱性和不均衡性，随着全球经济放缓，哈萨克斯坦政府主导和以能源出口拉动经济增长发展模式的缺陷充分暴露。在此背景下，哈政府积极推行新经济政策，旨在实现产业链、供应链、物流线路多元化，提高人力资本的竞争力，提高公共部门和国有企业的绩效，推动能源价格改革，加强社会保障，并在低碳减排方面做出努力。

1. 经济增长放缓

在全球经济放缓和乌克兰危机升级的影响下，哈萨克斯坦经济增长放缓。2022 年哈萨克斯坦 GDP 为 101.5 万亿坚戈，同比增长 3.2%。第一产业增长较快，2022 年农业增加值为 5.27 万亿坚戈，同比增长 9.1%。第二产业增加值为 29.68 万亿坚戈，同比增速仅为 1%，低于 GDP 增速。其中，矿产资源开采与加工业增加值为 14.68 万亿坚戈，同比下降 1%，在 GDP 中的占比为 14.5%；加工制造业增加值为 13.393 万亿坚戈，同比增长 3.4%，增速略高于 GDP 增速，加工制造业在 GDP 中的占比为 13.2%。电力、燃气、蒸汽、热水和空调供应同比下降 0.5%，污水废物收集、加工和处置业同比下降 1.8%。建筑业增长势头迅猛，2022 年增加值为 5.39 万亿坚戈，同比增速达到 9.4%，在 GDP 中的比重为 5.3%。服务业缓慢增长，2022年，服务业增加值为 53.41 万亿坚戈，大部分服务业均保持正增长，批发与零售、汽车和摩托车维修业，运输和仓储业，信息和通信业取得较快增长，增速分别为 5%、3.9% 和 8%，职业、科学与技术活动增加值明显下滑，同比下降 6.3%。[①] 2022 年哈萨克斯坦人口数量为 1963.4 万人，人均名义 GDP

---

① Бюро национальной статистики Агентства по стратегическому планированию и реформам Республики Казахстан，https：//stat. gov. kz/official/industry/11/statistic/7.

为 517 万坚戈，名义增长 17%，但扣除价格因素实际下降 0.1%，按照官方平均汇率折算，2022 年哈萨克斯坦人均 GDP 折合 11220 美元，实际同比增长 8.2%。

2. 固定资产投资回温

根据哈萨克斯坦国家统计局数据，2022 年哈萨克斯坦固定资产投资额达到 15.06 万亿坚戈，同比增长 7.9%。尽管目前国际经济形势仍让很多投资者持观望态度，但与 2020 年固定资产投资同比下降 3.4%、2021 年同比增长 3.5% 相比，2022 年哈萨克斯坦固定资产投资活动有了较大程度的回升。2022 年 1~9 月，哈萨克斯坦外国直接投资流量为 221 亿美元，同比增长 17.8%。由于哈政府持续改善投资环境，长期支持商业项目，为投资者提供财政、非财政及其他优惠政策，油气行业的外国直接投资在经历了两年下降之后出现反弹，非资源领域外国直接投资也呈增长趋势。[1]

3. 通货膨胀率居高不下

2022 年哈萨克斯坦通货膨胀率居高不下，达到 20.3%，其中食品价格上涨 25.3%，非食品价格上涨 19.4%，付费服务价格上涨 14.1%。[2] 通胀率主要由食品价格推高，与上年同期相比，2022 年 12 月面包和谷物价格上涨 33.6%，大米价格上涨 36.5%，高级小麦粉价格上涨 43.2%，杂粮价格上涨 36.2%，肉类价格上涨 16.6%，鱼类和海产品价格上涨 27%，奶制品价格上涨 31.3%，油脂价格上涨 21.8%，鸡蛋价格上涨 22.9%，水果和蔬菜价格上涨 21%。

4. 经常项目盈余，贸易顺差

石油和天然气价格的大幅上涨推动哈萨克斯坦出口收入的增加，推动了收支平衡的改善，使经常项目盈余 63 亿美元。2023 年 1 月 1 日，哈萨克斯坦国际储备（不包括国家基金）为 351 亿美元。2022 年哈萨克斯坦对外贸

---

[1] Бюро национальной статистики Агентства по стратегическому планированию и реформам Республики Казахстан，https：//stat. gov. kz/official/industry/162/statistic/6.

[2] Бюро национальной статистики Агентства по стратегическому планированию и реформам Республики Казахстан，https：//stat. gov. kz/official/industry/26/statistic/6.

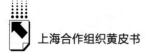

易总额为 1344.38 亿美元，同比增长 32.1%，其中出口额为 843.94 亿美元，同比增长 39.9%，进口额为 500.44 亿美元，同比增长 20.8%，实现贸易顺差 343.5 亿美元。哈萨克斯坦与欧亚经济联盟国家的贸易额为 283.1 亿美元，在哈对外贸易总额中占比为 21.1%，其中对欧亚经济联盟国家出口额为 97.1 亿美元，在哈出口总额中占比 11.5%，自欧亚经济联盟国家进口额为 186 亿美元，在哈进口总额中占比 37.2%。

哈萨克斯坦出口的主要商品为能源和金属等初级产品，2022 年哈萨克斯坦矿产资源出口额为 572.2 亿美元，在出口总额中占比达到 67.8%，比 2021 年 65.9% 的占比又有所扩大，其中能源出口额达到 518 亿美元，在出口总额中占 61.4%，也高于 2021 年 57.7% 的水平。哈萨克斯坦出口第二大类商品为金属及制品，2022 年出口额为 118.4 亿美元，在哈出口总额中占 14%，机器、设备、交通工具和仪器等工业制成品出口额仅为 38.5 亿美元，在出口总额中占比也仅为 4.6%。进口商品中机器、设备、交通工具和仪器的比例最高，达到 40.5%，其次为化工产品，占比为 16.7%。

俄罗斯是哈萨克斯坦最大贸易伙伴，2022 年哈俄贸易在哈对外贸易总额中占比为 19.4%；其次为中国，占比为 18%；意大利为第三大贸易伙伴，占比为 11.1%。从出口看，意大利是哈萨克斯坦最大出口对象国，占比为 16.4%；中国居第二位；占比为 15.6%；俄罗斯居第三位，占比为 10.4%。从进口看，俄罗斯是哈萨克斯坦最大的进口来源国，占比达到 34.7%；中国居第二位，占比为 21.9%。

5. 居民生活水平与上年基本持平

2022 年第四季度哈萨克斯坦居民平均名义现金收入为每月 17.2 万坚戈，与上年同期相比增长 20.5%，但由于通胀率居高不下，居民实际收入仅增长 0.8%。2022 年第四季度企业月平均工资为 32.1 万坚戈，名义增长 22.2%，实际增长 2%。2022 年哈萨克斯坦失业率为 4.9%，与 2021 年持平。

（五）吉尔吉斯斯坦

乌克兰危机并未对吉尔吉斯斯坦经济造成严重的负面影响。2022 年 3 月来自俄罗斯的侨汇经历较大幅度的下跌，之后快速恢复，侨汇的汇入支撑了吉国内的需求，加之政府对实体经济实行支持政策，2022 年吉尔吉斯斯坦经济出现快速增长势头。

1. 经济快速增长

2022 年吉尔吉斯斯坦国内生产总值为 9190 亿索姆，同比增长 7%，去除库姆托尔金矿后同比增长 5.9%。2022 年吉尔吉斯斯坦农、林、渔业增加值为 1114.4 亿索姆，同比增长 7.3%。其中，种植业同比增长 11.5%，农作物总种植面积为 122.9 万公顷，比上年增加 2500 公顷；畜牧业增幅小于种植业，其中禽畜业同比增产 2.9%，奶产量同比增长 2.1%，蛋产量同比增长 7.7%，羊毛产量同比下降 1.6%。工业增加值为 1529.3 亿索姆，同比增长 12.2%；建筑业 681 亿美元，同比增长 8%。工业中大部分部门实现增长，其中增速较快的部门为煤炭开采业（同比增长 16.8%），食品工业（同比增长 11.1%），木材加工和造纸业（同比增长 27%），精炼石油产品生产（同比增长 12.3%），金属及制品生产（同比增长 22.3%），计算机、电子及光学设备生产（同比增长 175.7%），电气设备生产（同比增长 17.5%），交通工具制造（同比增长 80.8%）。服务业增加值为 4513.6 亿索姆，同比增长 4.8%。其中增长较快的行业为批发与零售贸易、汽车和摩托车维修业（同比增长 7.7%），交通与仓储业（同比增长 10.1%），宾馆和餐饮业（同比增长 23.8%），信息与通信业（同比增长 5.8%）。[①]

2. 固定资产投资增速较低

2022 年吉尔吉斯斯坦固定资产投资 1383.3 亿索姆，同比仅增长 3%。

[①] Национальный статистический комитет Кыргызской Республики, http://www.stat.kg/ru/statistics/uroven-zhizni-naseleniya/.

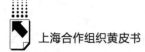

外国投资同比增长 6.4%，其中外国贷款同比增长 24%，外国捐款和人道主义援助同比增长 11.8%，但外国直接投资同比下降 20.2%。固定资产投资主要集中在矿产资源开采业和仓储、运输业，在总投资额中的占比分别为 19.1% 和 12.3%。①

3. 通货膨胀率较高

2022 年吉尔吉斯斯坦通胀率为 14.7%。食品价格居高不下，与上年同期相比，食品和非酒精饮料价格上涨了 15.8%，鱼价格上涨 32.5%，砂糖上涨 30.5%，面粉上涨 27.8%，其他奶制品上涨 26.8%，通心粉和其他谷物上涨 25.5%，糕点上涨 22.6%，黄油上涨 22.3%，干果和坚果上涨 20.6%，大米上涨 19.7%，猪肉上涨 19.3%，面包增长 17.4%，非酒精饮料增长 16.1%，牛肉增长 12.2%，荞麦谷物增长 12.1%，羊肉增长 11.7%。非食品价格较上年同期增长幅度相对较小，涨幅为 12.7%，其中柴油价格上涨 30.3%，文具上涨 30.2%，服装材料上涨 23.1%，家居用品、家用电器上涨 22.5%，医药上涨 17.8%，固体燃料上涨 14.6%，液化气上涨 13.6%，服装和鞋类上涨 12.5%，住宿用品价格上涨 10.8%，报纸和期刊上涨 9.3%，音像设备上涨 8.6%，汽油、机油和润滑油上涨 4.9%。②

4. 失业率下降，居民生活水平有所提高

根据吉尔吉斯斯坦劳动、社会保障和移民部数据，2022 年吉尔吉斯斯坦登记失业人数为 74683 人，同比下降 1.7%，失业率保持较低水平，仅为 2.8%。

2022 年 1~11 月吉尔吉斯斯坦月平均名义工资（不包括小企业）为 25711 索姆，与上年同期相比，名义增长 31.1%，在通胀率较高的前提下，实际仍增长 15.2%，月平均工资按官方汇率折算为 306 美元。各行各业工资

---

① Национальный статистический комитет Кыргызской Республики，http：//www. stat. kg/ru/ statistics/uroven-zhizni-naseleniya/.

② Национальный статистический комитет Кыргызской Республики，http：//www. stat. kg/ru/ statistics/uroven-zhizni-naseleniya/.

水平均有提高,其中提高幅度较大的行业有:艺术、娱乐业工资增长68.7%,公共卫生和社会服务业工资增长51.1%,教育行业工资增长45.1%,强制性社会保障业工资增长33.5%,专业、科学和技术业工资增长26.0%,旅馆和餐馆业工资增长23.4%,采矿业工资增长23.0%,行政和支助业工资增长21.4%,运输和储存业工资增长20.9%,建筑业工资增长20.4%,批发与零售、汽车和摩托车维修业工资增长20.3%。

5. 侨民汇款增加,进口额大幅增长

2021年吉尔吉斯斯坦侨民汇款为27.56亿美元,2022年增加为29.28亿美元,同比增长6.2%。侨民汇款仅在乌克兰危机爆发的3月出现明显减少,4月后大幅反弹,此后均保持在较高水平(见表2)。吉侨民汇款以俄罗斯侨汇为主,占其侨民汇款总额的95%左右,此轮侨汇增长也主要得益于俄罗斯卢布对美元汇率的走强。

表2 2022年吉尔吉斯斯坦侨汇主要来源国

单位:百万美元

	1月	2月	3月	4月	5月	6月	7月	8月	9月	10月	11月	12月
汇入总额	177.0	187.6	153.4	255.2	257.2	317.2	270.6	301.6	291.9	286.9	239.3	190.4
俄罗斯	171.9	182.1	139.6	242.3	245.6	302.7	259.0	287.8	278.1	272.9	223.8	174.4
哈萨克斯坦	0.3	0.3	0.3	0.3	0.2	0.3	0.1	0.2	0.2	0.8	2.9	3.5
英国	0.0	0.3	0.5	0.1	0.2	0.2	0.2	0.7	1.0	0.8	0.9	1.0
德国	0.0	0.0	0.2	0.9	0.5	0.6	0.5	0.2	0.2	0.5	0.5	0.5
美国	3.6	3.9	5.2	5.2	4.1	4.5	5.4	5.2	4.9	4.5	4.1	4.0
土耳其	0.1	0.0	0.9	1.1	0.6	1.5	0.7	1.3	0.7	1.8	2.6	1.6

资料来源:https://www.nbkr.kg/index1.jsp?item=1785&lang=RUS。

工资上涨和侨民汇款增加支撑了消费,推动进口大幅增长。2022年1~11月吉尔吉斯斯坦对外贸易总额为105.7亿美元,同比增长40.4%,其中出口额为20.13亿美元,同比下降22.4%,进口额为85.57亿美元,同比增长 73.4%。独联体国家是吉尔吉斯斯坦主要出口对象，2022 年吉对俄罗斯出口占吉出口总额的 45.6%，其次为哈萨克斯坦，占比为 20%，然后是乌兹别克斯坦，占比为 10.5%；非独联体国家主要出口对象为土耳其，占比为 6.3%，阿拉伯联合酋长国占比为 4.6%，中国占比为 2.6%。中国是吉尔吉斯斯坦最大进口来源国，在吉总进口额中占比为 42.4%；其次为俄罗斯，占比为 24.2%；哈萨克斯坦居第三位，占比为 7.9%；土耳其居第四位，占比为 5.1%；乌兹别克斯坦居第五位，占比为 3.9%。①

（六）塔吉克斯坦

1. 经济快速增长，通胀水平较低

过去 10 年中，塔吉克斯坦经济一直保持较高增速，平均增长率约为 7%，尽管如此，2021 年塔吉克斯坦人均国民总收入仅为 1150 美元，仍然是世界上最贫穷的国家之一。② 2022 年塔吉克斯坦国内生产总值为 1150 亿索莫尼，按官方汇率折合 104.3 亿美元，同比增长 8%。其中，农业总产值为 492 亿索莫尼，折合 44.62 亿美元，同比增长 8%，种植业同比增长 7.7%，畜牧业同比增长 8.7%。由于内需强劲、新产能开发及出口能力的提升，工业总产值为 429 亿索莫尼，折合 38.91 亿美元，同比增长 15.4%，在独联体国家中工业增速居首位。其中，采矿业产值同比减少 3%，占工业总产值的 29.1%；食品工业同比增长约 32%，占工业总产值的 25%；电力工业占工业总产值的 16%。③ 固定资产投资同比增长 11.4%。

2022 年塔吉克斯坦通货膨胀率维持在较低水平，仅为 4.2%，较上年下

① Национальный статистический комитет Кыргызской Республики，http：//www. stat. kg/ru/statistics/uroven-zhizni-naseleniya/.
② The World Bank，"Social Protection for Recovery：Europe and Central Asia Economic Update"，https：//www. worldbank. org.
③ 《2022 年塔吉克斯坦工业产值增速居独联体第一》，中国驻塔吉克斯坦大使馆经济商务处网站，http：//tj. mofcom. gov. cn/article/jmxw/202302/20230203391854. shtml.

降 3.8 个百分点。① 主要原因是塔政府及时出售粮食储备来干预物价，推迟了公共事业费用上调以及让索莫尼适度贬值。②

塔吉克斯坦人口快速增长且年轻化，具有巨大的经济潜力。政府致力于以经济增长促进居民生活水平的提高，2009 年塔吉克斯坦贫困率为 32%，到 2021 年已下降至 14.6%，根据世界银行预测，2022 年塔吉克斯坦贫困率已下降为 13.6%。③

2. 移民数量和汇款均有增加

2022 年塔吉克斯坦赴俄罗斯的劳动移民数量达到 98.67 万人，在俄罗斯外国劳动移民总数中占比 28.4%，仅次于乌兹别克斯坦位居第二位。④ 2022 年取得俄罗斯公民身份的塔吉克斯坦人数创历史新高，达到 17.36 万人，比 2021 年增加了 7 万人。除此之外，塔吉克斯坦已有 12.11 万人拥有在俄长期居留许可，4.8 万人拥有在俄临时居留许可。⑤

由于在俄移民数量增加、俄罗斯卢布升值以及西方制裁后俄货币政策变化，塔吉克斯坦移民汇款数量大幅增加，增幅高达 50%，预计 2023 年将达到 27 亿美元，将占塔 GDP 的近 1/3。⑥

3. 债务风险较高

由于长期的债务累积和预算赤字，并频繁使用非优惠贷款，特别是 2017 年发行了 5 亿美元欧洲债券，塔吉克斯坦债务风险处于较高水平。2022 年 2 月，世界银行和国际货币基金组织专家对塔吉克斯坦债务稳定性

---

① 《2022 年塔吉克斯坦 GDP 总值约 104 亿美元》，中国驻塔吉克斯坦大使馆经济商务处网站，http://tj. mofcom. gov. cn/article/jmxw/202302/20230203385022. shtml。

② The World Bank, "Social Protection for Recovery: Europe and Central Asia Economic Update", https://www.worldbank.org.

③ The World Bank, "Social Protection for Recovery: Europe and Central Asia Economic Update", https://www.worldbank.org.

④ 《2022 年塔吉克斯坦赴俄劳动移民数量为 98.67 万人》，中国驻塔吉克斯坦大使馆经济商务处网站，http://tj. mofcom. gov. cn/article/jmxw/202302/20230203392226. shtml。

⑤ 《2022 年取得俄罗斯公民身份的塔吉克斯坦人数创历史新高》，中国驻塔吉克斯坦大使馆经济商务处网站，http://tj. mofcom. gov. cn/article/jmxw/202302/20230203384122. shtml。

⑥ 《俄媒: 2022 年自俄罗斯向邻国汇款金额创历史新高》，中国驻塔吉克斯坦大使馆经济商务处网站，http://tj. mofcom. gov. cn/article/jmxw/202302/20230203382043. shtml。

进行了相关评估，将塔吉克斯坦债务风险水平从 2017 年的"中等风险"提至"高风险"状态。① 据塔财政部消息，截至 2023 年 1 月 1 日，塔吉克斯坦外债总额为 32.283 亿美元，与 2022 年初相比，减少了 1540 万美元，其中，超过 95.6% 的外债为政府直接债务，政府担保债务为 1.407 亿美元。根据塔吉克斯坦 2023 年国家预算案，塔政府计划偿还外债 23.47 亿索莫尼（约合 2.28 亿美元）。其中，使用国家预算资金偿还 13.5 亿索莫尼（约合 1.31 亿美元），塔吉克斯坦国家能源公司偿还 9.385 亿索莫尼（约合 0.91 亿美元），其余 5900 万索莫尼（约合 0.06 亿美元）外债将由杜尚别国际机场、杜尚别供水公司、帕米尔能源公司和塔吉克斯坦输气公司共同偿还。②

（七）乌兹别克斯坦

1. 经济稳定增长

2022 年乌兹别克斯坦 GDP 为 888.34 万亿苏姆，按照 1 美元兑换 11051 苏姆的平均汇率计算，约合 803.85 亿美元，同比增长 5.7%。去除净税收，总增加值为 828.05 万亿苏姆。其中农业增加值为 208.45 万亿苏姆，同比增长 3.6%；工业增加值为 220.7 万亿苏姆，同比增长 5.5%。其中，增长较快的行业为汽车、拖车和半拖车生产业和纺织业，同比分别增长 39% 和 9.8%。建筑业增加值为 55.5 万亿苏姆，同比增长 6.6%。服务业增加值为 343.29 万亿苏姆，同比增长 8.5%。三次产业结构与上年相比呈优化趋势，第一产业 GDP 占比从 2021 年的 26.5% 下降至 25.1%，第二产业占比从 2021 年的 33.9% 下降至 33.4%，第三产业占比从 2021 年的 39.6% 上升至 41.5%。③ 2022 年乌兹别克斯坦预算收入增长，预算赤字占 GDP 比重从 2021 年的 6.1% 减少至 2022 年的 4.2%。截至 2022 年底，乌兹别克斯坦的

---

① The World Bank，"Social Protection for Recovery：Europe and Central Asia Economic Update"，https：//www.worldbank.org.

② 《2023 年塔计划偿还约 2.28 亿美元外债》，中国驻塔吉克斯坦大使馆经济商务处网站，http：//tj.mofcom.gov.cn/article/jmxw/202302/20230203384118.shtml。

③ Агентство статистики при президенте республики Узбекистан，https：//stat.uz/ru/press - relizy/17506-press-reliz-2022.

外汇储备达到 358 亿美元。

2. 通胀率升高

2022 年乌兹别克斯坦通货膨胀率为 12.3%，其中食品价格平均上涨 15.6%，推动通胀率上涨 6.6 个百分点；非食品价格平均上涨 10.7%，推动通胀率上涨 3.73 个百分点；付费服务价格平均上涨 8.4%，推动通胀率上涨 1.92 个百分点。食品价格是推高通胀的主要因素，2022 年谷物和谷类食品价格上涨 31.3%，糖、糕点和甜点价格上涨 24.6%，奶制品和鸡蛋价格上涨 19.1%，肉类价格上涨 10.3%，非酒精饮料价格上涨 13.4%，蔬菜、块茎和豆类价格上涨 12.9%，鱼类和其他海鲜价格上涨 12.0%。服务业中价格涨幅较大的行业有：餐饮和旅店业价格上涨 23.6%，保健行业价格上涨 16.7%，娱乐、体育和文化业价格上涨 14.4%，家庭和其他服务价格上涨 14%。[①]

3. 外国投资快速增长

2022 年乌兹别克斯坦固定资产投资额为 269.85 万亿苏姆，同比增长 0.9%，基本与 2021 年持平。从资金来源看，企业自有资金投资占固定资产投资总额的比例为 31.3%，有国家担保的外国贷款占比 5.6%，商业银行贷款和其他借贷资金占比 7.8%，外国直接投资和贷款占比 36.0%，居民资金占比 9.5%，国家预算占比 7.8%，发展和重建基金占比 0.9%，供水和污水系统发展基金占比 1.1%。在这些不同资金来源中，外国直接投资增速最快，增幅为 10.7%；其次为企业自有资金投资，增幅为 10.6%；居民资金同比增长 3.2%；其他资金来源投资均呈不同程度的下降趋势。[②]

欧亚稳定与发展基金通过 10 个国际金融组织（国际货币基金组织、世界银行、亚洲开发银行、亚洲基础设施投资银行、欧洲复兴开发银行等）、6 个主权开发性金融机构（美国国际开发署、德国国际合作机构、土耳其合

---

① Агенство статистики при президенте республики Узбекистан, https：//stat. uz/ru/press - relizy/17506-press-reliz-2022.

② Агенство статистики при президенте республики Узбекистан, https：//stat. uz/ru/press - relizy/17506-press-reliz-2022.

作与协调机构、日本国际协力机构、法国开发署、瑞士发展与合作署）的
数据库，对欧亚地区国家主权融资规模进行分析评估。结果显示，近 15 年
间乌兹别克斯坦通过上述机构共获得 209 亿美元的融资，所获金额位居欧亚
地区第一。①

4. 对外贸易规模扩大

2022 年乌兹别克斯坦对外贸易总额为 500 亿美元，同比增长 18.6%，
其中出口额为 193 亿美元，同比增长 15.9%，进口额为 307 亿美元，同比增
长 20.4%。乌外贸逆差为 114 亿美元。俄罗斯是乌兹别克斯坦最大贸易伙
伴，2022 年乌俄贸易额为 92.8 亿美元，同比增长 23%，占乌兹别克斯坦对
外贸易总额的 18.6%。中国为乌第二大贸易伙伴，2022 年乌中贸易额为
89.2 亿美元，同比增长 19.7%，占乌外贸总额的 17.8%，其中乌自华进口
额为 64 亿美元，同比增长 30%，中国是乌兹别克斯坦最大的进口来源国②；
乌对华出口额为 25.2 亿美元，同比下降 0.4%。乌兹别克斯坦第三大贸易伙
伴为哈萨克斯坦，乌哈贸易额为 46.2 亿美元，同比增长 17.9%，在乌外贸
总额中占 9.2%。乌第四大贸易伙伴为土耳其，乌土贸易额为 32.2 亿美元，
同比下降 5.6%，占比为 6.4%。乌第五大贸易伙伴为韩国，乌韩贸易额为
23.4 亿美元，同比增长 23.3%，占比为 4.7%。

5. 侨民汇款大幅增长

2022 年乌兹别克斯坦境外汇款总额为 169 亿美元，同比增长 110%，侨
民汇款占 GDP 的比例翻了一番，达到 18.9%。其中，来自俄罗斯的汇款占
比达到 85%，约为 145 亿美元，同比增长 1.6 倍。乌兹别克斯坦侨汇总额大
幅增长主要有三个方面的原因：一是移民数量增加，乌兹别克斯坦赴俄罗斯
务工的人员数量居各国之首，2022 年达到 145 万人；二是卢布汇率走强，
乌克兰危机后，俄罗斯卢布经历短暂下跌后出现反弹；三是吉尔吉斯斯坦、

① 《乌兹别克斯坦为国际金融机构近 15 年在欧亚地区最大投资对象国》，中国驻乌兹别克斯坦大
使馆经济商务处网站，http://uz.mofcom.gov.cn/article/jmxw/202302/20230203393463.shtml。
② 《2022 年乌兹别克斯坦与中国贸易额为 89.2 亿美元》，中国驻乌兹别克斯坦大使馆经济商
务处网站，http://uz.mofcom.gov.cn/article/jmxw/202301/20230103381306.shtml。

塔吉克斯坦等乌兹别克斯坦邻国曾因出现外汇现金短缺而实行外汇交易的限制措施,这些国家的居民因此选择将资金先汇入乌兹别克斯坦,然后再进行取现。

6.财政赤字加重债务负担

近年来,乌兹别克斯坦大力发展经济,基础设施建设规模不断扩大,利用外资快速增长。新冠疫情期间,为降低疫情带来的负面影响,保障居民的生活和恢复经济,乌兹别克斯坦国家预算赤字增加。2022年预算赤字突破占国内生产总值3%的上限,达到3.9%,为弥补赤字乌政府只能大规模举债。截至2023年1月1日,乌国债总额达到292亿美元,同比增长11%,仅2022年第四季度就增加了31亿美元国债,国债占GDP的比重上升至36.4%,其中国家外债占国债比重超过90%。[①] 乌政府已意识到债务水平较高的问题,提出将对借贷进行严格限制,争取在2024年将国债占GDP的比重降至32%。

(八)巴基斯坦

2001~2018年巴基斯坦在减贫领域取得重大进展,巴基斯坦央行制定了吸引侨汇的政策,侨民汇款的增加使巴基斯坦4700多万人摆脱了贫困,然而在消费驱动的经济增长模式下,投资和出口增长有限,人力资本发展停滞不前,劳动生产率的提高缺乏内在动力。短期的经济增长往往以经济失衡和频繁的经济危机为代价,从长期看,巴基斯坦人均GDP增长率一直很低,2000~2022年的年均增长率仅为2.2%。

1.经济面临严峻挑战

在宽松的宏观经济政策支持下,2021/2022财年巴基斯坦经济取得快速增长,增长率为6%。2022年3~5月,巴基斯坦出现持续高温暴雨,高温导致冰川融化,引发山洪,严重影响了经济活动,造成的经济损失高达300亿美元。农业在巴基斯坦经济中占据重要地位,自然灾害导致农业大规模减

---

① 《乌兹别克斯坦国债总额292亿美元,创历史新高》,中国驻乌兹别克斯坦大使馆经济商务处网站,http://uz.mofcom.gov.cn/article/jmxw/202304/20230403402120.shtml。

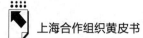

产，很多省份出现粮食供应不足的现象。国内需求放缓对工业和服务业增长也产生负面影响。2022/2023 财年上半年（2022 年 7~12 月）大规模工业产出下降 3.7%。①

2. 食品和能源价格上涨触发严重通货膨胀

巴基斯坦能源主要依赖进口，在乌克兰危机升级影响下国际能源价格暴涨。洪涝灾害导致巴国内粮食供不应求，急需进口弥补国内缺口。巴传统粮食进口来源国主要为俄罗斯和乌克兰，乌克兰危机严重影响了国际粮食供应链，国际粮食价格快速上涨，食品和能源价格大幅上涨触发了严重的通货膨胀。此外，为了节约外汇以偿还外债，巴政府实行限制进口措施，结果使消费价格继续上涨，进一步推高了通胀。2021/2022 财年上半年（2021 年 7~12 月）巴基斯坦通货膨胀率为 9.8%，2022/2023 财年上半年（2022 年 7~12 月）通胀率上升至 48 年来最高水平，达到 25%。②

3. 外汇储备耗尽，货币大幅贬值

截至 2023 年 3 月 10 日，巴外汇储备降至 54 亿美元，仅够维持 0.9 个月的进口额。外汇储备迅速耗尽的原因主要有以下几点。第一，巴外贸连续几十年逆差。根据巴基斯坦统计局数据，2021/2022 财年巴出口额为 317.8 亿美元，进口额为 801.4 亿美元，逆差高达 483.6 亿美元，长期外贸逆差依靠侨汇和外债弥补，巴外汇储备一直处于较低水平。③ 第二，侨汇大幅减少。2022/2023 财年上半年，私人资本流入同比下降 10.7%。第三，高价的能源和粮食进口消耗了大量巴基斯坦外汇。2022 年 7 月至 2023 年 3 月，外汇低储备和信心丧失导致巴基斯坦卢比在 8 个月内兑美元贬值 27.9%。

4. 深陷债务危机

巴基斯坦长期负债，政府财政收入不足，2022/2023 财年上半年，巴财

---

① The World Bank, "Pakistan Development Update Report April", 2023, https://thedocs. worldbank. org/en/doc/5ee854aff2b120cb30ef910e74721f9-0310012023/pakistan-development-update-report-april-2023.

② The World Bank, "Pakistan Development Update Report", April 2023, https://thedocs. worldbank. org/en/doc/5ee854aff2b120cb30ef910e74721f9-0310012023/pakistan-development-update-report-april-2023.

③ Pakistan Bureau of Statistics, http://www.pbs.gov.pk/cpi-nb.

政赤字迅速扩大，同比增幅高达 22.7%，达到 2018/2019 财年以来最大增幅。高额财政赤字、美元兑卢比升值将巴基斯坦推向债务危机。截至 2023 年 3 月，巴政府债务总额高达 2300 亿美元，约占其 GDP 的 80%，其中外债总额超过一半，达到 1200 亿美元，2023 年 6 月前待偿债务高达 70 亿美元，3 月到期的就有 20 亿美元，[①] 如美元兑卢比汇率上升，巴偿债压力将进一步加大。2022 年底国际货币基金组织与巴基斯坦达成 90 亿美元的援助计划以遏制债务违约，其条件是巴基斯坦必须进行结构性改革，放弃对汇率的管制，结果导致进口食品和燃料价格飙升，继续推高了通胀。

---

① The World Bank, "Pakistan Development Update Report", April 2023, https://thedocs. worldbank. org/en/doc/5ee854aff2b120cb30ef910f4e7421f9-0310012023/pakistan-development-update-report-april-2023.

Y.11
新形势下上海合作组织
生物经济合作：逻辑与展望

李睿思*

摘　要：　上海合作组织是当今世界上地域面积最广、人口最多的综合性国际组织。随着上合组织不断扩员，组织内部的发展潜力也不断提升。近些年来，在前沿科技不断飞速革新的背景下，以生物技术推动的生物经济呈现快速增长的发展态势。生物经济作为继农业经济、工业经济和信息经济之后的第四种经济发展形态，已经在全球迎来关键的发展机遇期。生物经济所涉及的生物农业、生物医药、生态环保、生物安全、生物能源等产业在上合组织成员国中广泛分布，且拥有广阔的发展前景和合作潜力。上海合作组织框架下的生物经济合作应秉持"上海精神"，遵循全球发展倡议、全球安全倡议和全球文明倡议的核心要义，将改善域内民生福祉作为使命和任务，以生物经济发展与国际合作为动力，推动上海合作组织命运共同体的构建。

关键词：　上海合作组织　生物经济　上合组织命运共同体　全球治理

当前，新冠疫情对全球的冲击已经逐渐缓解，但疫情引发了诸多关于地区和全球治理的思考。在抗击疫情的过程中，病毒研究、疫苗研发、基因测序、药品和医疗设备生产等与生物技术和生物经济紧密相关的行业产业的发

---

* 李睿思，中国社会科学院俄罗斯东欧中亚研究所副研究员，博士。

展现状引起人们的广泛关注和讨论。虽然在 21 世纪伊始生物经济就已经被看作改变全球经济发展形态的新生力量，但是生物经济对全球经济社会的影响从未达到今天的高度。随着新冠疫情形势逐渐稳定，上海合作组织的成员有了更多恢复经济发展、改善民生福祉、实现绿色低碳发展的迫切诉求，生物经济有望成为新冠疫情后上海合作组织开展国际合作的重点领域之一。

一 上海合作组织生物经济合作的时代背景

上海合作组织由成员国、观察员国和对话伙伴组成，组织不断扩员后，涉及的地域范围和人口数量均已成为地区国际组织之最。关于首次提出生物经济概念的时间学界存在不同观点。有人认为，1998 年胡安最早开始尝试对生物经济的内涵进行系统解释，他曾经在著作中提到将 "biotech" 和 "economy" 进行结合发展。此后，美国的总统令和政府报告中也提到过 "以生物技术为基础的经济形态"，即生物经济。2000 年美国学者首次提出了 "Bio-economy" 的概念。① 此后，随着生物技术的迅猛发展，生物经济逐渐在全球范围内兴起。当前，生物经济已经走过最初的孕育阶段，正迎来快速发展的重要窗口期。上海合作组织涵盖广泛地域和众多人口，也必将是生物经济发展的重点区域。当前，上海合作组织开展生物经济合作的现实背景主要有以下几点。

（一）科技领域的竞争与博弈给上合组织成员国带来发展挑战

当前，科技竞争已经成为大国博弈的主要领域。由科技创新引领的新一代技术革命正成为冲击世界政治经济发展的主要力量，科技竞争已经超越科技范畴本身，成为构建科技霸权、主导世界科技新秩序的重要手段。以中美科技博弈为例，以打压中国产业链供应链建设、压缩中国科技发展空间为主

---

① 孔令刚、蒋晓岚：《"生物经济"的兴起与实施"生物经济"强国战略》，《技术经济》2007 年第 11 期。

的对华技术封锁政策已成为美国制衡中国和平发展的主要武器。以美国为首的西方国家通过制定双重标准、限制高级别人才交流、禁止部分产品出口等方式，逐渐拉上了科技铁幕，成为新时期科技霸权主义的主要表现。

中美科技博弈主要集中体现在六大高科技领域，包括人工智能、5G、量子信息科学、半导体、生物技术和绿色能源。其中，生物技术主要涵盖基因组、化学和分子领域。美国过去一直在生物技术方面处于遥遥领先的地位，但近些年来，中国无论是在科研产出、成果转化还是理论研究上都保持高速增长，中美在生物技术领域的差距正在快速变小。以医药领域为例，目前，得益于中国市场自身庞大的需求量，中国在全球医药领域的生产份额占比已经超过1/5，成为世界第二，仅次于美国。随着生物技术的不断革新和进步，中国医药市场庞大的转化潜能和发展空间将使生物技术产业成为中国冲击美国世界领先地位的重点行业。中美两国在生物技术和生物经济领域的竞争必将呈现白热化的发展态势。

上海合作组织国家多为发展中国家，近些年来部分成员国在生物技术发展方面也取得明显成就。如俄罗斯因继承了苏联时期的科技遗产和财富，在病毒研究等领域保有世界上较为先进的技术能力；中亚国家以生物实验室为依托开展的微生物和细菌等流行病学研究也颇具特色；印度政府的大力支持和英国殖民遗留下的大量制药公司是印度制药业十分发达的重要原因，但缺乏医药领域的自主创新，印度因大量生产仿制药而饱受争议。受限于国内自身经济条件，上合组织国家大多缺乏资金进行更多的技术研发和设备更新换代，在人才和队伍建设方面也缺少高层次技术型人才的智力支撑，各国都在生物农业、生物环保、生物能源和生物安全等与生物技术息息相关的行业产业面临严峻的发展挑战。

（二）生物经济开启全球经济发展的新时代

生命科学和生物技术是"生物经济"概念形成与发展的主要推动力。[1] 学

---

[1] 邓心安：《生物经济与农业绿色转型》，人民日报出版社，2018，第17页。

界公认，生物经济的概念是从世纪之交即 2000 年左右开始形成的，并被各国研究者纳入系统研究范围内。1998 年美国生物技术公司董事长胡安·恩里克斯指出，基因组学的发展会导致世界经济出现深刻的变化。[①] 此后，随着人类在生物领域的生产实践不断深入，生物经济概念的内涵和外延也逐渐丰富起来。2000 年中国《经济展望》杂志和美国《时代》几乎同时提到了"生物经济"的概念。现阶段，虽然对生物经济的概念各国学界和政界存在不同的表述，但已经就几个方面达成广泛共识，即生物经济由生命科学和生物技术的创新推动，生物经济通过生物工艺过程生产可再生与可持续的生物基产品，生物经济的特质与绿色、节能、低碳、自然、可再生、可循环等概念紧密相关。[②] 例如我国有学者指出，生物经济是以生命科学和生物技术的发展进步为动力，以保护开发利用生物资源为基础，并广泛深度融合医药、健康、农业、林业、能源、环保等产业的经济。[③] 生物经济将会对人类未来的生产实践活动产生深刻影响。工业科技革命弥补了人类的体力限制，信息化和智能化拓展了人类的智力，以生物技术推动的经济形态将能够改变人类自身，即生命的质量和生命的长度。生物经济除了将广泛应用于卫生健康领域，农业、食品、服务、材料、化工、能源和环保等领域也都将受到生物经济的发展冲击，迎来革命性的变化。[④]

新冠疫情期间，在应对疫情和保障民生的强大需求带动下，生物经济呈现新的发展趋势：一是生物技术不断取得重大进步，特别是生物制药产业迎来飞速发展时期；二是生物经济对维护人类的生命健康、生物安全、粮食安全、能源安全、应对气候变化、实现绿色低碳发展的意义凸显；三是全球重视生物经济发展，并且制定未来生物经济发展战略的国家日益增多，生物经济甚至成为今后影响国家综合实力和国际竞争力的重要组成部分；四是新冠

---

① Juan Enriquez. Genomics and the World's Economy. Science, 1998, pp. 925-926.

② Juan Enriquez. Genomics and the World's Economy. Science, 1998, p. 23.

③ 陈文丽：《生物经济将成为推动高质量发展强劲动力》，https://www.zgswcn.com/article/202205/202205130846571002.html。

④ 《九问生物经济时代》，https://m.gmw.cn/baijia/2022-05/14/1302946294.html。

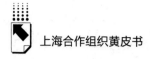

疫情后，世界多国纷纷制订经济复苏和发展计划，生物经济有望成为部分国家实现经济飞跃发展的重要途径。

（三）发展生物经济对应对地区生物安全威胁有积极意义

在新冠疫情冲击和俄乌冲突的背景下，粮食安全、能源安全、卫生健康安全等问题给国家和地区治理带来难题。俄乌两国是大麦、小麦、玉米、葵花籽油和化肥等产品的重要出口国，疫情和冲突的叠加效应使全球粮食生产和粮食贸易受到严重冲击，全球粮食供应出现短缺，粮食价格也出现猛涨。特别是黑海贸易通道因战乱受阻，使欧亚地区的粮食贸易受到较大影响。2023 年 1 月，乌兹别克斯坦首都塔什干发生能源供应危机事件，300 万居民面临停水、停气、停暖的困顿局面，乌国各地也出现长达数小时的滚动停电。中亚地区近些年来人口高速增长，地区对能源的需求显著增加，但是中亚国家对能源领域特别是水电和天然气生产的投资并没有相应增长，潜在的能源危机威胁中亚地区能源安全。世界银行预测，受能源危机影响，东欧和中亚国家将出现进一步的经济衰退。① 新冠疫情期间，上合组织国家在不同程度上遭受了突发疫情对医疗卫生系统的强烈冲击，许多成员国出现了药品短缺、医疗专家匮乏、疫苗研发和生产需要依靠外部援助等问题，医药产业和医疗服务行业的落后严重威胁公共卫生安全。此外，上合组织成员国还面临严峻的生态环保任务，主要涉及域内的水资源开发与利用、工业废物的无害化处理与排放和实现碳中和远期发展目标等。

二　上海合作组织框架下生物经济合作的理论支撑

上海合作组织自成立以来，始终秉持"上海精神"，坚持倡导平等、互信、互利、共赢的合作理念，在安全、经济和人文领域开展的务实合作不断

---

① 《世界银行预测：能源危机持续影响东欧中亚经济》，https：//k. sina. com. cn/article_ 5328858693_ 13d9fee4 502001kbs8. html。

取得丰硕成果。鉴于生物经济在全球范围内的发展趋势，在上海合作组织框架下开展生物经济合作有望成为未来上合组织成员国间务实合作的重要组成部分，并通过与其他领域合作结合发展的方式，推动地区合作提质升级。新形势下，上合组织框架下的生物经济合作面临多重影响和挑战，个别国家或利益集团通过推行大国博弈与竞争策略构建生物领域的霸权主义，进而寻求在生物安全和生物经济领域的"绝对安全"，这些做法严重威胁地区和全球的生物安全治理与生物经济发展。现阶段，开展上合组织框架下的生物经济合作，需要厘清合作的定位、方向与现实意义等，全球发展倡议、全球安全倡议和全球文明倡议从不同的角度为未来上合组织生物经济合作提供了坚实的理论支撑。

（一）全球发展倡议明确合作的总体发展原则

2021年9月，习近平在联合国大会上强调，发展是实现人民幸福的关键。全球发展倡议强调六大发展原则，即坚持发展优先、坚持以人民为中心、坚持普惠包容、坚持创新驱动、坚持人与自然和谐共生和坚持行动导向。[1] 众所周知，生物技术革新对全球社会经济发展而言是"双刃剑"，如果发展的目标和宗旨不是为了实现全人类的幸福，而是满足一己私利，或者是服务于某些利益集团，那么生物技术则很有可能成为破坏全人类可持续发展的科技武器。在六大原则中，坚持创新驱动、坚持以人民利益为中心和坚持人与自然的和谐共生对发展上合组织框架下的生物经济合作都有明确的指导意义，即生物科技的革新与飞速发展应当服务于人类的共同利益，服务于人民的福祉。

（二）全球安全倡议指明合作对保障地区安全的现实意义

上海合作组织一贯致力于维护地区和平与稳定。2022年4月，习近平在博鳌亚洲论坛上发表题为《携手迎接挑战，合作开创未来》的主旨演讲，首次提出全球安全倡议。2023年3月29日，中国外交部部长助理应邀出席

---

① 《习近平提出全球发展倡议》，http：//www.gov.cn/xinwen/2021-09/22/content_5638602.htm。

博鳌亚洲论坛，并在"全球地缘政治展望"分论坛发表主旨演讲。他指出，中方发布的《全球安全倡议概念文件》列举了国际共同关心的安全领域重点合作方向，未来参与国将共同致力于在抗疫、反恐、生物、网络、粮食、气候变化等非传统安全领域开展合作。① 全球安全倡议为保障全球和地区安全局势的总体稳定和应对复杂多变的安全挑战提供了中方解决方案。上合组织框架下的生物经济合作有利于提高地区国家在生物领域的治理水平，有利于通过加快产业升级促进地区生物经济发展，从而提高地区国家在应对生物恐怖主义和生物威胁时的防御能力，全面提高上合组织成员国在生物安全领域的治理水平，维护地区的和平与稳定。

（三）全球文明倡议点明上合组织框架下生物经济合作的时代意义

2023年3月15日，习近平在中国共产党与世界政党高层对话会上提出"全球文明倡议"。全球文明倡议以四个"共同倡导"为核心理念，阐释了现代文明交流互鉴与社会经济发展的关系，为人类的发展描绘了新的未来图景。② 在新的时代背景下，全球文明发展遇到前所未有的挑战，如发展鸿沟不断加深、治理赤字频现、人类赖以生存的生态环境遭到破坏等。全球文明倡议主张尊重世界文明的多样性，倡议通过加强国际人文交流与合作，加强不同文明间的交往与相互了解，促进不同文明间的交流与互鉴，提倡构建世界文明的百花园，而不是修建属于某一家的后花园，进而推动构建人类命运共同体。生物经济合作对促进生物医药、生态教育、生物科技创新发展等都有积极意义，生物经济有望成为丰富上海合作组织人文合作的新增长点。由此，上海合作组织有望通过打造优质、高效、绿色、环保的生物经济合作，成为践行全球文明倡议的重要一方。

---

① 《中国外交部部长助理农融：全球安全倡议为促进人类共同安全提供中国方案》，https：//www.mfa.gov.cn/wjb_673085/zzjg_673183/swaqsws_674705/xgxw_674707/202303/t20230329_11051124.shtml。
② 《积极落实全球文明倡议合力推动人类文明进步》，http：//www.qstheory.cn/dukan/qs/2023-04/01/c_1129477739.htm。

三　上海合作组织框架下生物经济合作展望

当前，国际和国内形势复杂且不断变化，在生物技术飞速发展的背景下，开展上海合作组织框架下的生物经济合作不仅势在必行，而且任重道远。在全球发展倡议、全球安全倡议和全球文明倡议理论的支撑下，上海合作组织生物经济合作在面临重大机遇的同时也面临多重困难和挑战。随着不断扩员，上海合作组织辐射的地域和人口不断增加，打造公平、开放、高效的生物经济合作机制是组织需要解决的首要任务。

（一）夯实合作的法律基础，扩大各方合作共识

上海合作组织框架下的生物经济合作应遵守《联合国宪章》，以生物领域的国际法为准绳，尽快建立和完善相关合作的法律基础。目前，在国际上涉及生物领域的国际公约主要有《生物多样性公约》《生物多样性公约关于卡塔赫纳生物安全议定书》《生物多样性公约关于获取遗传资源和公正和公平分享其利用所产生惠益的名古屋议定书》等。这些受国际社会大多数国家认可并签署的公约，从基本概念和术语、生物资源的获取和利用、生物技术的研发与转让、监督和管理、仲裁和调节等各方面，对国际上主要行为体从事生物领域的活动进行了规定。鉴于上海合作组织涉及的成员国多、涵盖的生物领域问题多，可以以上合组织为发展平台，成立相应的生物经济合作机制，设立专门的机构从事法律条文签署、组织相关领域负责人开展定期会面、拓展与国际其他相关机构组织的互动合作等。

（二）发挥科技引领作用，构建高质量合作平台

发展生物经济需要领先的生物技术推动。近年来，中国与上海合作组织中亚成员国在湖泊遥感监测、饮用水安全保障、防灾减灾技术交流方面的合

作成果显著。① 在能源开采领域，中亚国家通过不断开展国际合作，逐渐形成了具有地区和国家特色的油田开发技术。近年来，为开发可再生能源和发展生物能源产业，上海合作组织多个成员国提出将大力发展生物能源，应对日益严峻的能源危机，弥补国内发展的能源缺口。为提高生物技术的研发质量和成果的市场转化效率，上海合作组织亟须构建高效的多边科技交流与合作机制平台，通过整合现阶段域内各成员在发展生物技术和生物经济方面的技术和资源，汇总和研究域内生物技术市场的供需情况，通过举办专题论坛和推介会等方式，使供需双方实现快速、高效、优质的信息交换。对于涉及地区重大民生和安全利益的重点科技研发项目，可以考虑以上合组织为牵头方，召集多方参与，集中有效力量攻克科技难关。

（三）坚持把发展生物经济与改善民生福祉相结合

生物经济的突出属性是可持续性。具体而言，生物经济的可持续性主要包括三个层面：一是经济发展的可持续，即原料、资源和废物处理和再利用；二是环境发展的可持续，主要指实现生物的多样性，包括环境保护和自然资源的可再生；三是社会发展的可持续，即保障社会的公正和平等、维护公民的基本权利、创造就业机会、维护社会稳定等。生物经济所包含的三重可持续发展与民生福祉息息相关。对于上海合作组织成员国而言，在上合组织框架下发展生物经济合作是提高医疗和卫生发展水平、保护自然资源和改善生态环境、保障粮食供应和能源安全、减少贫困和失业、应对气候变化的重要路径，有助于全方位实现地区人民的健康和长久可持续发展。

---

① 《聚焦生态环境，我国与中亚跨国科技合作初显成效》，http：//www.gov.cn/xinwen/2019-06/12/content_ 5399518. htm。

人 文 合 作

Humanities Cooperation

Y.12

上海合作组织人文合作新进展及其
尚须解决的问题

王宪举*

摘　要： 2022 年上海合作组织在人文合作方面克服新冠疫情和俄乌冲突
带来的困难，取得了不小的成绩，在合作抗疫、文化艺术交流、
学术研究等领域尤为明显。取得这些进展的主要原因是上合组
织和成员国领导人重视、轮值主席国发挥的积极作用和该组织
秘书长及秘书处成员的身体力行。与此同时，人文合作中也存
在一些问题和不足，需要我们努力克服和改进。

关键词： 人文合作　提升软实力　民心相通

---

* 王宪举，国务院发展研究中心欧亚社会发展研究所研究员，中国人民大学国家发展与战略研
究院特聘研究员、中国人民大学—圣彼得堡国立大学俄罗斯研究中心副主任。

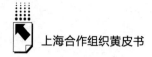

人文合作是上海合作组织各国合作中的重要方面。尽管受到俄乌冲突和新冠疫情的严重影响，2022 年上合组织在这个领域仍然取得了新的成绩与进展，朝着建设上合组织人文共同体方向迈出了新的步伐。与此同时，也还存在一些困难和问题，亟待我们继续努力予以解决。

一　成绩和进展

2022 年 5 月 19 日，上合组织成员国文化部长会议在塔什干举行。各国代表"讨论了近年来的文化艺术合作情况，就已签署文件的执行情况交换了意见，指出了在疫情条件下文化对居民的积极影响"①。会议确定了今后一个时期的工作和任务，强调成员国将在文化、艺术、教育、体育、旅游等各领域加强合作，争取新的发展。

（一）在医疗卫生领域积极合作

在新冠疫情持续蔓延的背景下，医疗卫生和传统医学领域的合作成为上合组织成员国人文合作的一个重点。中国与其他成员国在疫情信息交换、提供疫苗、建立新的疫苗实验室等方面开展了合作。俄罗斯和中亚各国之间也为疫情防控和疾病治疗做了大量工作。

2022 年 6 月 8 日，上合组织成员国第五次卫生部长会议以线上线下相结合的方式举行。各国代表交流了有关疫情防控、公共卫生、非传染性疾病防治、远程医疗等方面的情况和经验。会议通过了上合组织成员国《远程医疗合作构想》《医疗卫生机构防治传染病合作路线图》《上海合作组织第五次卫生部长会议纪要》。

6 月 7 日，乌兹别克斯坦以线下和视频相结合的方式在塔什干举办上合

---

① В Ташкенте проходит совещание министров культуры государств-членов Шанхайской организации сотрудничества, Культура, яндекс. ру, 19 мая 2022. Информационное сообщение итогам девятнадцатого совещения министров культуры государств – членов ШОС, rus. sectsco. org, news/20220520/838708. html.

组织成员国"传统（民间）医学和现代卫生体系一体化"的论坛。乌兹别克斯坦卫生部部长穆萨耶夫发表讲话。学术界、传统和现代医学专家、药物界代表参会。与会者呼吁用传统医学和现代医学相结合的方法治疗新冠病毒患者，并相互交流了采用相关治疗方法的经验。

印度对传统医学十分重视。2023 年 2 月 3 日，由印度传统医学部、印度卫生和家庭福利部以及中国国家中医药管理局联合主办的上合组织成员国传统医学专家大会以视频形式举行。代表们围绕"上合组织成员国传统医学在卫生保健服务体系中的现状与实践""上合组织成员国传统医学的管理、教育、科研、产业和实践方面面临的挑战"进行了深入交流。与会者指出，传统医学在各类疾病防治中具有巨大潜力，加强该领域的合作对完善上合组织成员国卫生系统意义重大。

通过协作努力，至 2022 年底 2023 年初，上合组织所有成员国在抗击新冠疫情方面都取得了重大胜利，基本控制了疫情大范围传播，各项生产和社会生活逐步恢复。

（二）文化艺术合作仍是重点

文化艺术交流在 2022 年上合组织国家人文合作中依旧占有重要地位。2022 年 7 月"上合之夏"青年联欢周在中国山东胶州举行。上合组织副秘书长洛格维诺夫在开幕式上表示，上合组织有 8 亿多年轻人，积极开展多方面的青年工作是上合组织议程的重点优先事项。乌兹别克斯坦驻华大使阿尔济耶夫致辞说，乌在担任上合组织轮值主席国期间将举行 130 多项不同级别的文化活动。"上合之夏"青年联欢周有助于深化上合组织青年团体之间的团结合作、友谊、交流，为该组织的文化旅游交流与合作搭建平台。

联欢周活动包括《上海合作组织世界遗产全集》出版发行仪式。全集收录了上合组织八个成员国、四个观察员国和六个对话伙伴国，共十八个国家的 224 项世界遗产照片，采用中文、俄文、英文三个语种对应简述，展示上合组织国家自然、历史、文化等方面丰富的世界遗产资源。值得指出的是，2019年 6 月北京曾举行"上合组织成员国八大奇迹展"，它们分别是印度团结雕

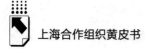

像、哈萨克斯坦泰姆格里岩石画、中国大明宫国家遗址公园、吉尔吉斯斯坦伊塞克湖、巴基斯坦拉哈尔的莫卧儿王朝遗产、俄罗斯金环、塔吉克斯坦纳乌鲁兹宫和乌兹别克斯坦卡梁建筑群。八大奇迹图片、资料的展示和世界遗产全集的出版，再次证明上合组织国家自然、宗教和文化遗产的多样性，显示了"上海精神"即"互信、互利、平等、协商、尊重多样文明、谋求共同发展"的旺盛生命力。

在"上合之夏"期间，还举行了"中国—上合组织国家文化合作项目信息资源库（演艺平台）"签约仪式，并发布建立上合组织国家青年创客营倡议。信息资源库旨在打造集艺术创作、演出咨询、演艺资源的综合性平台，推动上合组织国家间演艺交流；上合组织国家青年创客营则是为了打造融通中外的青年创新创业平台，汇聚全球知名高校、企业和创客，以线上线下相结合的方式开展文旅、商贸、人工智能等活动。

2022年1月28日，由上合组织睦邻友好合作委员会与全国妇联、教育部、中央美术学院、上合组织秘书处、乌兹别克斯坦上合组织民间外交中心、北京俄罗斯文化中心联合以线上方式举办了"2022——放飞冬奥梦想"青少年主题画展。上合组织国家提供了1200余幅画作，作品数量和水平创历届画展之最。展品表达了各国青少年对冰雪运动的热爱、对奥运健儿的鼓励，以及对北京冬奥会的期盼与祝福，彰显了"一起向未来"的美好愿景。自2019年起，全国妇联与上合组织睦邻友好合作委员会合作，连续三年举办上合组织国家儿童画展，围绕"儿童眼中的世界""团结抗疫，守护共同家园""同一梦想"的主题开展艺术交流，增进了上合组织国家青少年之间的相互了解和友谊。

（三）旅游签证进一步放宽

随着新冠疫情逐渐缓解，上合国家已经瞄准旅游合作，预先采取措施迎接即将到来的旅游旺季。2022年5月19~20日，上合组织旅游论坛在塔什干举行，与会人员讨论了促进上合组织成员国文化遗产和旅游领域科技合作等问题。哈萨克斯坦旅游和体育部部长阿巴耶夫表示，哈萨克斯坦愿意每年举办国际旅游展览，并与上合组织成员国开展合作，推进"大丝绸之路"跨境旅游线路、里海跨境海上旅游等项目。11月1日，《上海合作组织成员国政府首脑（总理）理事会第二十一次会议联合公报》指出："各代表团团长同意进一步加强上合组织成员国旅游合作。团长们认为宣布2023年为上合组织旅游年、瓦拉纳西市（印度共和国）为2022年至2023年上合组织旅游和文化之都有利于挖掘本地区旅游合作潜力。各代表团团长注意到上合组织成员国旅游部门负责人会议和旅游论坛（2022年5月19~20日，塔什干）成果，指出有必要落实《上海合作组织成员国政府间旅游合作发展协定》（2022年9月16日，撒马尔罕）和《2022~2023年落实〈上海合作组织成员国旅游合作发展纲要〉新环境下联合行动计划》（2021年7月15日，杜尚别）。"

为了促进上合组织国家青年体育和旅游合作，继昆明马拉松之后，上合组织举办的伊塞克湖国际马拉松赛于2022年5月14日在吉尔吉斯斯坦乔尔蓬阿塔市举行。该赛事由上合组织秘书处，吉尔吉斯斯坦文化、信息、体育和青年政策部，吉国家奥林匹克委员会联合主办，主题为"奔跑丝绸之路"。伊塞克湖国际马拉松赛自2019年起被列入上海合作组织马拉松系列赛，旨在进一步增进上合组织大家庭的联系与友谊。

上合组织成员国之间的旅游合作也获得新的发展。2022年7月7日哈萨克斯坦政府颁布第464号令，对中国、印度和伊朗三国公民单方面实行14天免签制度，同时废止哈同中国及印度的72小时过境免签制度。乌兹别克斯坦政府决定，从2022年3月1日起对中国公民实行免签10天的制度。

（四）学术交流采用新形式

上合组织成员国的学术交流也很活跃。2022年5月26日，上合组织论坛第十七次会议以视频方式举行。会议由俄罗斯外交部莫斯科国立国际关系学院东亚和上海合作组织研究中心共同组织。中国、印度、哈萨克斯坦、吉尔吉斯斯坦、巴基斯坦、俄罗斯、塔吉克斯坦和乌兹别克斯坦的约40名专家学者与会。上合组织秘书长张明和俄副外长莫尔古洛夫在开幕式上致辞。

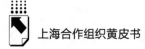

与会者讨论了上合组织国家加强国际安全合作、经济合作和人文合作等问题，提出许多有益的意见和建议。

8月5日，在上合组织秘书处举行了"新乌兹别克斯坦的宪法改革"研讨会。11月8日，第二届"中国+中亚五国智库论坛"举行。12月3~4日，中国国际问题研究院、中国上海合作组织研究中心、中国—上海合作组织国际司法交流合作培训基地联合主办了"第三届上合组织高端论坛"。上合组织秘书处以及上合组织成员国的主要智库、高校专家、驻华使节和媒体100余人参加。与会者肯定上合组织在自身建设、务实合作、国际战略协调、维护地区安全、促进经济合作以及人文交流等方面取得的成果，对当前动荡的国际局势可能会给上合组织发展带来的影响表示担忧，认为有必要进一步弘扬"上海精神"，加强团结，推动世界朝着多边主义发展。与会者认为亟须加强成员国之间的经济合作，采取有效措施促进相互投资和产业链协作，扩大货物和服务贸易，增加本币结算。同时还举办了2022年度上合组织蓝皮书《上海合作组织20年发展历程和前进方向》英文版、俄文版的发布仪式。这将有助于上合组织国家及世界其他国家的专家学者更好地了解上合组织、研究上合组织、加强与上合组织的学术交流。来自中国、俄罗斯、塔吉克斯坦、乌兹别克斯坦、哈萨克斯坦、巴基斯坦、吉尔吉斯斯坦、伊朗、白俄罗斯等国的20位知名专家学者，就严峻的国际形势对上合组织的影响，该组织面临的困难、挑战和机遇，发表自己的看法并提出积极的建议。

2022年12月上旬，"第二届女性视角下的上海合作组织：冲突下的合作"学术研讨会在上海举行。上合组织秘书长张明致辞说，促进妇女事业发展是上合组织重要的合作领域。女性在政治、经济、外交、科技、教育、文化、卫生等领域展现了巾帼风采，没有女性积极参与上合组织就难以取得今天的发展成就。研讨会上，与会学者讨论了"上合组织面临的新形式与新挑战""上合组织人文合作亮点""上合组织经济与安全合作新选择"等问题。

二 人文合作取得进展的主要原因

（一）成员国领导重视

人文合作取得进展与上合组织国家领导人的高度重视密不可分。

2020 年 11 月 10 日，习近平主席在上合组织峰会上提出构建"四个共同体"的建议，即卫生健康共同体、安全共同体、发展共同体、人文共同体。习近平主席在 2021 年上合组织峰会上指出："上海合作组织发展最牢固的基础在于文明互鉴，最深厚的力量在于民心相通。我们要倡导不同文明交流对话、和谐共生。要在科技、教育、文化、卫生、扶贫等领域打造更多接地气、聚人心项目，用好青年交流营、妇女论坛、媒体论坛、民间友好论坛等平台，发挥好上海合作组织睦邻友好合作委员会等社会团体作用，搭建各国人民相知相亲的桥梁。"① 2022 年 9 月 16 日习近平主席在上合组织撒马尔罕峰会上再次强调："加强人文交流。文明在交流中融合，在融合中进步。我们要深化教育、科技、文化、卫生、媒体、广电等领域合作，继续办好青年交流营、妇女论坛、民间友好论坛、传统医学论坛等品牌活动，支持上海合作组织睦邻友好合作委员会等民间机构发挥应有作用。"②

2022 年 11 月 22 日，中俄人文合作委员会第二十三次会议以视频连线方式召开。国务院副总理孙春兰与俄罗斯副总理戈利科娃出席。双方充分肯定过去 5 年中俄人文合作取得的丰硕成果，中俄先后举办了以地方合作、科技创新、体育交流为主题的三个国家年，累计开展各类活动近 2000 项；双方合作办学机构和项目增加到 116 个，建成联合实验室、研究中心 80 个，各领域合作持续深化。双方表示要继续推动中俄人文合作迈向更高水平。

2022 年 11 月 28 日，俄罗斯与哈萨克斯坦在两国建交 30 周年的宣言中

---

① 《习近平谈治国理政》第 4 卷，外文出版社，2022，第 433 页。

② 习近平：《把握时代潮流 加强团结合作 共创美好未来——在上海合作组织成员国元首理事会第二十二次会议上的讲话》，人民出版社，2022，第 7~8 页。

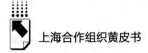

指出:"俄罗斯联邦和哈萨克斯坦共和国将继续加强上合组织。使其成为新兴的更具代表性、民主和公平的多极世界秩序的支柱之一。"宣言强调,俄罗斯和哈萨克斯坦拟在上合组织框架内发展政治、安全、贸易、经济、金融和投资、文化和人道主义等领域的合作。

乌兹别克斯坦总统米尔济约耶夫2022年9月在《中国画报》发表文章说:"数百年间,撒马尔罕曾将欧洲和中国连接起来,成为贯通北方和南方、东方和西方的枢纽,这里也是思想和知识的交汇地,充满了人们对美好生活的向往和追求。正因为我们懂得'百万买宅,千万买邻'的道理,所以这里的合作、贸易、创作、科学、艺术和优秀的思想促进了交流互鉴,创造了幸福生活。"

土库曼斯坦总统别尔德穆哈梅多夫也强调:"人文领域合作是土中加强两国友谊和相互了解的关键因素之一。两国人民对彼此的艺术和文化有着共同的兴趣,双方为杰出人才的广泛接触创造了有利条件。"他高度赞赏中国欢迎土青年在华留学,支持土青年在中国高校学习专业技能和专业知识。2023年1月5~6日别尔德穆哈梅多夫总统在北京访问时,与习近平主席讨论了包括人文合作在内的双边关系。两国发表的联合公报表示:"双方将扩大文化、教育、科技等领域合作,加快互设文化中心,在土共建'鲁班工坊',2023~2024年互办文化年活动。中方支持土世界阿哈尔捷金马和阿拉拜犬协会举办活动。双方鼓励两国更多地方省州(市)结好,开展交流合作。"

特别需要指出的是,上合组织成员国历次峰会都把人文合作放在重要位置。2021年9月杜尚别峰会宣言指出:"不断发展上合组织框架内人文合作仍是本组织的优先任务。"成员国将继续采取措施,深化在音乐、戏剧和造型艺术、文学、电影、档案、博物馆和图书馆等领域合作;继续进行联合考古,保护和修复成员国文化古迹和遗产,包括共同申请和推动将其列入联合国教科文组织世界遗产名录。2022年9月16日《撒马尔罕宣言》重申,在上合组织框架内进一步加强教育领域合作,扩大校际交流,举办校长论坛、科学会议和研讨会,以及开展上合组织大学工作具有重要意义。将重视青年领域的合作，并在文化、旅游、体育等人文领域加强合作。

2022 年 11 月 1 日，上合组织成员国政府首脑会议联合声明指出："有必要继续深化成员国在人文领域的务实合作，丰富教育、文化、旅游、体育领域合作形式。"应加强官方新闻机构等新闻媒体和数字领域联系，落实《上海合作组织成员国政府间媒体领域合作协定》。

在国家最高领导和政府总理的重视下，上合组织框架下的成员国文化部、教育部、科技部、医疗卫生部等部门的负责人每年都举行机制性会晤，检查和总结工作，制订新一年合作计划，推动了人文合作的具体展开。

（二）轮值主席国乌兹别克斯坦发挥率先作用

上合组织成员国历届峰会的主办国都为首脑会议的成功举行做出自己的贡献，乌兹别克斯坦也不例外。为了筹备撒马尔罕峰会，乌兹别克斯坦做了大量工作。米尔济约耶夫总统说："这一年来，我们举办了 80 多场重大活动，内容从扩大安全合作、促进互联互通和经济联系、提升组织国际影响力到寻找新的发展途径和增长点，全面丰富了上合组织议程。乌方在担任上合组织轮值主席国期间推动形成了 30 多个纲要性文件，所涉及的领域在上合组织新发展阶段具有广阔前景。"在 80 多场活动中，有不少与人文合作相关。30 多个纲要性文件中也有不少涉及人文领域。上合组织国家人文合作也反映在成员国之间的双边关系中。例如，2022 年 12 月哈萨克斯坦总统托卡耶夫访问塔什干期间，乌方准备了丰富的人文项目，两国总统共同参观了历史文化名人的陵墓、哈萨克斯坦作家与思想家作品展。米尔济约耶夫总统对哈方决定在阿斯塔纳市中心竖立乌兹别克斯坦伟大诗人、政治家阿利舍尔·纳沃伊纪念碑表示感谢。双方同意尽一切可能为维护两国人民的精神和文化联系做出贡献，进一步深化在科学、教育、医学、体育、文化、文化遗产、旅游和信息交流领域的相互联系。他提议组织文化历史遗产联合研究，通过电视、广播和网站等媒介推广两国文化，出版两国伟大作家和诗人的著

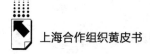

作。2023年将举办哈萨克斯坦和乌兹别克斯坦著名艺术家文化日、联合电影节和创意晚会。

（三）秘书长及秘书处成员的身体力行

上合组织历任秘书长都为发展成员国多边人文合作做出了重要贡献。从第一任秘书长张德广（中国），到接任的博拉特·努尔加利耶夫（哈萨克斯坦）、穆拉特别克·伊马纳利耶夫（吉尔吉斯斯坦）、德米特里·梅津采夫（俄罗斯）、拉希德·阿利莫夫（塔吉克斯坦）、弗拉基米尔·诺罗夫（乌兹别克斯坦），以及2022年1月刚上任的张明（中国），都以对上合组织高度负责的精神和恪尽职守的责任心以及自己的聪明才智，努力工作，为包括人文领域在内的上合组织全面合作与发展做出了重要贡献。

位于北京日坛路7号的上合组织秘书处虽然工作人员不多，但非常努力，为执行和落实该组织元首理事会和总理会议通过的各项决议以及各领域部长级会议做出的决定和指示勤奋工作。秘书处成员身体力行，积极参加中方举办的各种人文合作活动，成为上合组织以及他们所代表的国家与中国人民增加了解与信任、发展友谊与合作的"形象大使"。

三 人文合作中存在的问题及其解决的措施

与上合组织其他领域的合作一样，人文领域的合作也存在一些问题和不足。

（一）成员国之间合作开展得不平衡

在人文合作方面，有的国家表现得比较积极，有的国家则不太积极；有的成员国之间合作较好，有的国家之间则不太和谐；有些国家甚至因为领土争端而大动干戈，造成人员伤亡。中国与俄罗斯、中亚国家、巴基斯坦等国家的人文关系发展得比较好，而与印度的人文合作则较少。

（二）成员国官方和民间合作存在不平衡

在成员国的人文合作中，官方之间的联络比较多，而民间联系比较少；官方组织的活动比较多，而民间组织的活动比较少。有些国家还没有建立旨在促进民间文化和交流的机构或组织，民间人文合作基本上处于放任自流状态。因此，上合组织国家的人文工作显得有些"不大接地气"。

（三）中国的"软实力"和国际传播作用还比较弱

就中国与上合组织国家的人文合作来说，一个比较明显的问题是在西方媒体占据世界媒体主要空间、发挥主要作用的情况下，中国媒体在国际媒体界的声音还比较小。在上合组织国家，当地民众读、看、听的基本上是英语、俄语或本民族语言的电视、广播、报刊和手机信息，而中国传媒的传播能力很弱。当地民众一般是通过西方国家和俄罗斯的报道了解中国，不仅对中国了解得少，而且经常受到西方国家传媒对中国不客观甚至歪曲报道的影响。

青年是国家的未来、世界的希望，美西方等国非常重视做上合组织国家青年的工作。美国和土耳其在欧亚国家独资或合资办了很多大学，俄罗斯近年来也特别重视在中亚各国建立新的俄罗斯大学，或者自己投资建立，或者与对方联合建立莫斯科大学、莫斯科国际关系学院的分校。中国在建立孔子学院方面取得了不少成绩，但在大学走出去、合作办学，特别是在国外创办高等学校方面却鲜有实践。如果在上合组织国家创办中国大学，就可以使那里的很多年轻人不用来中国就能掌握中文和中国历史文化等知识，获得相应的大学毕业文凭，也便于就业，这对那些有兴趣学习中文但苦于经济原因而不能来华学习的学生将是一个很好的机会。那些在孔子学院获得中文知识的青少年，也可以继续在本国上中国大学，进修和进一步学习掌握中文、中国历史、文化、哲学、文学等方面的知识，毕业后获得文凭和就业，从事与中国各个领域相关的工作。

有鉴于此，本文对加强上合组织成员国人文合作以及我国与上合组织国

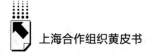

家的人文合作提出以下建议。

第一，调解领土纠纷。在上合组织内建立一个调解边界冲突和领土纠纷的委员会，为促进成员国睦邻友好和边境合作开展工作。一旦成员国或观察员国之间发生领土冲突，该委员会可以即刻介入，努力予以制止，不使冲突扩大。

第二，开展多边活动。为了解决人文合作不平衡问题，需要在发展双边关系的同时大力增加多边人文活动，推进上合组织国家人文共同体建设。

第三，官民并举，"更接地气"。加强各国智库和专家学者，以及文化、艺术、体育等其他领域工作者的交流与合作。尤其要重视发挥民间团体、群众组织、公民社会、非政府组织的作用。

第四，提高"软实力"。中国有关部门和单位应着重抓两个方面的工作。一是走出去办高校。可以在俄罗斯、哈萨克斯坦、乌兹别克斯坦、吉尔吉斯斯坦等国创办一两所中国大学，或办大学分校，或与对方国家知名大学合作办校。二是加强媒体合作。为了加强中国在国际新闻传播方面的能力，消除某些上合组织国家存在的"中国威胁论"和一些群众对中国的"恐惧感"，必须发挥"软实力"作用。主要媒体应落实与上合组织国家广播电视台、通讯社、报刊、新媒体签署的各项合作协议，大力增加相互的新闻和专题报道。

Y.13
2022年上合组织卫生健康领域的
合作与共同体构建

马 强*

摘　要： 2022年，上合组织各国卫生健康领域的合作更为丰富多元，在
重视共同抗击新冠疫情的同时，也开始关注卫生健康其他领域的
合作，如传统医学融入现代医疗体系问题、医药领域的合作、数
字医疗领域的合作等。这些在上合组织撒马尔罕元首峰会、上合
组织成员国卫生部长会议、传统医学论坛等会议公告对卫生健康
合作的表述中均有体现，同时也体现在上合组织各成员国构建卫
生健康共同体的具体生动实践中。

关键词： 卫生健康共同体　上合组织卫生部长会议　传统医学论坛

　　构建上合组织卫生健康共同体的理念为上合组织成员国共同抗击新冠疫
情提供了思想指引，到2022年，上合组织各成员国已在抗疫合作中积累了
丰富的经验。随着世界各国逐渐走向后疫情时代，上合组织卫生健康共同体
的构建也开始更多地转向卫生健康领域的其他议题，很多规划开始付诸实
践，上合组织卫生健康共同体建设开始走深走实。

---

* 马强，中国社会科学院俄罗斯东欧中亚研究所副研究员。

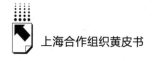

一 上合组织成员国元首峰会关于
卫生健康共同体的论述

2022 年 9 月在乌兹别克斯坦撒马尔罕召开了上合组织成员国元首理事会第二十二次会议，各国领导人在会议上的讲话和会后发布的《上海合作组织成员国元首理事会撒马尔罕宣言》中都有关于构建上合组织卫生健康共同体的论述。

中国国家主席习近平在发言中强调，"我们要深化教育、科技、文化、卫生、媒体、广电等领域合作"，指出要继续办好传统医学论坛等卫生健康领域合作的品牌活动，习近平主席还承诺"未来 3 年为本组织国家的民众免费实施 2000 例白内障手术"。[①] 中国的"健康快车国际光明行"行动已在上合组织国家全面铺开，中国医生实施的免费白内障手术已让数百名白内障患者重见光明。

《上海合作组织成员国元首理事会撒马尔罕宣言》还规划了卫生健康领域合作的路线图。

首先，敦促上合组织成员国在以往合作规划的基础上进一步加强合作，继续落实《上海合作组织成员国应对地区流行病威胁联合行动综合计划》《上海合作组织成员国医疗卫生机构防治传染病合作路线图》。

其次，加强数字化医疗领域合作。其中，发展远程医疗是数字化医疗领域合作的重要方向。随着《上海合作组织成员国卫生部门远程医疗合作构想》的通过，远程医疗已经成为上合组织成员国促进全民健康战略的重要组成部分。与此同时，成员国表示还将深化药品、疫苗和疾病检测系统研发领域的科技合作。

最后，上合组织开展了应对突发性公共卫生事件的演练活动。俄罗斯倡

---

① 习近平：《把握时代潮流 加强团结合作 共创美好未来——在上海合作组织成员国元首理事会第二十二次会议上的讲话》，人民出版社，2022，第 8 页。

议成员国继续进行定期应急演练，以有效应对各类突发公共卫生事件，在定期演练中还配置了移动实验室。

二　上海合作组织第五次卫生部长会议

2022年6月8日，上海合作组织成员国第五次卫生部长会议以线上线下相结合的方式举行。[①]

上合组织秘书长张明回顾了新冠疫情期间上合组织成员国在"上海精神"指引下进行的卓有成效的合作。2020年2月上合组织成员国发表联合声明，呼吁国际社会在世界卫生组织框架内加强合作，确保国际和地区公共卫生安全。在2021年上合组织杜尚别峰会上，成员国元首反对将疫情防控和溯源政治化。自新冠疫情流行以来，上合组织各成员国积极交流预防和控制病毒大流行的措施及治疗经验，分享病毒感染基因组序列的信息，相互援助诊断试剂盒以及预防疾病所需的用品。谈到未来上合组织国家卫生健康领域的合作，张明认为"有责任将医疗领域的合作提高到一个新的水平"。

中国国家卫生健康委主任在发言中回顾并高度评价上合组织各成员国在卫生健康领域合作取得的积极进展，并呼吁上合组织各方继续深化抗疫合作，共同扩大优质医疗服务，加强机构间务实合作，推动传统医学融入现代卫生体系，为共建上合组织卫生健康共同体做出更大贡献。[②] 乌兹别克斯坦卫生部部长穆萨耶夫提出，要让民众公平地获得优质医疗服务，必须"加强公共卫生体系建设，这是可持续发展的关键因素之一，要提高卫生和医疗服务质量，及时阻止传染病的传播"。[③] 俄罗斯卫生部部长穆拉什科提议成立上海合作组织医学协会，"新冠肺炎疫情凸显了具有高度医学专业水平的

---

① Объединение взаимных усилий для расширения возможностей использования качественных медицинских услуг во время пандемии COVID-19.

② 《马晓伟主任以视频方式出席上海合作组织第五次卫生部长会议》，http://www.nhc.gov.cn/gjhzs/s3578/202206/8756f269717e43aba3d27e350ad804c9.shtml。

③ Страны ШОС намерены расширять сотрудничество в укреплении систем здравоохранения, https://tass.ru/mezhdunarodnaya-panorama/14851829.

俄罗斯医疗体系的韧性，建议上合组织成员国在提升医务人员专业性水平培训方面加强合作，其中一个重要的举措便是建立上合组织医学协会"。穆拉什科认为："该协会不仅能充分发挥医学界的作用，而且还能促使各国专家集体讨论和制定医学救助和医疗质量标准及医德原则，并处理有关医学专业发展的问题。"①

各代表团的专业人士还做了关于成员国医疗保健系统改革、传统医学融入现代医学、降低非传染性疾病风险方面的报告。成员国将扩大本国居民获得优质医疗资源和服务的机会，加强基础卫生设施建设，预防传染病和非传染性疾病的传播，做到早期发现和及时治疗。各方在生殖健康、新冠肺炎康复、加强上合组织成员国主要医疗中心合作、相互承认疫苗、引进先进诊断方法、预防冠状病毒感染等领域进行了广泛交流。② 本次会议通过了上合组织成员国《远程医疗合作构想》《医疗卫生机构防治传染病合作路线图》《第五次卫生部长会议纪要》。③

三　第三届传统医学论坛

为落实中国国家主席习近平2019年6月在比什凯克举行的上合组织成员国元首理事会会议上提出的倡议，上合组织自2020年开始举办传统医学论坛。上合组织国家多是文明古国，传统医学历史悠久、积淀深厚，是各国宝贵的财富。传统医学论坛整合上合组织各国传统医学资源，以增进各国人民健康与福祉，是构建上合组织卫生健康共同体的坚实基础和重要举措。在

---

① Мурашко предложил создать Медицинскую ассоциацию ШОС, https：//tass. ru/obschestvo/14852017.

② состоялось очередное заседание министров здравоохранения стран ШОС, https：//kabar. kg/news/v-tashkente-sostoialos-ocherednoe-zasedanie-ministrov-zdravookhraneniia-stran-shos/.

③ В Ташкенте состоялось пятое совещание министров здравоохранения государств－членов ШОС, https：//m. kun. uz/ru/news/2022/06/09/v－tashkente－sostoyalos－pyatoye－soveshchaniye-ministrov-zdravooxraneniya-gosudarstv-chlenov-shos.

2022 年上合组织撒马尔罕峰会上，中国国家主席习近平在发言中指出要继续办好传统医学论坛，印度总理莫迪也呼吁扩大在传统医学领域的合作。

2022 年 6 月 7 日，上海合作组织第三届传统医学论坛在塔什干举行，主题是"传统（民间）医学与现代医疗体系的融合"。上合组织成员国卫生部门负责人、学界代表，以及现代和传统医学、康复和药学领域专家分别以线上或线下形式参加了这次活动。①

乌兹别克斯坦卫生部部长穆萨耶夫在传统医学论坛致辞中强调："在实践中，传统医学在安全性和有效性方面证明了自己。传统医学方法逐渐融入现代国家卫生系统，对人口健康做出了重大贡献。乌兹别克斯坦已经形成规范的传统医学运用程序和法律框架，建立了国家传统医学科学实践中心，建立了使用传统医疗方法和药物治疗疾病的民间疗法清单。"②

中国国家中医药管理局党组书记表示，上合组织国家更加重视传统医学价值，使传统医学充分融入各国现代卫生系统。中方倡议为开展传统医学合作开辟新路径，愿在传统医学和传统医药领域与各成员国加强学术交流、人才培养、科学研究、产业发展，建设一批中医药中心或传统医学中心、友好医院和产业园，以实现信息共享、资源互补、深度合作，共同推动传统医学长足进步，助力全球公共卫生治理，构建上合组织卫生健康共同体。③

哈萨克斯坦共和国卫生部第一副部长肖拉诺夫认为："民间医学是被低估了的人类疾病诊断和治疗的重要方法，这些方法已经使用了很长时间，极具有效性。当然，传统医学和现代医疗体系的融合是其有效发展的先决条件。结合科学、实践、传统和创新，结合现代和古代方法治疗某些疾病，确

---

① 《上海合作组织传统医学论坛在塔什干举行》，http：//www.gnfccsco.com/2022-06/07/c_176370.html。

② Традиционная медицина - в помощь официальной: в Ташкенте проходит форум ШОС, https：//uz.sputniknews.ru/20220607/traditsionnaya-meditsina--v-pomosch-ofitsialnoy-v-tashkente-proxodit-forum-shos-25091281.html。

③ 《将传统（民间）医学融入现代卫生体系》，http：//www.wfcms.org/show/22/4007.html。

保公民健康,这是我们必须遵循、创造和保护的价值。"①

论坛讨论了利用传统医药的潜力,交流了各成员国在该领域的成功经验,确定努力将传统医疗方法和医药纳入国家卫生系统,特别是在预防和治疗传染性疾病领域。此外,各方就在生殖健康和儿科领域使用传统医学方法的可能性交换了意见,决定建立各层级的专家培训系统,推动该领域的学术研究,并确立了专家认证、服务安全的一般原则。② 传统医学论坛为传统医学的最新实践和研究信息提供了交流机会,已成为交流专家经验、展示传统医学成果、探讨传统医学在上海合作组织成员国进一步发展前景的绝佳平台。

四 构建上合组织卫生健康共同体的中国实践

2022 年,构建上合组织卫生健康共同体已经逐渐从理念、倡议转变为具体发展政策和普遍实践,上合组织峰会、卫生部长会议上的很多倡议逐步落实、落地,中国在这方面做出了卓越的贡献。2022 年下半年,由中方倡议并发起成立了上合组织传统医药产业联盟,扩大了上合组织医院合作联盟的规模,举办了上合组织医药合作发展大会,并主办了上海合作组织国际和平妇幼健康发展论坛。

(一)上合组织传统医药产业联盟

2021 年 9 月在上海合作组织成员国元首理事会上,习近平主席提出:"中方倡议成立本组织传统医药产业联盟,为各国开展传统医学合作开辟新路径。"③ 2022 年 9 月 1 日,经由中方倡议、上合组织国家相关行业组织和

---

① В Ташкенте прошел форум ШОС по народной медицине, https://uza.uz/ru/posts/v-tashkente-proshel-forum-shos-po-narodnoy-medicine_ 379418.

② В Ташкенте прошла конференция с участием руководителей сферы здравоохранения государств-членов ШОС, https://yuz.uz/ru/news/v-tashkente-proshla-konferentsiya-s-uchastiem-rukovoditeley-sfer-zdravooxraneniya-gosudarstv-chlenov-shos.

③ 《习近平谈治国理政》第 4 卷,外文出版社,2022,第 433 页。

机构共同发起的"上合组织传统医药产业联盟"在2022年中国国际服务贸易交易会上正式宣布成立。该联盟由多个国家的12个行业组织、医药研发机构共同发起。① 该联盟致力于推进成员国之间传统医学的交流互鉴和传统医药产业的发展，助力共建人类卫生健康共同体。

传统医药成为医药健康领域合作不可或缺的部分。传统医药产业联盟是非政府、非营利和开放性的国际合作组织，推动成员国传统医药领域的交流和贸易投资合作。联盟将采用会议、展览、项目合作等方式在产学研等方面合作、互动，并将上合组织成员国传统医药行业的法规政策衔接、市场融合对接、贸易投资合作、标准制定、传统药材资源信息共享、联合研究作为工作重点。

（二）上合组织医药合作发展大会

2022年9月8日，由上合组织睦委会、上合组织秘书处、乌兹别克斯坦驻华使馆和中国医药创新促进会主办的上合组织医药合作发展大会在北京举行。这次大会的主题为"推动医药合作，构建卫生健康共同体"。

本次大会被认为是加强上合组织国家间医药卫生领域交流的重要平台。上海合作组织秘书长张明表示，上合组织成员国在医疗卫生领域的"合作机制日臻完善，法律基础更加完备，合作成果惠及民生"，期待上合组织国家在"加强药品监管，搭建医药产业合作交流平台，多边合作机制密切交流合作等方面做出更多实际工作"。中国医药创新促进会代表表示，中国医药企业愿与上合组织相关国家政府和产业界在技术合作、市场拓展及投资建厂等方面加强合作。②

在本次大会上发布了《推动建立上合组织框架下医药产业合作倡议》，

---

① 共同发起成员12家，分别为：中国医药保健品进出口商会、中国中药协会、俄罗斯传统医学科学院、俄罗斯功勋医师协会、塔吉克斯坦阿维森纳传统医学研究院、乌兹别克斯坦甘草和其他药用植物生产加工组织协会、伊朗德黑兰医科大学、阿富汗国家西红花联盟、巴基斯坦西红花地理标志协会、亚美尼亚传统医药大学、亚美尼亚传统与替代医学专家协会、尼泊尔中华医院。首批入盟成员机构48家，包括中方代表26家和外方代表22家。

② 《上合组织医药合作发展大会：推动医药合作，提高地区人民健康福祉》，http://www.gov.cn/xinwen/2022-09/08/content_ 5709061. htm。

提出支持加强药品监管交流合作，积极创新更加高效共赢的国际药品、医疗器械研发合作模式，推动国际药品审批监管合作，以重点产品、重点领域为突破口，实现监管互认和市场共荣。①

（三）上合组织国际和平妇幼健康发展论坛

2022年12月9日，上海合作组织国际和平妇幼健康发展论坛在上海举行。本次论坛以"交流、互鉴、合作、发展"为主题，围绕"儿童优先、母亲安全"的国际共识，推进上合组织各方在妇幼健康与促进儿童早期发展方面深化合作。

与会官员、学者普遍认为，妇女和儿童的健康是人文交流的重要领域，应充分发挥民间外交优势在各成员国间架设"和平·友谊·未来"之桥。上合组织国际和平妇幼健康发展论坛已成为促进民间友好的新途径，并为提高妇幼健康水平做出积极探索和实践。将妇女和儿童相关药品、疫苗、医疗器械研发等作为合作的优先领域，推动上合组织医疗机构、教育机构、妇女机构和儿童基金在该领域的务实合作。

在本次论坛上，上合组织睦委会、俄罗斯儿童基金会、中国医院协会、首都医科大学附属北京儿童医院共同宣布成立上合组织国家小儿脑瘫康复培训班，以远程医疗等形式为上合组织国家脑瘫患儿提供康复咨询和培训。

中方提出了开展妇幼健康治理策略互鉴、加强妇幼健康医疗技术交流、开展妇女儿童重大健康问题研究合作、搭建妇幼健康产业联盟、建立妇幼健康帮扶基金等五项倡议。②

（四）上合组织医院合作联盟

在2018年第一届上合组织医院合作论坛上成立了上合组织医院合作联盟。该联盟各成员医院在搭建组织平台、开展联合研究、进行学术交流、促

---

① 《上海合作组织医药合作发展大会在京成功举办》，http://www.phirda.com/artilce_ 28874.html。
② 《崔丽副主席出席首届上海合作组织国际和平妇幼健康发展论坛开幕式并致辞》，http://www.gnfccsco.com/2022-12/09/c_ 176261.htm。

进技术合作、开展质量评估、建设跨境医联体、开展医疗旅游合作等方面开展了务实合作。①

2022年12月22日，第四届上合组织医院合作论坛在武汉召开。上合组织医院合作联盟的合作形式也更为多样，专业分工更为细致，影响更为广泛。在这次论坛上，上海合作组织远程医疗合作平台湖北省中心、甘肃省中心、新疆维吾尔自治区中心揭牌成立，上合组织医院合作联盟肝胆胰专科合作平台、妇产科合作网络平台、互联网医院合作平台、医院管理合作平台建立，并举行了启动仪式。②

结 语

回顾上合组织卫生健康共同体的构建，从理念的提出到付诸实践都获得了各成员国的响应和支持。至2022年该项事业从联合抗击疫情扩展到卫生健康领域的全方位合作，包括传统医疗、医药领域、医疗产业、医院合作等。合作方式呈现多元化，从国家间的合作到地方合作，再到分工细致的专业领域合作，建立了诸多新的合作平台。合作主体从政府机构扩展到医疗卫生领域的企业、研究机构、医院等，逐渐形成了可持续的合作模式，成为上合组织各国人文合作的重要组成部分。

与此同时，也应该看到，相比于上合组织国家在其他领域的合作，卫生健康领域的合作起步晚、基础弱，各国之间的差距明显，协调合作的难度仍较大。在构建上合组织卫生健康共同体方面，中国做出了更多的贡献。尤其在2022年，中国举办了相关论坛，组建合作平台，推动卫生健康领域的合作走深走实，因而上合组织卫生健康共同体的构建不仅有中国理念、中国智慧，还有更多的中国实践。

---

① 《上海合作组织医院合作联盟在京成立》，http：//www.rmzxb.com.cn/c/2018-05-20/2059332.shtml。
② 《上合组织医院合作联盟新成立专科合作名单公布》，http：//news.cnhubei.com/content/2022-12/22/content_ 15331658.html。

Y.14
近年来上海合作组织媒体合作新进展

——以中俄为重点

赵玉明*

摘　要： 近年来，中国与上合组织国家共同努力推动媒体合作稳固发展。上合组织高度重视媒体合作的重要性，积极加强媒体合作顶层设计，媒体合作取得了许多成果。其中，上合组织多边媒体合作发挥了引领作用，中俄媒体合作发挥了示范效应。2022年，上合组织克服新冠疫情等不利影响，多边媒体合作精彩纷呈。不过，上合组织媒体合作在取得丰硕成果的同时，也面临外界偏见和质疑、外部信息挑战升级和舆论环境恶化的挑战。对此，上合组织及其成员国、观察员国和对话伙伴国应加强合作，努力生产更多内容丰富、形式多样、效果良好的媒体公共产品，以造福上合组织各国民众，惠及地区乃至全世界。

关键词： 上海合作组织　媒体合作　媒体论坛　中俄媒体合作

近年来，上合组织媒体合作迈上新台阶，走向常态化和机制化。中国和俄罗斯不断夯实媒体合作基础，大力丰富合作途径与持续深化合作内容，为成员国、观察员国和对话伙伴国之间扩大媒体合作树立了榜样，展示了提升互信水平和媒体合作的新路径。

---

* 赵玉明，中国社会科学院俄罗斯东欧中亚研究所副研究员。

一 近年来上合组织媒体合作稳固发展

媒体合作是上合组织人文合作中的重要一环。总体来看，各国媒体主管部门和主流媒体是推动上合组织框架内双多边媒体合作的主要载体和核心角色。上合组织媒体合作的主要目的：一是促进成员国、观察员国和对话伙伴国之间的交流，为民众相互了解拓宽渠道；二是推动多元文化互鉴、各国民心相通；三是宣传上合组织的精神理念，阐释上合组织的政策、主张和凝聚共识，使组织发展更加健康全面；四是报道组织日常工作及在各领域合作的状况和发展成就，实现共谋发展和共享成就；五是高举地区合作和多边主义旗帜，在国际上塑造和展示正面形象，构建更加紧密的上海合作组织命运共同体。近年来，上合组织媒体合作主要体现在如下四个层面。

（一）强调媒体合作的独特性和重要作用

2018年6月10日在青岛举办的上合组织成员国元首理事会第十八次会议上，中国国家主席习近平提出，要"扎实推进教育、科技、文化、旅游、卫生、减灾、媒体等各领域合作"①。理事会通过的《上海合作组织成员国元首理事会青岛宣言》强调，成员国将继续在媒体等领域开展富有成效的双多边合作。2019年5月22日，中国国务委员兼外长王毅在出席上合组织外长理事会会议时指出："要就重大国际和地区问题及时发出一致声音。"②

2020年11月10日，习近平主席在上合组织成员国元首理事会第二十次会议上强调："我们要积极利用各种媒介，广泛宣传本组织发展成就，使

---

① 《习近平谈治国理政》第3卷，外文出版社，2020，第442页。
② 《王毅出席上海合作组织外长会议》，https：//www.mfa.gov.cn/web/wjb_ 673085/gbclc_ 603848/wjb_ 673085/zzjg_ 673183/dozys_ 673577/dqzzoys_ 673581/shhz_ 673583/xgxw_ 673589/201905/t20190522_ 7627004.shtml。

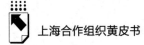
本组织合作理念更加深入人心。"① 会后通过的宣言指出，应"深化在造型艺术、音乐、戏剧、电影、广播电视、档案、博物馆和图书馆领域的合作"。② 2021 年 9 月 17 日，习近平主席在上海合作组织成员国元首理事会第二十一次会议上指出，要"用好青年交流营、妇女论坛、媒体论坛、民间友好论坛等平台，发挥好上海合作组织睦邻友好合作委员会等社会团体作用，搭建各国人民相知相亲的桥梁"③。

（二）加强媒体合作顶层设计

2018 年 10 月 12 日，在上合组织成员国政府首脑（总理）理事会第十七次会议上，中国国务院总理李克强建议机制化举办媒体峰会。2019 年 6 月 14 日，上合组织通过《上海合作组织成员国政府间媒体合作协议》。协议规定成员国媒体机构要积极开展互利合作，交流职业经验，举办媒体界人士会晤和人才培养等活动。④

2020 年 11 月 10 日，《上海合作组织成员国元首理事会莫斯科宣言》指出，应推动数字媒体、国家机关新闻部门间的交流及合作。2021 年 9 月 17 日《上海合作组织二十周年杜尚别宣言》指出，新闻宣传领域的重要任务之一是在本地区和全世界打造上合组织积极、真实的形象。成员国为此将推动媒体间更多的接触交流，为媒体定期提供关于本组织当前工作以及政治、经济、人文领域合作成果的翔实材料，并推动国际媒体对上合组织的宣传报道。⑤

---

① 《习近平外交演讲集》第 2 卷，中央文献出版社，2022，第 281 页。
② 《上海合作组织成员国元首理事会莫斯科宣言》，https：//www.mfa.gov.cn/web/wjb_ 673085/gbclc_ 603848/wjb_ 673085/zzjg_ 673183/dozys_ 673577/dqzzoys_ 673581/shhz_ 673583/zywj_ 673595/202011/t20201110_ 7627455.shtml。
③ 《习近平谈治国理政》第 4 卷，外文出版社，2022，第 433 页。
④ 《上合组织国家签署媒体领域合作协议》，https：//sputniknews.cn/20190615/1028763670.html。
⑤ 《上海合作组织二十周年杜尚别宣言（全文）》，http：//www.gov.cn/xinwen/2021-09/18/content_ 5638153.htm。

（三）多边媒体合作发挥引领作用

2018 年 6 月 1 日，上合组织首届媒体峰会在北京举办，主题为"弘扬上海精神 开启媒体合作新时代"。上合组织国家新闻事务主管部门负责人、驻华使节、110 多家主流媒体负责人及有关人士共 260 余人出席开幕式。习近平主席专门向媒体峰会发出贺信。本届媒体峰会发出了"关于加强媒体交流合作的倡议"。媒体峰会期间，中国与有关国家签署了 3 项媒体主管部门间合作备忘录，中外媒体还签署了 15 项交流合作协议。

2019 年 3 月 1 日，上合组织秘书长诺罗夫与塔斯社社长米哈伊洛夫在北京举行会晤，商讨双方合作协议更新问题与未来合作前景。米哈伊洛夫谈到，自双方建立合作关系以来，塔斯社已发布上合组织相关新闻 7500 条，并以 2016～2018 年的报道为基础出版了文集《当代世界中的上海合作组织》。文集内容涵盖了上合组织有关反对恐怖主义和极端主义的措施和活动、经济问题决议、加强成员国人文对话以及青年政策等内容。[1] 2019 年 5 月 24 日，吉尔吉斯斯坦举办第二届媒体论坛，主题为"媒体在发展上合组织合作中的作用"。各界代表近 200 人出席论坛，时任吉尔吉斯共和国总统热恩别科夫专门致辞。9 月 5 日，上合组织成员国、观察员国和对话伙伴国的 30 余名记者参加了在北京举行的"绿色丝路'京'彩上合"骑行活动。

2020 年 11 月 19 日，上合组织国家媒体智库云论坛在北京以线上方式举办，主题为"共同应对新威胁，提振疫情后经济发展，倡导多边主义，促进成员国共同发展"。成员国专家学者与媒体代表就维护多边主义、推进区域经济合作、加强人文交流等主题进行了交流和探讨。

2021 年 5～6 月，"中国—上海合作组织国家媒体云"交流活动以线上方式举办，十八个国家的 63 名媒体人士出席。活动包括媒体业务专题分享会、"云看真实新疆"线上交流会和上合组织民间友好论坛。8 月 6 日，上

① Инновации в медиа и сотрудничество с ШОС: делегация ТАСС посетила Пекин, https://tass.ru/novosti-agentstva/6182492.

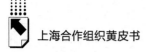
合组织轮值主席国塔吉克斯坦以线上方式举办第三届媒体论坛，主题为"上合组织媒体合作——有效的合作工具"。上合组织秘书长诺罗夫强调，面对新冠疫情造成的各种负面影响，媒体工作显得尤为重要。①

2021年9月23日，上合组织国家媒体智库论坛在北京举办，主题为"树立合作典范 谋求共同发展"，20余名专家学者和媒体代表出席。9月16日，由中央广播电视总台CGTN频道倡议推出的"中国—上合媒体新闻交换平台"上线。该平台由CGTN频道运营的"欧亚地区俄语新闻共享交换平台"升级而来，主要用于发布上合组织相关重要信息，推动成员国、观察员国、对话伙伴国主流媒体之间的全媒体新闻传播资源共享，进行新闻定制化合作，以及举办各类媒体交流活动。② 11月26日，"为了相知相亲的未来——2021上合组织主流媒体论坛"以线上方式举办。参会代表围绕"上海精神"与"相知相亲"两大主题探讨了媒体责任与推动媒体合作的重要性与必要性。

（四）中俄媒体合作发挥示范效应

近年来，在中俄两国元首的战略引领下，中俄关系迈入历史最好时期。两国在媒体领域的合作机制常态化平稳运行，交流密度、合作深度和互信程度不断提升。

1. 中俄人文合作委员会媒体合作分委会成熟运行

2018年8月29日，第十一次中俄人文合作委员会媒体合作分委会会议在俄罗斯的顿河畔罗斯托夫举办，两国各界代表共60余人出席。会议期间，双方商定了2018~2019年度分委会工作计划。

2019年8月14日，第十二次中俄人文合作委员会媒体合作分委会会议暨2019年中俄电视周开幕式在哈尔滨举办，两国代表共90余人出席。会议

① Состоялся третий Медиафорум Шанхайской организации сотрудничества, https://e-cis. info/news/568/93914/.

② 《"中国—上合媒体新闻交换平台"启用 助力上合组织国家媒体合作》, https://news. cri. cn/20210916/c451cd82-c79d-8ec8-b217-1ad651739b0e. html。

审议通过了《中俄数字媒体合作计划》和《2019~2020年中俄数字媒体合作项目清单》。会议期间，双方启动了"2019年中俄电视周暨视听中国·俄罗斯"活动，并商定将轮流举办电视周活动。此外，双方还进行了节目洽谈，举办了项目推介会，并就建设电视和网络视听媒体交流机制化、品牌化合作平台达成一致。

2020年10月19日，第十三次中俄人文合作委员会媒体合作分委会会议以视频方式举办。双方商定，将积极克服新冠疫情影响，继续深化在媒体领域的合作，以维护两国形象，坚定维护国际公平正义。

2021年7月29日，第十四次中俄人文合作委员会媒体合作分委会会议通过视频方式举办。会议强调两国媒体部门克服了新冠疫情不利影响，在涉及双方核心利益问题上相互支持，进行了大量积极客观公正的报道。

2. 中俄媒体论坛、中俄网络媒体论坛与中俄媒体智库论坛接力运行

2018年11月4日，第四届中俄媒体论坛在上海举办。中共中央政治局委员、中宣部部长与俄罗斯副总理阿基莫夫出席开幕式并做主旨演讲。

2019年9月3日，第五届俄中媒体论坛在符拉迪沃斯托克（海参崴）举办。论坛主题为"数字经济时代传统媒体和新媒体发展"，两国新闻媒体主管部门和媒体负责人100余人参会。论坛认为，两国媒体合作交流进入新时代，广度和深度正在不断拓展。[1] 11月4日，"2019中俄青年新媒体交流营"活动在江苏无锡启动。11月14~16日，第三届中俄网络媒体论坛暨中俄建交70周年新媒体交流活动在无锡举办，主题为"新时代·新起点"。[2]

2020年5月26日，中国外文出版发行事业局会同俄罗斯报社、俄罗斯科学院远东研究所共同举办中俄媒体智库云论坛，主题为"共同应对新威胁，促进疫情后经济复苏，打造更加紧密的中俄全面战略协作伙伴关系"。双方代表就新冠疫情期间抗疫合作、疫后全球治理，以及加强新时代中俄全

---

① 《综述：中俄媒体合作交流进入新时代》，http：//www.gov.cn/xinwen/2019-09/03/content_5427002.htm。

② 《第三届中俄网络媒体论坛暨中俄建交70周年新媒体交流活动在无锡举行》，http：//www.cac.gov.cn/2019-11/18/c_1575610742087882.htm。

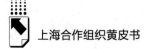

面战略协作伙伴关系等主题进行了深入交流。① 12 月 18 日，2020 年中俄网络媒体论坛以线上方式举办，主题为"疫情时期网络媒体的作用"。两国代表就新冠疫情背景下国际舆论格局、媒体技术创新、中俄新媒体合作等进行了深入交流。②

2021 年 11 月 12 日，2021 年中俄网络媒体论坛以线上方式举办，主题为"促进交流互鉴 深化务实合作"。两国代表商讨了网络媒体的发展趋势、创新与合作，并探讨了进一步开展媒体人员、内容和经验交流方面的合作。③

二　2022年媒体合作呈现新气象

2022 年，中国与上合组织国家克服新冠疫情影响，积极开展媒体合作，展现出一定新气象。

（一）重申高度重视和大力支持上合组织媒体合作的一贯立场

2022 年 4 月 7 日，上合组织举办成员国外交部发言人磋商会。磋商会给予上合组织秘书处媒体信息工作以极高评价，并再次强调了深化上合组织信息合作和协调媒体工作的重要性，并强调指出应高度重视上合组织信息媒体资源保护和打击虚假信息扩散。④

2022 年 9 月 16 日，习近平主席在上海合作组织成员国元首理事会第二十二次会议上再次强调，"要深化教育、科技、文化、卫生、媒体、广电等

---

① 《中俄媒体智库云论坛举办》，http：//www. cicg. org. cn/2020-05/29/content_ 41167519. htm。
② 《携手抗疫加强合作 构筑国际传播新格局——2020 中俄网络媒体论坛成功举行》，https：// cn. chinadaily. com. cn/a/202012/18/WS5fdccdd0a3101e7ce9736279. html。
③ Медиа России и Китая договорились развивать обмен кадрами, контентом и опытом, https：//rg. ru/2021/11/22/media - rossii - i - kitaia - dogovorilis - razvivat - obmen - kadrami - kontentom-i-opytom. html.
④ О межмидовских консультациях по вопросам информационного сопровождения деятельности ШОС, https：//mid. ru/ru/foreign _ policy/rso/sanhajskaa - organizacia - sotrudnicestva-sos-/1808621/.

领域合作"。① 当日通过的《上海合作组织成员国元首理事会撒马尔罕宣言》再次指出："成员国认为，落实 2019 年 6 月 14 日在比什凯克通过的《上合组织成员国政府间媒体合作协议》和加强包括官方新闻机构在内的新闻媒体和数字领域联系十分必要。成员国指出，在世界和地区范围内广泛宣传本组织目标、宗旨、原则和主要活动方向十分重要。"②

2022 年 11 月 1 日，李克强总理在上海合作组织成员国政府首脑（总理）理事会第二十一次会议上指出："要充分发挥教育、文化、科技、新闻等合作机制作用，开展更多民众喜闻乐见的合作项目，加深相互了解与友谊。中方于明年举办本组织友好城市论坛，续力青年发展合作项目，开展本组织电视节、广电技术交流展等活动。"③《上海合作组织成员国政府首脑（总理）理事会第二十一次会议联合公报》强调："应加强官方新闻机构等新闻媒体和数字领域联系，落实《上合组织成员国政府间媒体领域合作协议》和《上合组织成员国保障国际信息安全政府间协定》。"④

（二）上合组织框架下多边媒体合作精彩纷呈

1. 上合组织主流媒体赴陕西杨凌采访

2022 年 6 月 15 日，"上合你好 我是杨凌"——2022 上海合作组织农业技术交流培训示范基地云上推介会在陕西杨凌举办。中方媒体线下参会，俄罗斯塔斯社、塔吉克斯坦阿维斯塔通讯社、哈萨克斯坦《实业报》、哈萨克斯坦 DOS MEDIA 传媒公司、巴基斯坦黎明电视台、巴基斯坦独立新闻社、斯里兰卡兰卡之镜网站、孟加拉国《孟加拉邮报》、印度尼西亚艾欣塔电

① 习近平：《把握时代潮流　加强团结合作　共创美好未来——在上海合作组织成员国元首理事会第二十二次会议上的讲话》，人民出版社，2022，第 7 页。

② 《上海合作组织成员国元首理事会撒马尔罕宣言》，https：//www.fmprc.gov.cn/zyxw/202209/t20220917_ 10767328. shtml。

③ 《李克强在上海合作组织成员国政府首脑（总理）理事会第二十一次会议上的讲话（全文）》，http：//www.gov.cn/xinwen/2022-11/01/content_ 5723258. htm。

④ 《上海合作组织成员国政府首脑（总理）理事会第二十一次会议联合公报》，http：//www.gov.cn/xinwen/2022-11/02/content_ 5723292. htm。

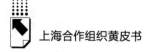
台、约旦卡齐纳广播公司、菲律宾通讯社、伊朗国家通讯社等媒体记者以线上方式参会。①

2. 新媒体云交流活动成功举办

2022年5月下旬至6月底，中国同上合组织国家新媒体云交流活动举办。活动分为媒体业务主题分享环节和实践考核环节。来自哈萨克斯坦、乌兹别克斯坦、印度、巴基斯坦、白俄罗斯、埃及等十七个国家的媒体代表围绕"中国和上合媒体如何在国际关系中发挥正面作用""元宇宙与媒体的未来""关于'锚定Z世代，内容年轻化'的观察和思考""数字经济的发展带给传媒行业生态的思考"等议题进行了系列交流。

3. 2022上合组织国家媒体智库论坛在青岛举办

2022年7月29日，2022上合组织国家媒体智库论坛在山东青岛以线上线下结合的方式举办，主题为"共谋新愿景开启新征程"。上合组织副秘书长洛格维诺夫，上合组织媒体俱乐部主席、塔斯社北京分社社长基里洛夫及各界代表100多人参会。论坛期间，中国国际图书贸易集团有限公司举办了"阅·上合"主题书展。本次书展展出了《习近平谈治国理政》第4卷中英文版、《"一带一路"这五年的故事》和《读懂中国》等图书共上千册。②

4. "中国影像节"上合影像季展播活动启动

2022年11月下旬至12月底，举行了由中央广播电视总台CGTN频道举办的"中国影像节"上合影像季展播活动。此次活动意在以影像为媒介，促进上合组织各国媒体间的交流与合作。活动期间，CGTN频道制作的《经典里的中国智慧》《解码十年》《看中国》等影像节目在上合组织国家主流媒体进行展播。同时，上合组织国家媒体节目也通过CGTN多语种平台进行播出，向受众展示上合组织各国的历史文化特色和当前经济社会发展成果。

---

① 《"上合你好 我是杨凌"2022上合组织农业基地云上推介会举行》，https：//city. cri. cn/chinanews/20220616/e108f6b4-3f53-4ef6-8860-12b6574bb792. html。

② 《2022上合组织国家媒体智库论坛举行》，http：//www. cicg. org. cn/m/2022-07/29/content_42062500. html。

（三）中俄媒体合作继续开展

1. 中俄人文合作委员会媒体合作分委会第十五次会议以线上方式举办

2022年7月27日，中俄人文合作委员会媒体合作分委会第十五次会议继续以视频方式举办。会议强调，在复杂严峻的国际形势下，双方媒体克服困难，加强协作并取得积极成效。两国在新闻报道、内容创作、大型活动等方面相互支持，坚决维护对方的核心利益和共同利益，有力地服务了中俄关系大局。双方还确定了2022～2023年的工作计划，商定将共同实施中俄青年歌会、中俄头条、网络媒体论坛、主题摄影展等40余项重点合作项目。

2. 2022中俄视听传播周

2022年11月20日，2022中俄视听传播周宣布启动。中国国家广播电视总局副局长、俄罗斯数字发展通信与大众传媒部副部长切尔科索娃和俄罗斯驻华大使莫尔古洛夫分别发表视频致辞。本次活动包含"2022中俄优秀视听作品互译互播"、中俄青年歌会、短视频大赛、动画产业对话会等内容。[①]

结　语

媒体合作既是近年来上合组织人文交流合作不断扩大的缩影，也是组织功能日益完善的体现。媒体合作不仅提升了成员国民众之间的交流水平，也向外界宣示了上合组织的精神理念，展示了上合组织的良好形象和积极风貌。不过，上合组织媒体合作仍面临一定挑战。

第一，外界仍对上合组织存有偏见看法和质疑声音。对上合组织的功能定位、工作效率、协调能力也持质疑态度，对合作内容和取得的成果存在污名化倾向。

[①] 《2022中俄视听传播周正式启动》，http：//world. people. com. cn/n1/2022/1121/c1002 - 32570604. html。

第二，外部信息安全和舆论环境恶化。近年来，随着国际形势急剧变化，个别国家或组织对上合组织国家进行的信息战、媒体战和舆论战不断升级，对上合组织生存和成员国国家安全、政权安全和社会安全构成威胁。同时，"三股势力"利用媒体宣传扩大影响的风险尚未被根除。

第三，新冠疫情客观上对媒体交往合作造成一定影响。尽管新冠疫情流行以来，上合组织框架下双多边媒体合作未受过多影响，主要是以线上方式为主、线下方式为辅，但客观上来看，线上沟通的效果不如线下沟通，视频采访的传播效果也不如实地走访。

尽管面临一定挑战，上合组织媒体合作已呈常态化和机制化，未来合作前景广阔。各成员国、观察员国和对话伙伴国应秉持"互信、互利、平等、协商、尊重多样文明、谋求共同发展"的"上海精神"，合作生产更多内容丰富、形式多样、效果良好的上合组织媒体公共产品，既造福上合组织各国民众，又惠及地区及整个世界。

Y.15
上海合作组织文化遗产
保护的现状和发展

摘　要： 文化遗产是上海合作组织成员国悠久历史和灿烂文明的重要载
体，它们不仅是各国文化的宝贵财富，而且丰富了世界文明的宝
库。保护和传承上合组织成员国文化遗产是各国共同的责任和使
命。本文对上合组织文化遗产保护的现状进行阐释，并以此为基
础，对文化遗产保护中的问题和挑战、应对策略以及未来发展方
向展开分析，以期探索上合组织各国文化遗产保护合作的路径与
机制。

关键词： 上海合作组织　世界遗产　文化遗产保护　国际合作

近年来，随着上海合作组织规模的逐渐扩大和合作领域的不断拓宽，上
合组织成员国在文化遗产保护方面的合作和交流日益加深，并在诸多方面达
成了广泛的合作共识。认识和理解上合组织成员国文化遗产保护的现状、特
点、问题、挑战以及分析应对策略，将有利于进一步夯实合作基础，丰富人
文交流内涵，助推构建区域文化共同体。

一　上海合作组织文化遗产保护的现状和合作

在世界范围内，联合国教科文组织在文化遗产保护方面发挥着至关重要

---

* 黄雅婷，北京外国语大学俄语学院讲师。

的作用。1972 年 11 月通过的《保护世界文化和自然遗产公约》和 2003 年 10 月通过的《保护非物质文化遗产公约》是各缔约国开展文化遗产保护工作的指导性文件。目前，上合组织八个成员国[①]——中国、俄罗斯、哈萨克斯坦、乌兹别克斯坦、吉尔吉斯斯坦、塔吉克斯坦、印度、巴基斯坦——均已加入《保护世界文化和自然遗产公约》和《保护非物质文化遗产公约》。上合组织成员国在文化遗产保护方面拥有广泛共识，各国文化遗产保护工作在国际合作的背景下不断深入推进。

（一）上海合作组织文化遗产保护的现状

在世界遗产方面，根据联合国教科文组织官网的最新数据，截至 2021 年，上合组织成员国被列入《世界遗产名录》的世界文化和自然遗产共计 147 项，具体分布情况为：中国 56 项、印度 40 项、俄罗斯 30 项、巴基斯坦 6 项、乌兹别克斯坦 5 项、哈萨克斯坦 5 项、吉尔吉斯斯坦 3 项、塔吉克斯坦 2 项。目前中国的世界遗产在《世界遗产名录》中排名第一位。

在非物质文化遗产方面，根据联合国教科文组织官网的最新数据，截至 2022 年 12 月，上合组织成员国被列入《人类非物质文化遗产代表作名录》的遗产共计 107 项，具体分布情况为：中国 43 项、印度 14 项、哈萨克斯坦 13 项、吉尔吉斯斯坦 13 项、乌兹别克斯坦 12 项、塔吉克斯坦 7 项、巴基斯坦 3 项、俄罗斯 2 项。目前中国是世界上拥有非物质文化遗产名录项目最多的国家。

近年来，上合组织各成员国均积极推动世界遗产、非物质文化遗产的申报工作，并取得了显著成果。在 2021 年召开的联合国教科文组织第 44 届世界遗产委员会会议上，4 项上合组织成员国的世界遗产：中国的"泉州：宋元中国的世界海洋商贸中心"、俄罗斯的"奥涅加湖和白海的岩刻"、印度的"多拉维拉：哈拉帕文明古城"和"特伦甘纳邦的卡卡提亚王朝卢德什瓦拉（拉玛帕）神庙"被联合国教科文组织列入《世界遗产名录》。在

---

① 伊朗 2022 年 7 月才正式成为上合组织成员国，故本文内容尚未涉及伊朗情况。

2022 年召开的第 17 届保护非物质文化遗产政府间委员会会议上，由上合组织成员国单独申报的"中国传统制茶技艺及其相关习俗""沃尔铁克，融合舞蹈、木偶和音乐的哈萨克斯坦传统表演艺术"，以及上合组织成员国与其他国家联合申报的"养蚕业和传统纺织用丝生产""讲述纳斯尔丁/阿凡提轶事的传统"被批准列入《人类非物质文化遗产代表作名录》。

这不仅说明上合组织成员国越来越多的世界遗产和非物质文化遗产得到了世界认可和关注，而且也表明各国政府长期以来对文化遗产保护工作的重视和支持。近年来，上合组织成员国通过完善相关法律法规、规范遗产保护管理机制、培育专业人才、提高民众遗产保护意识等，从多方面入手积极开展遗产保护工作。

1. 中国高度关注文化遗产保护工作

第一，积极出台文化遗产保护和利用政策。近年来，中国大力推进文化遗产保护体系和治理体系的法治化和现代化。例如，2021 年中共中央办公厅、国务院办公厅印发了《关于进一步加强非物质文化遗产保护工作的意见》，同年国务院办公厅出台《"十四五"文物保护和科技创新规划》。中国在遗产保护方面以一系列法规政策为指引，走出一条符合当代发展趋势的新路径。第二，推动文化遗产的创造性转化。依托虚拟现实、融媒体技术等新兴技术，陆续推出了"数字敦煌""龙门石窟数字化复原""中国唐长安城大明宫遗址"等创新性项目，实现了数字化和文化遗产的深度融合。第三，定期举办文化遗产宣传活动。开展"文化和自然遗产日"主题活动、全国青少年文化遗产知识大赛等一系列特色活动，积极打造文化遗产保护全民参与、人人有责的氛围，旨在增强民族自豪感和文化自觉性。

2. 俄罗斯将文化遗产保护视为国家文化发展的优先方向

第一，健全文化遗产保护机制。俄罗斯先后制定并颁布《俄罗斯联邦文化遗产法》（2002）、《俄罗斯非物质民族文化遗产法》（2022）等，积极完善文化遗产法律法规。第二，完善文化遗产管理体制。政府指定俄罗斯教科文组织委员会负责全俄范围内的遗产保护工作，设有专业遗产保护部门和民间保护组织机构协调具体工作，成立了多家文化遗产保护志愿者协会。第

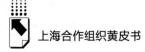

三，定期举办文化遗产保护活动。如举办"西伯利亚的能工巧匠"手艺大赛等活动。第四，提高文化遗产保护意识，设立了"国家文化遗产奖"。第五，增加文化遗产保护资金投入。俄罗斯政府每年为文化遗产的维护投入大量专项资金。

3. 哈萨克斯坦制定和出台了合理保护历史文化遗产的国家政策和规划，并不断进行必要的修订和补充

近年来，哈萨克斯坦的文化遗产保护国家专项计划取得了突出成果。2003 年，哈萨克斯坦开始执行"文化遗产"计划。在该计划框架下，国家组织专业人员修复历史文化遗迹，对哈萨克斯坦境内遗产点进行季节性考古研究，按地区出版遗迹汇编，组织人员对国外进行科学考察，收集关于哈萨克斯坦历史学、民族学和艺术学的手稿和印刷版本。哈萨克斯坦"文化遗产"计划所取得的成果得到了世界各地的高度评价。同时，哈萨克斯坦也积极与联合国教科文组织、国际古迹遗址理事会等国际组织开展合作，在文化遗产的科学研究、保护利用和宣传普及方面积极开展交流。

4. 乌兹别克斯坦通过并修订了多部与文化遗产相关的法律法规，实施了一系列文化遗产保护措施

首先，国家不断完善文化遗产行政管理机制，成立负责文化遗产保护的专门管理机构。2021 年 6 月 19 日乌兹别克斯坦通过《关于乌兹别克斯坦共和国旅游和体育部文化遗产局活动组织措施及该领域创新发展》规划。乌兹别克斯坦共和国旅游和体育部文化遗产局是物质文化遗产、博物馆、考古学、文化珍品进出口领域的国家管理机构。该机构主要职责包括：负责保护乌兹别克斯坦历史文化遗产；促进该领域的数字化和创新发展，加强其物质和技术基础；有效借鉴国际经验，确保国家政策的实施。其次，国家十分注重旅游业和文化遗产保护的融合发展，通过确保具有高旅游潜力的遗址点之间的相互联系，让文化遗产价值和旅游产业发展相辅相成。为此，国家在旅游和文化遗产领域加速完善基础设施，并引入现代化管理机制。

5. 吉尔吉斯斯坦十分重视文化遗产保护工作

吉尔吉斯斯坦每年都会对国家的历史和文化遗产进行清点和统计，并仔细研究以确定其历史价值、文化价值和艺术价值，挑选出需要修缮的历史遗迹，对考古和历史文化遗迹所在的土地进行法律登记，为相关遗迹签发法律文件，并与遗迹现所有者或使用者签署文化遗产保护协议，规范其保护的职责和义务。此外，国家设立专门的历史文化景观遗址保护区、建筑规范区和自然遗址保护区。目前，吉尔吉斯斯坦共有 23 个国家级重点历史文化古迹保护区。

6. 塔吉克斯坦近年来大力推动文化遗产保护工作

塔吉克斯坦政府采取一系列措施，发起了一场复兴传统文化的运动。政府颁布一系列措施来复兴民族传统服饰、传统音乐、传统节日等传统文化。塔吉克斯坦的萨达节、莎什木卡姆日等传统节日都被定为国家法定节日。同时，政府也不断推进文化遗产的申遗工作，积极参与跨国申遗项目，建立遗产点数据库，通过国际交往和合作积极探索文化遗产保护新路径。

7. 印度在文化遗产保护方面拥有丰富的经验和成果

印度从资金投入、人才培养和民众意识等方面不断强化文化遗产保护力度。第一，投入大量的资金。印度政府每年投入大量人力、物力、财力用于文化遗产的保护。此外，印度文化遗产的旅游开发也是资金的重要来源。同时，遗产保护资金也来自印度非政府组织的积极筹措，其中印度国家艺术和文化遗产信托基金起到了关键作用。第二，重视专业人才的培养。印度考古研究所是文化遗产保护领域的专业研究机构，这里有大量的工作人员从事遗产研究工作。研究所还设有专门用于培养考古人才的考古学院。第三，加强文化遗产宣传工作。每年的 5 月 18 日是印度的"博物馆日"，这一天印度会举办文化遗产知识竞赛、免费参观博物馆等活动，旨在提升民众文化遗产保护的责任感。

8. 巴基斯坦的文化遗产保护越来越受到国际社会的关注

近年来，巴基斯坦逐渐加大了对文化遗产保护的关注度。2016 年 1 月，巴基斯坦成立了国家历史与文学遗产部。历史与文学遗产部下设 12 个分支机构，主要负责巴基斯坦非物质文化遗产的保护和开发，通过立法等途径保护非遗传承人的权益，规范非遗作品的市场价值。巴基斯坦注重加强文化遗

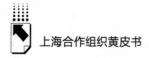

产的国际合作。其中，与中国在此领域的合作是巴基斯坦文化遗产保护的重要方向之一。2021 年 5 月，中国国家文物局与巴基斯坦国家历史与文学遗产部签署《关于协同开展"亚洲文化遗产保护行动"的联合声明》。

（二）上海合作组织文化遗产保护的国际合作

《上海合作组织至 2025 年发展战略》指出："成员国将在上合组织地区文化与自然遗产研究与保护方面开展合作，包括'丝绸之路'历史沿线文物，防止盗窃文化珍品，建立古文物清单和数据库，培训文物保护专家，以及在艺术品复原、科技与艺术鉴定、博物馆规划、非物质文化遗产研究、民俗学、现代艺术与媒体文化、电影、戏剧、艺术经济学和艺术社会学及文化政策研究方面开展合作。"①

回溯过往，上合组织成员国在文化遗产保护的国际合作方面进行了积极探索和实践，并取得了丰硕成果。概括起来主要体现在：跨国联合申遗、双多边遗产保护行动、文化交流活动、成立联合组织等方面。

1. 跨国联合申遗

近年来，上合组织成员国积极整合遗产资源，探讨跨国联合申遗项目，推动跨国联合申遗事业进入历史新阶段，积累了许多成功的申遗案例。

2014 年，由中国、哈萨克斯坦、吉尔吉斯斯坦三国联合申报的"丝绸之路：长安－天山廊道的路网"项目被联合国教科文组织批准列入《世界遗产名录》。这是三国首个跨国联合申遗项目，三国共同努力为上合组织成员国联合申遗工作树立了良好的典范。

2014 年，哈萨克斯坦和吉尔吉斯斯坦联合申报的"吉尔吉斯和哈萨克毡房制作的传统知识和技艺"被联合国教科文组织批准列入《人类非物质文化遗产代表作名录》。2015 年，哈萨克斯坦和吉尔吉斯斯坦联合申报的"阿依特斯即兴表演艺术"被联合国教科文组织批准列入《人类非物质文化遗产代表作名录》。"吉尔吉斯和哈萨克毡房制作的传统知识和技艺"和

---

① 《上海合作组织至 2025 年发展战略》，上海合作组织官网，http://chn.sectsco.org/documents/。

"阿依特斯即兴表演艺术"是吉尔吉斯斯坦和哈萨克斯坦文化的重要组成部分，两国两次联合申遗的成功表明，跨国捆绑式申遗已成为目前世界申遗领域的新趋势。

2016年，由乌兹别克斯坦、哈萨克斯坦和吉尔吉斯斯坦三国联合申报的"西部天山"项目被联合国教科文组织批准列入《世界遗产名录》。该项目凭借其极其丰富的生物多样性成为2016年联合国教科文组织批准列入《世界遗产名录》的唯一一个跨国遗产申请项目。

2. 双多边遗产保护行动

近年来，上合组织成员国相关机构间签署了众多双多边合作协议，并以此为基础，组织专业机构在联合考古调查、古建筑遗址保护工程等领域开展务实合作。例如，2011年中国社会科学院考古研究所与乌兹别克斯坦科学院考古研究所签署了合作协议，此后中乌联合考古队积极开展了多项联合考古和文物修复工作。

3. 文化交流活动

上合组织成员国通过举办展览等文旅项目推动历史文化遗产保护。2019年6月，在北京举行了"上合组织8个奇迹展"，展出了中国、俄罗斯、哈萨克斯坦、吉尔吉斯斯坦等国杰出的文化遗产项目。2022年7月，《上海合作组织世界遗产全集》大型画册正式出版，该画册收录了中国、俄罗斯、印度、哈萨克斯坦等十八个国家世界遗产的图片，对每个遗产均注有中文、俄文、英文三种语言的描述。

4. 成立联合组织

上合组织成员国一直努力探索成立联合性组织，以此搭建文化领域沟通交流的平台，提升区域文化合作互鉴水平。2021年10月20日，上海合作组织博物馆联盟正式成立，这是首个上合组织文化领域专业机构间的联盟。该联盟的成立不仅是上合组织文化合作的开创性成果，而且标志着上合组织文化遗产合作从分散式的个体保护模式转变为合作式的集体保护模式，为上合组织文化遗产国际合作书写了新篇章。

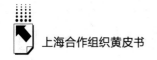

二 上海合作组织文化遗产保护面临的问题和挑战

近年来，上合组织成员国在文化遗产保护方面着力系统谋划、整体推进，取得了丰硕成果，为上合组织文化遗产保护注入了新活力。然而，需要指出的是，在上合组织文化遗产保护工作中各国仍然面临着许多共同的问题和挑战，文化遗产保护受到多种因素的困扰。面对这些问题，上合组织各国应携手合作，共同应对难题。

第一，上合组织成员国的文化遗产都遭受了不同程度的负面冲击，文化遗产的生存环境恶化现象普遍存在，这关系到物质文化遗产和自然遗产被破坏以及非物质文化遗产濒临消亡等问题。

上合组织成员国的某些物质文化遗产缺乏适当维护，遭到破坏。首先，经济活动是文化遗产遭到破坏的原因之一。某些地区的文化遗产保护意识不够强，认为文化遗产保护是经济发展和现代化进程的阻碍。所以，当遇到文化遗产保护和经济利益相冲突的情况时，某些地区便不惜以拆除古建筑等破坏文物为代价追求经济利益，未能恰当地保持经济发展和遗产保护之间的平衡。其次，某些地区缺乏对历史和文化遗产保护区域的专业化修复规划，包括制图材料、土地测量数据、历史和文化遗产标识等，这导致在对古建筑和历史遗迹重建和修复时科学性和专业性不够。俄罗斯圣彼得堡进行的一些古建筑拆迁，以及巴基斯坦拉合尔轨道交通部分线路因处于历史遗迹附近而停工等现象，都值得人们深思。

随着社会的发展，许多非物质文化遗产的生存空间受到挤压，一些传统技艺出现了传承人断层而面临失传的现象。例如，中国的宣纸传统制作技艺，它对传承中华民族文化起着十分重要的作用，该制作技艺于2009年被联合国教科文组织列入《人类非物质文化遗产代表作名录》。宣纸制作过程相当复杂，共有108道工序，技术要求高，劳动强度大，很多年轻人不愿意学习。随着老一代传承人的老去，宣纸传统制作技艺难以为继。其他如皮影戏、山西琉璃烧造工艺、烙画葫芦等文化瑰宝也都面临后继无人的困境。

第二，目前上合组织成员国对濒危遗产的保护意识有待加强。联合国教科文组织确立了《濒危世界遗产名录》，其目的是提醒某些遗产保护存在威胁，以此呼吁社会各界关注该遗产的保护。有的国家将其与本国名誉和主权联系在一起，只同意被列入《世界遗产名录》，不同意列入《濒危世界遗产名录》。① 这就需要有些国家正确对待濒危世界遗产，积极开展修复工作并及时向联合国教科文组织上报项目保护状况，争取这些遗产因良好的保护成效而被从《濒危世界遗产名录》中剔除。

第三，文化遗产的文化内涵和旅游开发缺乏深入性。文化遗产是上合组织各国文化发展的重要组成部分，可以成为提升国家形象和发展旅游的独特资源。然而，上合组织各国对文化遗产的文化内涵挖掘不够深入，文化遗产与旅游开发之间的关联性较为欠缺，对文化遗产旅游资源的传播和推广力度还不到位，许多文化遗产尚未被打造成旅游文化品牌，或品牌识别度不高，文化遗产并没有被充分利用来吸引游客，旅游市场规模较小并有待开发，许多历史和文化遗产所在地缺乏完善的基础设施。

例如，塔吉克斯坦的萨拉兹姆古城遗址，它是塔吉克斯坦第一个被列入联合国《世界遗产名录》的文化遗产，是中亚出现定居人口的历史见证，它见证了中亚和印度洋地区贸易和文化交流的历史。② 然而，如此重要的历史文化遗产却鲜有人知，这里的旅游产业开发也不完善，缺乏推广文化遗产旅游品牌的系统性规划，文化遗产点基础设施水平有待提高。

三 上海合作组织文化遗产保护的前景和对策

文化遗产是上合组织各国文化事业发展的重要组成部分。如何正确对待和有效利用文化遗产是上合组织各国需要合力思考的问题。本文认为，上合

---

① 孙克勤、孙博主编《世界遗产》，北京大学出版社，2020，第232页。
② 黄雅婷：《塔吉克斯坦文化教育研究》，外语教学与研究出版社，2021，第53~54页。

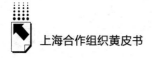

组织成员国未来应从以下三个方面共同携手开展文化遗产保护工作，推动本项工作不断走深走实。

（一）加强文化遗产保护合作，夯实合作基础

上合组织成员国拥有丰富多彩的文化遗产，跨国联合申遗潜力巨大。通过对上文提到的上合组织各国跨国联合申遗成功案例的分析，可以概括出上合组织跨国联合申遗项目的三大特质：关联性、典型性和完整性。

1. 关联性

上合组织成员国地理位置毗邻，历史、文化、民族等方面具有较强的相似性。在漫长的历史文化交流中，上合组织各国都存留了许多带有彼此文化烙印的历史遗迹、艺术作品、风俗习惯等。几项成功的跨国联合申遗案例均体现出该地区文化、文明以及地理环境的关联性。可以说，上合组织开展文化遗产保护具有天然的地缘政治优势。

2. 典型性

上合组织成员国地处丝绸之路的交通要道，是东西方文化交流汇聚地，这使得上合组织各国文化遗产具有较为突出的典型性特征。几项成功的跨国联合申遗案例中的遗产都是各个国家极具代表性的文化遗产，入选项目充分体现了遗产的独特价值，遗产资源整合的重点也正在于遗产本身的独特性。

3. 完整性

几项成功申报的遗产的完整性可以体现在两个方面：地理范围上的完整性和文化概念上的完整性。一是地理范围上的完整性。如"丝绸之路：长安-天山廊道的路网"项目和"西部天山"项目。它们均以地理位置相互连接为基准，将原本分散的遗产点统一整合为一个跨国的线性遗产。二是文化概念上的完整性。如"吉尔吉斯和哈萨克毡房制作的传统知识和技艺"和"阿依特斯即兴表演艺术"，均完整地体现了文化遗产所蕴含的丰富历史内涵和文化价值。

未来，上合组织各国可继续以关联性、典型性和完整性为基本原则，进一步夯实合作基础，持续开展相关主题研究，探索更多的跨国联合申遗项

目。比如，以丝绸之路为纽带，将具有强联结性的遗产点依次铺开，使其成为时间连续、过程完整的文化串联序列；再或者以具有相似特征的强识别度主题和场景为基础，推出上合组织专属定制项目，诸如各国的民间文学、传统音乐、传统舞蹈、传统美食、传统体育、传统技艺、传统医药、民俗习惯等。

（二）健全文化遗产保护机制，提升合作层次

未来，上合组织各国应携手合作，共同探索文化遗产保护机制，进一步提升国际合作层次。例如，设立上海合作组织文化遗产保护日，这不仅可以展示上合组织对文化遗产保护的重视和认可，而且能更好地推动上合组织国家在该领域的国际交流与合作。继而以庆祝保护日为契机举办"上海合作组织工艺赛会"等多种文化活动。文化活动不仅可以促使匠人们相互交流艺术观念和创作灵感，而且能够潜移默化地提高民众的文化遗产保护意识。定期召开上海合作组织文化遗产保护协调会，会上各国可在联合考古、文化遗产保护、博物馆展览交流、人才培养等领域协调活动，增进相互理解和相互信任。启动"上合文化遗产保护青年大使"计划，在文化遗产保护方面着眼于年轻力量，守正创新，为上合组织文化遗产合作注入新活力。

（三）推进新兴技术在遗产保护中的应用，创新合作模式

近年来，由于数字遗产概念的提出，三维数字化技术在文物保存、考古绘图、虚拟修复和数字展示等方面得以应用，信息技术、数字化保护技术、虚拟现实技术、空间技术、地理信息系统等在遗产资源保护和管理中发挥着重要的作用。[①] 上合组织成员国应着力发挥科技创新在遗产保护中的引领带动作用，积极使用新兴技术开展遗产保护工作。

在这方面，中国和俄罗斯起到了很好的模范带头作用。随着科学技术日新月异的发展，中国政府不断加大对遗产数字化领域的投入力度，中国在该

---

① 孙克勤、孙博主编《世界遗产》，北京大学出版社，2020，第 13 页。

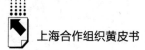

领域得到了飞速发展。例如，网络博物馆模式已在全国迅速铺开，成为民众了解文化遗产的主要途径之一。2020年以来，中国国家博物馆、敦煌研究院等多家博物馆数次举办"线上展览"，人们足不出户便可欣赏到精美的展品，深度了解文化遗产。俄罗斯积极采用新技术来维护和修复文物建筑。例如，俄罗斯在卡累利阿共和国奥涅加湖区基日岛的木结构教堂修复工作中，采用了大量新兴技术，修复工作得到了世界业界的广泛认可。

未来，上合组织各国在遗产保护、文物修复等方面可继续推进新兴技术的应用和推广，开展技术交流与合作，让新兴技术催生更多的文化遗产保护新业态。

综上所述，上合组织各国都十分重视文化遗产的保护，建立了相对完善的保护机制，并不断加强国际交流与合作。文化遗产保护是一项巨大的文化工程，上合组织各国应继续携手努力，不断夯实合作基础，提升合作层次，创新合作模式，共绘上合组织文化遗产保护新蓝图。

上合组织与世界

The SCO and the World

Y.16

白俄罗斯与上海合作组织

赵会荣*

摘　要： 白俄罗斯始终积极看待上海合作组织，自 2005 年申请加入上海合作组织以来一直与该组织保持密切关系，2009 年白俄罗斯成为对话伙伴国，2015 年成为观察员国。2022 年 7 月，白俄罗斯正式提交申请成为上合组织成员国的文件。上合组织撒马尔罕元首峰会启动了白俄罗斯作为正式成员国加入上海合作组织的程序。白俄罗斯加入上海合作组织的利益诉求在于：通过扩大经济合作规避西方制裁；通过扩大政治合作突破西方的政治孤立，促进政治安全，并推动对外合作的多元化和平衡化；通过扩大安全合作促进国家安全。目前，上海合作组织成员国均支持白俄罗斯成为正式成员国，预计 2024 年白俄罗斯将能够实现成为上合组织正式成员国的目标。

关键词： 白俄罗斯　卢卡申科　上海合作组织　俄乌冲突

＊ 赵会荣，中国社会科学院俄罗斯东欧中亚研究所乌克兰室主任，研究员。

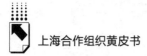

白俄罗斯认为上海合作组织是其作为欧洲国家走向亚洲的机会之窗，加入该组织符合其对外政策的战略目标和基本原则，有利于其应对面临的内外挑战，并获得经济、政治和安全利益。自 2005 年起，白俄罗斯就申请加入上海合作组织大家庭，于 2009 年成为对话伙伴国，2015 年成为观察员国。2022 年白俄罗斯申请成为正式成员国，2024 年白俄罗斯有望正式加入上海合作组织。

一 白俄罗斯与上海合作组织关系的演变

白俄罗斯对上海合作组织的态度始终很积极，是首个申请加入上海合作组织的欧洲国家。自 2005 年提出申请成为上合组织观察员国以来，白俄罗斯与上海合作组织的关系日益密切。

（一）2001~2005年，白俄罗斯对上海合作组织持积极观望态度

上海合作组织成立初期，白俄罗斯在独联体国家内是政治经济状况较好的国家之一。卢卡申科于 1994 年当选白俄罗斯首任总统，2001 年再次以绝对优势获得连任。2001~2005 年白俄罗斯 GDP 继续保持 20 世纪 90 年代下半期以来的快速复苏态势，增幅为 4.7%~11.4%。[1] 卢卡申科把北约东扩看作国家安全威胁，把与俄罗斯以及独联体国家的关系看作对外政策的优先方向，重视俄白联盟，并积极参与独联体地区一体化进程，以期从中获得安全保障和经济利益。1999 年俄白两国签署了关于俄罗斯和白俄罗斯建立联盟国家的条约。2000 年普京当选俄罗斯总统后，由于普京与卢卡申科在联盟国家建设方向、统一宪法和统一货币等问题上出现一些分歧，俄白联盟国家建设陷入停滞状态。不过，白方并未放弃与俄罗斯的联盟关系，仍对独联体一体化抱有较高期待。2004 年 7 月卢卡申科在阐述其外交政策时指出，白俄罗斯处于东西方之间，在西方，欧洲"巨人"是欧盟，在东方，欧亚"巨人"是俄罗斯。白俄罗斯的大部分利益仍然与伟大的东部邻国俄罗斯相关。他在谈

---

[1] https：//data.worldbank.org/country/belarus? view = chart.

到独联体空间一体化时提到了四国关税联盟、欧亚经济空间、古阿姆组织和上海合作组织；在谈到减少经济脆弱性并要求促进本国出口、吸引外国信贷和投资时谈到了阿拉伯国家、中国、印度以及非洲和拉美国家。① 因此，在此阶段白俄罗斯的外交政策重点在于发展俄白联盟和参与欧亚经济一体化，把上海合作组织看作欧亚空间的组成部分，积极看待上海合作组织的建立和发展，并与俄罗斯、中国等上海合作组织成员国保持着密切友好关系。

（二）2005~2009年，白俄罗斯申请观察员国未果，申请成为对话伙伴国

上海合作组织是开放的组织。《上海合作组织宪章》第14条规定，本组织可向感兴趣的国家或国际组织提供对话伙伴国或观察员地位。提供该地位的条例和程序由成员国间的专门协定规定。2004年上海合作组织开启扩员进程。同年，塔什干元首峰会通过《上海合作组织观察员条例》，并接收蒙古国为首个观察员国。2005年7月上海合作组织吸收印度、巴基斯坦和伊朗为观察员国，这引起了白俄罗斯的高度关注。此前，白俄罗斯曾与上海合作组织成员国接触，了解各方对于白俄罗斯申请成为观察员国的态度。2005年白俄罗斯正式向上海合作组织提出申请成为观察员国。主要原因是，白方认为扩员后上海合作组织的影响力将进一步提升。2005年12月6日，卢卡申科指出，俄罗斯和中国是上海合作组织的主要国家，核大国印度和巴基斯坦最近作为观察员加入，也就是说，这里正在建立一个强大的权力中心，上海合作组织所在区域是一个充满活力的、迅速发展的地区，白俄罗斯参与其中，可以从上海合作组织获得坚实的经济和政治红利。② 然而，白方的申请未能获

① Выступление Президента Республики Беларусь А. Г. Лукашенко « Внешняя политика Республики Беларусь в новом мире» на совещании с руководителями загранучреждений Республики Беларусь22 июля 2004 г., https：//president. gov. by/ru/events/vystuplenie－prezidenta－respubliki－belarus－aglukashenko－vneshnjaja－politika－respubliki－belarus－v－novom－mire－na－5837.

② Государственный визит в КНР, 6 декабря 2005 г., https：//president. gov. by/ru/events/gosudarstvennyy-vizit-v-knr.

得上海合作组织成员国一致的支持。一些白俄罗斯学者认为，原因在于上海合作组织认为其是亚洲国家的区域性合作组织，而白俄罗斯不是亚洲国家。

白俄罗斯并未因此放弃加入上海合作组织大家庭的愿望。2008 年，上海合作组织杜尚别元首峰会批准《上海合作组织对话伙伴条例》。2009 年俄罗斯担任上海合作组织轮值主席国，并在叶卡捷琳堡举办了元首峰会，在此次峰会上白俄罗斯成为上海合作组织对话伙伴国。卢卡申科在 2009 年 6 月 23 日发表的国情咨文中强调，与上海合作组织建立紧密的联系并获得对话伙伴国地位有助于提升白俄罗斯的国际威望。①

（三）2009~2022 年，白俄罗斯升级为观察员国并正式申请成为成员国

2012 年白俄罗斯再次提出申请成为上海合作组织观察员国。2015 年俄罗斯作为轮值主席国在乌法举办上合组织峰会，成员国元首一致同意接收白俄罗斯为观察员国。根据《上海合作组织观察员条例》，白俄罗斯自此能够以观察员国身份参加上海合作组织元首理事会和政府首脑（总理）理事会的公开会议，有权列席本组织外长理事会和各部门领导人会议的公开会议，经会议主席事先同意可以参加本组织各机构职能范围内问题的讨论，但无表决权。可通过本组织秘书长、用本组织工作语言、就其感兴趣的属本组织职能范围内的问题发表书面声明。② 白俄罗斯生态中心负责人谢尔盖·穆西延科在接受采访时指出，获得观察员地位是白俄罗斯外交和卢卡申科总统的巨大成功，在平等的基础上进入国际组织很有价值。③ 2015 年白俄罗斯邀请上

---

① Послание белорусскому народу и Национальному собранию Республики Беларусь，23 июня 2009 г.，https：//president. gov. by/ru/events/poslanie-belorusskomu-narodu-i-natsionalnomu-sobraniju-respubliki-belarus-5882.

② 《上海合作组织观察员条例》，http：//chn. sectsco. org/documents/。

③ Мусиенко: Сближение Беларуси и ШОС—это успех белорусской дипломатии и Президента страны，10 июля 2015，https：//www. belta. by/politics/view/musienko-sblizhenie-belarusi-i-shos - eto - uspeh - belorusskoj - diplomatii - i - prezidenta - strany - 6144 - 2015/？ ysclid = lfrlhglfru674297684.

海合作组织派遣观察员代表团监督白俄罗斯总统选举。上海合作组织观察员代表团结束监选后认为，白俄罗斯总统选举没有任何违反国家选举法的行为。这也是上海合作组织首次参与监督本组织观察员国的选举活动，对于白俄罗斯和上海合作组织来说都具有重要意义。白俄罗斯在成为观察员国后更加积极地参与上海合作组织的活动，卢卡申科总统在上海合作组织峰会上就粮食安全、信息技术生态系统、核安全、国际安全包容性对话和数字睦邻友好等议题提出倡议。2022 年 7 月，白俄罗斯正式申请成为上海合作组织成员国，并期待能够在 2023 年上合组织新德里峰会上实现这一愿望。

二　当前白俄罗斯对于上海合作组织的利益诉求

白俄罗斯加入上海合作组织的心情迫切，不仅与上海合作组织自身的感召力和影响力不断上升有关，也与当前白俄罗斯内外局势变化有着密切的关系。白方期待通过加入上海合作组织来有效应对面临的内外挑战，并获得相应的利益。

（一）经济利益

白俄罗斯独立以后长期受到西方国家的制裁。由于白俄罗斯在克里米亚事件和顿巴斯冲突发生后与俄罗斯保持一定距离并在冲突调解过程中积极发挥建设性作用，促成了两份《明斯克协议》的签署，西方国家一度取消了对白俄罗斯的大部分制裁措施。2020 年白俄罗斯政治危机发生后，西方国家再次加大了对白俄罗斯的制裁力度，制裁措施也因后续发生的客机劫持事件、难民危机事件层层加码。俄乌冲突爆发后，由于白俄罗斯是唯一向俄罗斯提供领土和设施用于俄在顿巴斯地区展开特别军事行动的国家，西方国家扩大了对白俄罗斯的制裁范围，切断了白俄罗斯农工银行、白俄罗斯投资银行、白俄罗斯复兴开发银行与 SWIFT 国际支付系统的联系，限制西方企业对白俄罗斯投资和贷款，制裁白俄罗斯生产钾肥、炼油、生产烟草等领域的大型企业。立陶宛、波兰、乌克兰等国几乎关闭了与白俄罗斯的边境，限制或者禁止白方使用其公路运输通道和港口，致使白俄罗斯对外物流运输通道严重受阻，人员跨境流动困难。欧盟和乌克兰作为白俄罗斯的主要贸易伙伴宣布禁止进口白俄罗斯商品。白方从欧盟国家采购商品也受到很大限制。此外，由于西方国家威胁对与白俄罗斯开展经济合作的国家施加次级制裁，导致其他国家也缩减了与白俄罗斯的经贸合作活动。

西方国家的制裁措施给白俄罗斯经济造成沉重打击。2022 年白俄罗斯 GDP 下降 4.7%。实体经济吸引外资继续呈下降趋势，2022 年白俄罗斯吸引外资约 70 亿美元。① 外贸额为 768.88 亿美元，同比下降 6%。其中，出口额 382.86 亿美元，同比下降 4.2%，进口额 386.02 亿美元，同比下降 7.6%。居民实际可支配现金收入同比下降 3.6%。②

在这种情况下，白俄罗斯期待通过参加上海合作组织应对经济领域的新挑战，规避西方制裁，在上海合作组织空间和亚洲方向获得对外经济合作的新机遇，寻找接收白俄罗斯商品的出口市场，以及获得替代西方国家的进口供应商、物流运输路线和投资。

其一，白俄罗斯非常重视发挥其作为过境国的价值。卢卡申科总统指出，白俄罗斯可以成为上海合作组织的西大门，发挥其过境枢纽的潜力和连接欧盟与欧亚大陆单一经济空间纽带的作用。他认为，已经启动的连接欧洲和亚洲的物流和基础设施项目，包括实施新亚欧大陆桥倡议，对白俄罗斯是一个有利的时机。白俄罗斯支持发展联通性、建立联合绿色走廊并进一步引入使用数字技术的综合交通管理系统。

其二，白俄罗斯认为上海合作组织在促进经贸合作方面拥有巨大潜力。卢卡申科总统强调，工业技术合作、数字化转型和人工智能、绿色经济和气候适应、消除不合理的贸易壁垒是白俄罗斯与上海合作组织国家优先合作的

① Об иностранных инвестициях в 2022 году, https://www.belstat.gov.by/o-belstat_2/novosti-i-meropriyatiya/novosti/ob_inostrannykh_investitsiyakh_v_2022_godu/.

② Об уровне денежных доходов населения в 2022 году, https://www.belstat.gov.by/o-belstate_2/novosti-i-meropriyatiya/novosti/ob_urovne_denezhnykh_dokhodov_naseleniya_v_2022_godu/.

领域。白俄罗斯还可以参与和平利用核能以及应用环保技术的合作。这些合作有利于白俄罗斯经济实现稳定和快速发展。

其三，白俄罗斯重视参与上海合作组织银行和金融领域的合作，支持该组织建立自己的金融机制，因为白俄罗斯受到西方国家非法制裁，需要使自身的支付系统与其他国家的支付系统更紧密地联系在一起，增加本国货币在贸易中的份额，这可以为白俄罗斯提供选择和行动自由。2022 年 9 月 19日，白俄罗斯外交部亚洲、非洲和拉丁美洲总局局长伊戈尔·贝利指出，上海合作组织在建立之初更多表现为致力于解决地区安全问题的政治组织，但近年来越来越多地关注经济问题，所通过的决议涉及银行间合作、相互结算和实施联合项目。成为上合组织正式成员后，白俄罗斯可以参加所有实施中的双多边合作项目和协议。白俄罗斯准备与合作伙伴共同发展的运输和物流潜力，并向合作伙伴提供其丰富的科学经验，展示其工业和农业成就。①

其四，白俄罗斯认为，上海合作组织是一个巨大的市场。伊朗加入以后，上海合作组织总面积超过 3564 万平方公里，覆盖欧亚大陆 65% 以上的领土，总人口超过 33 亿，约占世界人口的 42%。2021 年上海合作组织成员国国内生产总值总和约为 23.3 万亿美元，比成立之初增长 13 倍多。GDP 总量约占全球总和的 1/4。白俄罗斯拥有矿用自卸车、拖拉机等工业产品，可以开拓上海合作组织国家销售市场。白俄罗斯的农产品质量优良，可以在智慧农业、农业创新、农业技术等领域与上海合作组织国家开展合作。白俄罗斯农业领域的成就可以确保上海合作组织大家庭的粮食安全。

（二）政治利益

白俄罗斯处于俄罗斯与西方两大政治力量之间，维护国家主权独立、领土完整和安全，从大国博弈中获利的同时避免陷入地缘政治纷争是白俄罗斯外交追求的目标，实现此目标的理想路径是实施多元平衡的外交。然而，随

---

① В МИД рассказали, зачем Беларусь решила стать членом ШОС, 19 сентября 2022, https：//www. belta. by/politics/view/v-mid-rasskazali-zachem-belarus-reshila-stat-chlenom-shos-524556-2022/.

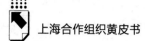

着俄罗斯与西方的对抗日益激烈，白俄罗斯外交回旋的空间逐渐狭窄，与西方的关系持续恶化，对俄罗斯的依赖不断增强。

自卢卡申科执政以来，西方国家始终把白俄罗斯看作俄罗斯的"卫星国"，对白俄罗斯长期实施孤立和干涉政策。2020年白俄罗斯举行总统选举引发大规模抗议示威活动，卢卡申科总统最终获得连任，但选举结果未获得西方国家的承认。俄乌冲突爆发以后，西方国家对白俄罗斯的干涉变本加厉，不仅制裁白俄罗斯高官，还支持流亡国外的白俄罗斯总统候选人、反对派代表季哈诺夫斯卡娅成立流亡政府，从而对卢卡申科政府构成挑战。

自2020年起，俄白联盟国家建设大幅提速。俄白联盟国家建设有两层含义：一是推进经济、军事、人文等领域的一体化，追求制度、法律和标准的一致性；二是发展联盟关系，通过签署法律文件对于对方的行为构成约束力，推进合作与联合。① 俄罗斯对乌克兰发动特别军事行动后，白俄罗斯作为俄乌两国的直接邻国面临的安全环境严重恶化，白乌边境形势持续紧张，白俄罗斯遂加强了与俄罗斯的军事合作，双方多次举行联合军事演习。白俄罗斯于2022年10月10日宣布组建俄白联盟国家地区联合部队，12月3日宣布与俄罗斯签署在军事领域联合保障地区安全的协议。10月中旬俄方调运9000名士兵和大批军事装备进入白俄罗斯。卢卡申科总统在与普京总统会谈后指出，俄方向白方提供了S-400防空系统和"伊斯坎德尔"战术导弹系统，帮助白方改装了可携带特种航空弹药的军用飞机，承诺帮助白方训练军用飞机的机组人员。卢卡申科总统强调，只要乌克兰不进攻白俄罗斯领土，白俄罗斯不会向乌克兰派兵。与此同时，俄白经济一体化进程提速。2023年2月18日，卢卡申科总统在会见普京总统时表示，两国经济一体化联盟项目完成程度已达80%。② 2022年俄罗斯投资在白俄罗斯吸引外资总额中的占比升至56.1%。俄白贸易额达到500亿美元的历史最高值，在白俄罗

---

① 赵会荣：《普京访问白俄罗斯释放何种战略信号》，《世界知识》2023年第2期。

② Переговоры с Президентом России Владимиром Путиным, 17 февраля 2023, https：//president. gov. by/ru/events/peregovory-s-prezidentom-rossii-vladimirom-putinym-1676619522.

斯外贸总额中的占比升至 65%。①

在这种情况下，加入上海合作组织既有利于白俄罗斯政府获得该组织国家的承认和政治支持，突破西方的孤立和围堵，促进白国内政治社会稳定，也有利于白俄罗斯增进与上海合作组织各国间的合作关系，彰显和提升其国际影响力，从而在国际变局中获得相对有利的国际地位。

卢卡申科总统认为，上海合作组织为平等和相互尊重的对话提供了一个真正的平台，它正在从一个区域组织转变为一个全球性组织。在世界秩序发生重大变化和西方发动制裁战的背景下，该组织正在制定解决国际和地区热点问题的文明措施。"上海精神"和全面合作可以成为世界新架构的坚实基础。2022 年 2 月，白俄罗斯就修改宪法举行全民公投，再次邀请上海合作组织派观察员监督全民公投活动并如愿获得观察员代表团的认可。卢卡申科总统在上海合作组织撒马尔罕峰会上强调，坚决反对某些国家干涉别国内政，并同意打击"颜色革命"。②

白俄罗斯学者叶甫根尼·普雷赫尔曼指出，白俄罗斯政府认为上海合作组织是一个前途光明的多边平台，是通往更宏大地缘政治的潜在门户，这是苏联解体后的一体化组织所不能提供的。③ 卢卡申科可以通过上海合作组织平台与国际组织和大国领导人保持联系，通过加强多边合作巩固白俄罗斯的独立和实现利益最大化。上海合作组织杜尚别峰会期间，卢卡申科总统与巴基斯坦和伊朗领导人举行会晤。上海合作组织撒马尔罕峰会期间，中白两国元首举行会晤，不仅将双边关系水平提升至全天候全面战略伙伴关系，而且就双边合作中的具体问题进行了磋商。2023 年 1 月 26 日，卢卡申科总统向印度总统德劳帕迪·穆尔穆和印度人民致以国庆节祝贺。他指出，白俄罗斯

---

① https：//www. belstat. gov. by/？ ysclid = lfrnsxxv2x438308022.

② От зеленых коридоров до мирного атома. Лукашенко заявил о приоритетах Беларуси в ШОС, 16 сентября 2022, https：//www. belta. by/president/view/ot － zelenyh － koridorov － do － mirnogo-atoma-lukashenko-zajavil-o-prioritetah-belarusi-v-shos-524055-2022/.

③ Евгений Прейгерман, Беларусь в ШОС: в поиске пространства для маневра, 26 октября 2022, https：//minskdialogue. by/research/opinions/belarus － v － shos － v － poiske － prostranstva － dlia－manevra.

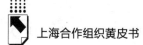

非常重视加强与印度的友好关系，并有兴趣将政治对话提升至战略伙伴关系的水平。① 2023 年 3 月 13 日，卢卡申科总统对伊朗进行访问，双方签署2023~2026 年全面合作路线图。该文件规定白俄罗斯与伊朗在政治、经济、科学和技术领域以及教育、文化、艺术、媒体和旅游领域开展合作。伊朗总统赛义德·易卜拉欣·莱希表示，将与白俄罗斯分享应对制裁的经验。白俄罗斯通过"做加法"促进对外关系的多元性和平衡性，以对冲过度依赖某一方带来的风险。

（三）安全利益

俄乌冲突爆发以来，北约在东欧地区加强了军事部署并在白俄罗斯边境进行携带核武器的飞行训练。2022 年 5 月以来，白俄罗斯与乌克兰边境的形势日益紧张。白方称，乌克兰在乌白边境设卡，关闭过境点，并聚集大量兵力，炸毁所有桥梁，埋设地雷，并不时向白方挑衅。乌克兰武装部队白俄罗斯志愿营宣称"要进入白俄罗斯"。与此同时，白俄罗斯国内出现针对铁路网、俄罗斯驻军及其装备的破坏性活动。为此，白俄罗斯加强提升国防能力和开展反恐行动。2022 年 3 月 17 日，白国家安全委员会在戈梅利州莫济里区挫败一起恐怖袭击。4 月 8 日，白俄罗斯最高法院将参与组织 2020 年反卢卡申科政府抗议示威活动的 NEXTA 组织及其下属机构 NEXTA Live 和LUXTA 认定为"恐怖主义组织"，将该组织负责人列入参与"恐怖主义个人"名单，理由是这些组织在白俄罗斯"宣传极端主义和恐怖主义内容"、组织激进人士从事"非法"活动、提供制造爆炸物及武器相关培训、煽动群众参与"非法"游行示威。5 月 18 日，卢卡申科总统签署了一项扩大对"恐怖主义行为"未遂者使用死刑的法律。

白俄罗斯高度重视上海合作组织的安全合作功能。白俄罗斯欧洲一体化中心主任尤里·舍夫佐夫指出，上海合作组织是现代多极世界的关键支柱之

---

① Поздравление Президенту Индии Драупади Мурму, 26 января 2023，https：//president. gov. by/ru/events/pozdravlenie-prezidentu-indii-draupadi-murmu.

一，是确保高水平安全和经济发展的空间。上海合作组织在应对安全威胁方面积累了经验，有助于保障欧亚大陆的安全。① 自成为上合组织对话伙伴国以后，白俄罗斯武装力量和特种部队开始参加上海合作组织框架下的反恐演习和培训。上合组织撒马尔罕峰会期间，卢卡申科表示支持在塔什干地区反恐怖机构的基础上建立上海合作组织全球安全威胁与挑战综合中心。

三　白俄罗斯加入上海合作组织的前景

2022 年 7 月，白俄罗斯向上海合作组织正式提交申请成为成员国的文件。9 月，上海合作组织撒马尔罕峰会启动了白俄罗斯作为正式成员国加入上海合作组织的程序。2023 年 3 月 9 日，卢卡申科总统会见来访的上海合作组织秘书长张明时指出，白俄罗斯期待在 2023 年 7 月印度新德里峰会之前完成加入上海合作组织的程序。目前，白俄罗斯申请成为正式成员国得到了所有成员国的支持，不过，根据 2010 年 6 月 11 日批准的《上海合作组织接收新成员条例》，申请国必须加入上海合作组织框架下现行有效的国际条约（约 40 个），对国家立法进行必要的修改。② 根据印度和巴基斯坦加入上海合作组织的经验，完成加入上海合作组织的程序一般需要两年时间，这意味着 2024 年白俄罗斯有望成为上海合作组织成员国。

尽管上海合作组织成员国均支持白俄罗斯加入该组织，但各国的视角和期待并不完全一致。俄罗斯从全球力量结构变化的角度看待白俄罗斯加入上海合作组织，认为这有助于提升俄在该组织内的地位和影响力，服务于俄罗斯的"大欧亚伙伴关系"倡议。回顾过去，上海合作组织成立初期，俄罗斯把"9·11"事件看作契机，致力于改善与西方国家的关系，并推动俄白

① Шевцов: ШОС-пространство для обеспечения высокого уровня безопасности и развития экономики, 22 марта 2023, https://www.sb.by/articles/shos - prostranstvo - dlya - obespecheniya-vysokogo-urovnya-bezopasnosti-i-razvitiya-ekonomiki-shevtsov.html? ysclid = lfs2unzwnf907946778.

② 《上海合作组织接收新成员条例》，http://chn.sectsco.org/documents/。

联盟朝着统一国家的方向发展，在吸引白俄罗斯加入上海合作组织方面缺乏强劲的动力。随着欧亚地区地缘政治变迁以及俄罗斯与西方的关系逐渐走向对抗，俄罗斯不断提升上海合作组织在其外交中的地位，推动白俄罗斯加入上海合作组织的意愿愈发强烈。白俄罗斯学者指出，在俄罗斯担任上合组织轮值主席国期间白俄罗斯成为上海合作组织对话伙伴国和观察员国并非偶然。2016 年俄罗斯提出"大欧亚伙伴关系"倡议，其中包含了整合上海合作组织、"一带一路"、欧亚一体化等机制的意图，以促进俄罗斯在中亚和东亚的利益。俄罗斯学者认为，俄一直在追求其地缘政治目标，试图平衡俄罗斯与中国在中亚国家经济机会的不对称性，并在不损害欧亚一体化进程的情况下将中亚地区保留在俄罗斯传统影响范围内。① 俄罗斯驻白俄罗斯大使鲍里斯·格雷兹洛夫称，白俄罗斯加入上海合作组织将有助于进一步巩固欧亚地区作为新力量极的地位。②

中国重视发展中白关系，认为白俄罗斯是中国的全天候全面战略伙伴和"一带一路"建设的重要合作伙伴，白俄罗斯加入上海合作组织有利于中白关系的发展，也有利于该组织的长远发展。中白工业园是中国最大的境外经贸合作园区，习近平主席称其为丝绸之路经济带上的明珠。2022 年 6 月 30 日，白俄罗斯驻华使馆举办独立日暨中白建交 30 周年招待会。中国政府欧亚事务特别代表李辉到会祝贺，强调中白两国是亲密的朋友和全面合作伙伴，中白建交以来，无论国际风云如何变幻，中白双方始终相互尊重，彼此支持，推动两国各领域合作不断取得丰硕的成果。双方在涉及彼此核心利益问题上相互坚定支持，在国际和地区事务中密切合作，努力维护两国共同利益，捍卫国际法和促进国际关系民主化。新冠疫情流行后，双方开展疫苗合作，彰显风雨同舟的兄弟情

---

① ШОС во внешнеполитической стратегии России, 2 октября 2020, https：//russiancouncil. ru/analytics-and-comments/analytics/shos-vo-vneshnepoliticheskoy-strategii-rossii/.

② Посол России в Минске рассказал о выгодах вступления Беларуси в ШОС, 12 сентября 2022г., https：//www. rubaltic. ru/news/12092022 - posol - rossii - v - minske - rasskazal - o - vygodakh-vstupleniya-belarusi-v-shos/？ ysclid = lbdfl23xoi70528393.

义。站在新的历史起点上，中方愿同白方携手努力，落实好两国元首达成的重要共识，加大相互政治支持，深挖双方各领域合作潜力，推动中白全面战略伙伴关系实现更大发展。中白两国于 2023 年 3 月 2 日签署的《中华人民共和国和白俄罗斯共和国关于新时代进一步发展两国全天候全面战略伙伴关系的联合声明》指出，双方将继续在上海合作组织、亚洲相互协作与信任措施会议等多边框架内开展全面合作。中方支持白俄罗斯尽快成为上海合作组织成员国。

印度不反对白俄罗斯加入上海合作组织。印度学者指出，印度可以通过支持白俄罗斯加入上海合作组织换取白俄罗斯在某些问题上对印度的支持。对于亚洲最大的民主国家和新兴市场印度来说，加入一个旨在实现地区稳定与和平的多边组织至关重要。[1] 印度认为，白俄罗斯是欧亚经济联盟的成员，也是印度所需钾肥的重要进口来源国。印度在白俄罗斯的投资项目主要涉及制药行业。2017 年卢卡申科总统对印度进行访问时，双方达成一致，将深化在国防、安全、医药和能源领域的合作。2022 年 12 月 22 日，白俄罗斯外交部部长谢尔盖·阿列伊尼克会见了印度驻白俄罗斯特命全权大使阿洛克·兰詹·贾，双方讨论了在印度担任上海合作组织轮值主席国期间白俄罗斯与印度在该框架内相互关系与合作的重要问题。

巴基斯坦和中亚成员国均支持白俄罗斯加入上海合作组织，同时期待提升双边合作水平。上海合作组织撒马尔罕峰会期间，巴基斯坦总理夏巴兹·谢里夫对卢卡申科总统表示，巴基斯坦完全支持白俄罗斯加入上海合作组织，这是一个重大事件，白方可以信赖巴方。[2] 白俄罗斯与巴基斯坦签署了超过 80 个协议，白方向巴方出口机械、轮胎、食品、药品等商品。中亚成员国与白俄罗斯有着共同的历史记忆，在政治、经济、安全和人文领域的合作关

---

① Индия готова поддержать вступление Беларуси в ШОС-индийский эксперт, 15 сентября 2017 г., https：//eurasia. expert/indiya – gotova – podderzhat – vstuplenie – belarusi – v – shos – indiyskiy-ekspert/.

② Встреча с Премьер-министром Пакистана Шахбазом Шарифом, 15 сентября 2022 г., https：//president. gov. by/ru/events/vstrecha – s – premer – ministrom – pakistana – shahbazom – sharifom.

系非常密切，均为独联体成员国。哈萨克斯坦、吉尔吉斯斯坦与白俄罗斯均为欧亚经济联盟成员国，哈萨克斯坦、吉尔吉斯斯坦和塔吉克斯坦与白俄罗斯均为集体安全条约组织成员国。2021 年白俄罗斯与哈萨克斯坦的贸易额达到 10.9 亿美元，与其他中亚成员国的贸易规模则不大。白俄罗斯向中亚成员国主要出口机械设备、拖拉机、联合收割机、肉和乳制品、家具等，中亚成员国向白俄罗斯主要出口汽车、蔬果、轨道和信号设备、散热器和零部件等。巴基斯坦和中亚成员国认为，白俄罗斯加入上海合作组织以后，彼此之间将会迎来更多的合作机会。

Y.17
白俄罗斯加入上海合作组织的
动机、策略及影响

张艳璐*

摘　要： 伴随国际大变局的持续深入以及上海合作组织的不断发展和壮大，白俄罗斯对上海合作组织的认知与定位发生了明显的变化。在白俄罗斯看来，上海合作组织已成为构建世界多极秩序的主要支撑之一，是白俄罗斯谋求欧亚地缘政治空间平等建构者地位的重要抓手。基于此，白俄罗斯在内外多重因素的共同推动下对上海合作组织采取了更为积极的政策，除表达了成为上合组织成员国的意愿，还提出了构建"集体东方"、推动"一体化机制间合作"、打造"差速一体化模式"等概念和倡议，以期凸显自身的地缘价值，并更快地在上海合作组织中重新确立自己的位置。与此同时，对上海合作组织而言，白俄罗斯若成为成员国可能会带来一定的发展机遇，但也潜藏着多重风险。因此，需要审慎对待白俄罗斯的加入申请，并尽可能地以此为契机加快推进上合组织的机制改革，推动设置更为灵活的互动合作制度，加强组织内部政治互信，从而促进上海合作组织的可持续发展。

关键词： 白俄罗斯　"上海精神"　多边外交

---

* 张艳璐，中国社会科学院俄罗斯东欧中亚研究所副研究员，历史学博士、政治学博士后。

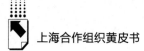
在乌克兰局势不断升级与外溢、俄罗斯与美西方关系持续恶化以及中美脱钩断链愈演愈烈的背景下，世界秩序的转型已无可避免。① 对于高度依赖国际秩序规则实现自身利益的小国而言，为能在充满不确定性的大变局中生存下来不得不重新思考本国外交政策的优先事项，以便维护自身安全，并同时寻找新的发展机遇。作为典型小国的白俄罗斯即是其中较为积极的一员。在白俄罗斯看来，全球的两极分化已成为当今世界最主要的趋势之一，世界正在分裂为以美国为中心和以中国为中心的两个全球化世界，且这一分化过程正在加速推进。与此同时，全球两极分化还造成各国更多地关注本国的经济安全问题，并进而导致集团间的对抗性制裁以及高附加值产业链的地区化或本地化。② 对于经济发展高度依赖外部市场和资源的白俄罗斯而言，面对新的地缘政治与经济条件，必须思考和解决构建新的国际和地区经济合作模式的问题，以便确保国家在世界大变局中的稳定与发展。正如白俄罗斯总统卢卡申科在 2023 年国情咨文中所指出的，白俄罗斯必须积极参与世界变革的进程，否则白俄罗斯的国家利益将不会为新世界所考虑。③ 与此认知相适应，白俄罗斯调整了其对外政策的优先方向，重新定位了自身与上海合作组织、金砖国家等新兴国际组织间的关系，采取了更为积极主动的政策。2022 年 6 月 25 日，白俄罗斯总统卢卡申科在圣彼得堡会见俄罗斯总统普京时正式提出成为上海合作组织成员国的意愿。此后，白俄罗斯在同年 9 月召开的上海合作组织撒马尔罕峰会上递交了相关申请，并计划在 2023 年 6 月前完成相关程序和立法工作，以便在新德里峰会上正式成为上合组织成员国。应看到的是，尽管白俄罗斯是

---

① Петришенко：необходимо наполнить новым содержанием повестку взаимодействия СНГ и ШОС，https：//www. belta. by/printv/economics/view/petrishenko – neobhodimo – napolnit – novym-soderzhaniem-povestku-vzaimodejstvija-sng-i-shos-555993. html.

② Екатерина Господарик，Экономические возможности Беларуси в ШОС，Банковский вестник，9/7 10 сентября 2022 г. .

③ Послание белорусскому народу и Национальному собранию，31 марта 2023，https：// president. gov. by/ru/events/poslanie – aleksandra – lukashenko – belorusskomu – narodu – i – nacionalnomu-sobraniyu-sostoitsya-31-marta.

小国，但其积极谋求成为上海合作组织成员国的政策转向不仅将为上合组织的机制发展及影响力扩展带来一定机遇，同时也带来潜藏的多重风险。鉴于此，本文试图借由分析白俄罗斯在动荡时期对上海合作组织的认识与政策变化，总结小国多边外交背后所蕴藏的行为逻辑与规律，进而为上海合作组织未来的机制改革提供决策上的参考。

一 白俄罗斯对上海合作组织的认知 变化及其影响因素

自上海合作组织成立以来，白俄罗斯始终关注并积极参与上合组织的活动，并于 2009 年获得上海合作组织对话伙伴国地位，后于 2017 年成为观察员国。近年来，伴随国际局势的变化以及上海合作组织的发展，特别是在白俄罗斯 2020 年国内政治危机和 2022 年乌克兰危机升级后，白俄罗斯对上海合作组织的认知与定位出现了明显的调整。当前，白俄罗斯将上海合作组织视作国际关系体系中的重要棋手，是多极世界的主要支撑之一，在促进国际经济合作与政治外交协作上均具有巨大的前景。[1] 与此同时，白俄罗斯将上海合作组织定位为拥有多级稳定组织结构的国际权威组织，并认为其是构建欧亚地缘政治空间的重要力量，是欧亚地缘空间的主要地缘政治主体。在白俄罗斯看来，通过更积极地参与上海合作组织的活动和获取上合组织成员国地位能够为自身的发展带来新的机遇，并进而提升白俄罗斯在欧亚地缘政治空间中的国家地位，使其能够成为当代欧亚地缘政治空间的平等建构者之一。[2] 白俄罗斯的上海合作组织观之所以在此时发生如此积极的转变是内外多重因素综合作用的结果。

---

[1] Алейник：Беларусь придает важное значение сотрудничеству с ШОС，https://www.belta.by/printv/politics/view/alejnik-belarus-pridaet-vazhnoe-znachenie-sotrudnichestvu-s-shos-554380-2023/.

[2] Виктор Когут，Республика Беларусь и ШОС в евразийском геополитическом пространстве，Управленческое консультирование，№1 2017 г..

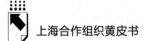

首先，提升和加强与上海合作组织的关系符合白俄罗斯外交的基本原则，与白对外政策"向东转"的基本方针相适应，可有效扩展白俄罗斯外交操作的空间。

白俄罗斯现行的《白俄罗斯内政外交基本方向》文件中规定，白俄罗斯外交的优先方向和主要任务是推动形成多极世界和基于国际法规则的国际关系体系；在全球和地区层面巩固国家集体安全机制；在有效的多边和多向外交基础上与各世界力量中心和战略伙伴展开合作；确保白俄罗斯商品、服务、原料和能源不受歧视地进入世界市场。[1] 参与上海合作组织的活动完全符合白俄罗斯上述外交基本原则。特别是中俄两国都在上海合作组织中，白俄罗斯通过该组织加强对华关系不会招致俄罗斯的地缘政治担忧。换言之，上海合作组织在促进白俄罗斯外交联系和对外贸易多样化的同时，并不会给其自身带来严重的地缘政治风险，是白俄罗斯对冲战略的完美实施路径。[2]

此外，自 2020 年国内出现政治危机以来，白俄罗斯承受了来自美西方的多轮制裁，与美西方的关系持续恶化。特别是乌克兰危机升级后，美西方认定白俄罗斯是俄罗斯特别军事行动的"直接参与国"，对其实施连带制裁，进而导致白俄罗斯与美西方的关系彻底冻结。对白俄罗斯而言，在极其不利的地缘政治条件下必须坚持推行多边外交及合作模式，以实现对外联系的多样化，扩展其外交操作空间。[3] 因此，白俄罗斯放弃了早前所采取的以"深化白欧关系"为主调的多元平衡外交政策，转而采取以"加速俄白一体化的同时，加强与非西方国家关系"为特点的新外交策略。而上海合作组织成为白俄罗斯在后苏联空间以外开展国际合作的重要机会。在这种意义

---

[1] Основные направления внутренней и внешней политики Республики Беларусь, измененные от 4 июня 2015г.

[2] Евгений Прейгерман, Беларусь в ШОС: в поиске пространства для маневра, https://thinktanks. by/publication/2022/11/03/belarus – v – shos – v – poiske – prostranstva – dlya – manevra. html.

[3] Кристина Ермак, Беларусь и Шанхайская организация сотрудничества, ПАМЯТНАЯ ЗАПИСКА № 20/15. 09. 2022.

上，白俄罗斯对上海合作组织不断增长的兴趣很大程度上类似1998年其加入不结盟运动时的逻辑。正如时任白俄罗斯外交部部长伊万·安东诺维奇所指出的，在被西方国家封锁包围的条件下，不结盟运动成员国的身份为白俄罗斯提供了重要的与世界权威领导者建立联系的机会，使白俄罗斯获取了调解重大外交问题和政治事件的经验。①

其次，世界格局与国际秩序体系的加速转变促使白俄罗斯主动改变对上海合作组织的固有认知，并对其采取更积极的策略方针。

当前，冷战后形成的国际体系正面临全方位的重构。经济全球化加速向集团化方向转换，全球治理体系的作用持续弱化并出现严重分裂，国际关系格局面临重组，阵营化趋势日趋明显。这些变化迫使各国重新考虑自身在国际关系体系中的定位，并以本国利益为基础做出相应的政策调整。对白俄罗斯而言，西方当前借口乌克兰危机所施加的制裁已严重影响了俄白两国的供应链和经济环境。而欧盟还将持续通过制裁来调整其与俄白联盟国家间的经贸关系，直至完全中断。正如欧亚经济委员会一体化与宏观经济部部长格拉济耶夫所指出的，欧盟国家正加紧寻找替代从俄罗斯进口以及绕开俄白联盟国家运输物流走廊的途径。在当前复杂的局势下，俄白两国已不能为绕开制裁和顺利进入国际市场而彼此提供服务。必须研究制定摆脱当前艰难局势的替代方案。对于联盟国家而言，上海合作组织可以成为其在被迫减少与西方合作的条件下"通向东方的窗户"。②

正是在此背景下，白俄罗斯对行为原则和价值观与自身国家利益完全吻合的上海合作组织展现出了更积极的态度。在白方看来，在当前地缘条件下，上海合作组织是一个极其重要的组织，不仅可以通过它巩固与中国、伊朗等国家的合作，更可以在西向与周边地区外交严重受挫以及对俄罗斯政治

---

① Евгений Прейгерман, Беларусь в ШОС: в поиске пространства для маневра, https://thinktanks. by/publication/2022/11/03/belarus－v－shos－v－poiske－prostranstva－dlya－manevra. html.

② Олег Лешенюк, «Окно на Восток»: Эксперт объяснил, зачем Беларусь вступает в ШОС, https: //eurasia. expert/ekspert－obyasnil－zachem－belarus－vstupaet－v－shos/? utm_ source = yandex. by&utm_ medium = organic& utm_ campaign = yandex. by&utm_ referrer = yandex. by.

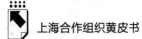

与经济依赖性不断提升的情况下，借助上海合作组织的成员国地位实现国家战略的某种平衡对冲。① 总体而言，成为上海合作组织的成员国既可以使白俄罗斯利用上合组织专为成员国所提供的各类经济、安全和政治支持更从容地应对美西方大规模制裁所带来的风险与挑战，同时也将帮助白俄罗斯进一步加强与俄罗斯、中国及其他亚洲国家的经济合作关系，促进实现其所倡议的"欧亚大陆的整体一体化"，进而借此重塑本国的国家形象，获取国际声誉和影响力，提升国家地位。

最后，白俄罗斯积极谋求上合组织成员国地位的决策行为不仅反映出上海合作组织扩员问题的紧迫性，同时也折射出上海合作组织的发展已进入新的历史阶段。

自 2001 年成立以来，上海合作组织已发展成为成员国总人口达 35 亿的超大型国际组织，其合作几乎涵盖政治外交、经济贸易以及人文科学等各个领域。特别是上海合作组织的经济合作议程更是囊括工业生产链协作、统一能源市场构建、国际运输物流大走廊建设、银行间结算协作等诸多当前全球化所亟待解决的问题。上海合作组织在坚持传统安全议题合作的同时，将更多的精力放在了国家和地区的发展议题上。上海合作组织不仅致力于国际转运物流通道的多样化建设，更积极推动组织框架下国际结算替代方案的形成，以帮助上合组织参与国更好地应对西方的非法限制性措施所带来的风险与挑战。尽管在 20 多年的发展过程中，上海合作组织在维护中亚地区的安全与稳定、促进成员国间的政治互信以及推动地区经济发展与合作中发挥了重要作用，取得了丰硕的成果，但随着组织进入全新的发展阶段，特别是在地缘政治的意识形态化、安全合作的跨地区性日益加强的背景下，上海合作组织需要借助有目的性的扩员来推动自身的战略转型，以谋求在新的地缘环境下实现跨越式的发展。

---

① Сергей Богдан, Беларуси не придется сидеть в ШОС на приставном стуле, belmarket. by/ news/news-51533. html.

二 白俄罗斯多边政策的调整与新国际倡议的提出

在世界大变局的背景下，白俄罗斯不仅仅需要为生存而战，更需要寻找新的发展机遇。在白方看来，多边组织的优势即在于其可以在一定程度上弥补大国与小国间的实力、地位不对等与失衡。在多边的框架下，小国将有更大的机会坚持自己的利益，而且这一逻辑适用于所有的国际组织。如小国立陶宛能通过欧盟和北约机制而非通过双边关系获得西欧国家的共情和理解，并与其他国家建立联盟。[①] 为增强在国际组织中的作用以及凸显自身的地缘价值，白俄罗斯近期提出了一系列新的国际议题与倡议，以期尽快重新确立自己在国际体系中的地位，获得国际社会对白俄罗斯政权的承认，树立新的国家形象。

（一）提出构建"集体东方"，以应对"集体西方"的压力

近 10 年来的国际关系转型正推动形成不再存在单一主导中心的多极世界。"集体西方"与"集体东方"这一对相对应的概念被逐渐塑造出来，并时常被运用于有关国际秩序转型的叙事话语中。白俄罗斯学者指出，由 40 个国家所代表的"集体西方"现在已不是技术、经济发展和进步的垄断者，相反可以看到，西方实际上回归到了过去的殖民主义。这种殖民主义表现为"侵略性的制裁"政策以及对不采取西方制度和发展道路国家的歧视等。这尤其在白俄罗斯 2020 年政治危机以及 2022 年乌克兰危机升级中得到了集中体现。而"集体东方"则日益成为推动建立公平的多极世界的重要力量。现行世界秩序的重组时代已然来临，亚洲的时代也已来临，这里有无以匹敌的巨大能源基础、生产能力以及消费市场，亚洲大陆的作用将不断提升。[②]

---

① Сергей Богдан, Беларуси не придется сидеть в ШОС на приставном стуле, belmarket. by/ news/news-51533. html.

② Восточные ориентиры. Эксперт — о роли Беларуси в формировании архитектуры коллективного Востока, http：//www. sb. by/articles/vostochnye-orientiry. html.

此外在白俄罗斯看来，"集体西方"存在明显的种族偏见，这在某种程度上也是它们的优势，它们将自己定义为最高等级的国家。"集体东方"则与之不同，其本质是要构建没有种族主义和半殖民地叙事的平等多极世界。①

面对新的国际格局，位于地缘政治十字路口的白俄罗斯深知不可置身事外旁观这一进程，而应充分发挥自身经济与地理优势，利用变革所带来的机遇，在新的国际关系体系和世界劳动分工中找到对自己最有利的位置。正如白俄罗斯政治学家彼得·彼得罗夫斯基所指出的，白俄罗斯充分显示了自身国际政策的毅力与智慧。白俄罗斯始终强调其没有侵略他国的历史，也不谋求与其他国家对抗，具备成为"对话之国"的条件，以便将白俄罗斯塑造成"集体东方"与"集体西方"的交汇之处，成为"集体东方"这一计划中欧洲的替代方案。② 对此，白俄罗斯总统卢卡申科提出举行上海合作组织、欧亚经济联盟、金砖国家联合峰会的倡议，试图以"欧亚经济联盟+上合组织+金砖国家"的形式组建"集体东方"的主导核心机制，从而推动形成新世界秩序的原则与规范。③

（二）推动"一体化机制间合作"，以化解地区化趋势所带来的风险

位于地缘政治十字路口的白俄罗斯无疑拥有对接不同一体化机制的优势和基础。④ 因此，白俄罗斯总统卢卡申科很早以前就提出了"一体化之整合"的概念和倡议，试图以白俄罗斯为纽带将其所参与的欧亚经济联盟、上海合作组织、独联体、集体安全组织串联起来，以构建新的"机制间合作"模式，抵御世界割裂与碎片化所带来的风险。

① Эксперт：Беларусь-страна диалога，https：//www. sb. by/articles/ekspert-strana-dialoga. html.

② Эксперт：Беларусь-страна диалога，https：//www. sb. by/articles/ekspert-strana-dialoga. html.

③ Восточные ориентиры. Эксперт — о роли Беларуси в формировании архитектуры коллективного Востока，http：//www. sb. by/articles/vostochnye-orientiry. html.

④ Петришенко：необходимо наполнить новым содержанием повестку взаимодействия СНГ и ШОС，https：//www. belta. by/printv/economics/view/petrishenko - neobhodimo - napolnit - novym-soderzhaniem-povestku-vzaimodejstvija-sng-i-shos-555993. html.

与此同时，欧亚地区现行的各种一体化机制间所存在的差异和互补性也为其相互合作提供了前提条件。正如欧亚经济委员会主席米哈伊尔·米亚斯尼科维奇所指出的，上海合作组织与欧亚经济联盟的经济议程各具潜力，但又相互补益，共同推动了世界经济的发展。2022 年，欧亚经济联盟与上海合作组织间的货物贸易额达 2702 亿美元，同比增长 40%。欧亚经济委员会制定了旨在将欧亚地区连为一体的大型运输物流规划构想，而上海合作组织目前正在研究审核这一规划；两大欧亚一体化组织均强调扩大本币结算以及在货币支付系统一体化领域的合作对推动独立的跨境支付以及金融贸易与投资的重大意义。① 独联体与上海合作组织间的合作也为机制间合作增添了新的内容。作为独联体 2023 年轮值主席国，白俄罗斯致力于推动欧亚经济联盟、上海合作组织、独联体和集体安全组织四个一体化平台的对话交流，以推动构建多极世界秩序。在白俄罗斯看来，独联体国家不能对各种地缘经济进程置若罔闻，独联体可以成为带动与友好联合体一体化进程的火车头。②

（三）打造"差速一体化模式"理念，以化解上海合作组织内部发展不平衡的问题

在白方看来，上海合作组织各参与国的经济体量以及科技、数字技术和物流发展水平存在较大差异，这导致上海合作组织各成员国对组织发展的态度立场各不相同。与此同时，各成员国对上海合作组织的角色定位也存在差异。由于上海合作组织在解决冲突时采取协商一致的原则，所以在组织内部存在较大个体差异及不同诉求的情况下需要着力打造"差速一体化"的组织建设方针，以最大限度地弱化内部差异在协调一致原则下对上海合作组织框架下深化合作所带来的消极影响。

---

① ЕАЭС и ШОС будут стимулировать интеграцию валютно-платежных систем，http：//www. belta. by/printv/economics/view/eaes-i-shos-budut-stimulirovat-integratsiju-valjutno-platezhnyh-sistem-556047-2023/.

② Петришенко：необходимо наполнить новым содержанием повестку взаимодействия СНГ и ШОС，https：//www. belta. by/printv/economics/view/petrishenko-neobhodimo-napolnit-novym-soderzhaniem-povestku-vzaimodejstvija-sng-i-shos-555993. html.

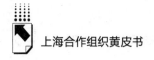

三 以白俄罗斯为代表的国家对上合组织观念与 政策的调整对组织建设的潜在影响

对于上海合作组织而言，作为地缘节点的国家白俄罗斯获得组织成员国地位将是一柄"双刃剑"，既可以为组织的发展带来一定机遇，同时也在某些方面构成风险挑战。

（一）白俄罗斯获得上海合作组织成员国地位不仅可扩展组织的影响力，推动其转型升级，更将为一体化机制间的合作创造条件

一方面，白俄罗斯的加入将有效助力上海合作组织突破地域局限，扩展其影响力的地理范围，推动上海合作组织向全球性国际组织转型。白俄罗斯作为首个申请成为上海合作组织正式成员国的非亚洲国家，可使该组织由地区性组织转变为国际性组织。如果白俄罗斯正式加入上海合作组织，不仅可以将上海合作组织的影响地域向西推进，同时也可为上海合作组织提供一个跨自然地理区域发展的实践机会，进而为上海合作组织推进跨地区发展、实现自身全球化转型奠定初步基础。

另一方面，作为欧亚地区主要机制积极参与国的白俄罗斯，其获得上海合作组织成员国地位将为该组织与其他地区组织和机制开展对接合作构建桥梁。白俄罗斯是欧亚经济联盟、独联体、集体安全组织的成员国和共建"一带一路"重要参与国，并与地区国家保有较好的双边关系。伴随白俄罗斯在上海合作组织中地位的提升，其有潜力成为上海合作组织与其他地区机制间的联系纽带，进而推动不同机制间的互动合作。同时，通过吸纳白俄罗斯成为成员国也将使上海合作组织获得一个观察构建一体化机制间合作可行性路径的窗口。

（二）授予白俄罗斯上合组织成员国地位将使上海合作组织在机制构建、行动效率以及内部分歧弥合等方面面临一定的风险挑战

首先，白俄罗斯的加入将有可能加剧上海合作组织的平台化风险。

白俄罗斯之所以谋求上海合作组织的成员国地位，其主要目的是希望借此冲破美西方的封锁孤立，扩展其外交操作空间，获取国际承认，维护自身的主权独立。但白俄罗斯的加入将可能再次放大上海合作组织内部的利益诉求差异，增加各国协商一致的难度，从而导致上海合作组织面临更大的去功能化风险，日趋沦为对话交流平台，不利于上海合作组织的健康长远发展。

其次，白俄罗斯的加入可能进一步降低上海合作组织的合作效率。白俄罗斯积极加入上海合作组织的动机更多地源于经济需求。作为高度依赖外部市场的出口导向型国家，白俄罗斯希望借助上海合作组织的资源破解因多轮经济制裁而面临生产供应链中断、物流不畅、国际结算困难等一系列难题。因此，白俄罗斯成为上海合作组织的正式成员国将加大经济问题在组织议事日程中的比重，增加上海合作组织议题的泛化风险，并同时可能潜在地引发部分成员国间的新利益冲突，从而进一步降低上海合作组织的议事行动效率。

最后，白俄罗斯成为上海合作组织的成员国不排除会加剧上合组织决策的内部竞争风险。白俄罗斯与俄罗斯是联盟国家，在美西方的制裁挤压下，俄白一体化得到进一步加强，并且呈现由经济领域向军事政治领域扩散的态势。在白俄罗斯高度依赖俄罗斯的情况下，白俄罗斯不可避免地会在上海合作组织的框架内加强与俄罗斯的协调与合作，保持一致立场。在此背景下，白俄罗斯的加入势必将在一段时期内改变上海合作组织内现有的力量格局，加大内部冲突的风险。

四　相关风险应对措施的思考

扩员是上海合作组织突破自身发展瓶颈、迈向更高层次发展阶段的必由之路。因此，应以域外国家白俄罗斯加入上海合作组织为契机，加快推进组织的机构改革，构建隐性扩员和退出机制，加强组织内部政治互信，以便预防和消除扩员带来的潜在消极影响，促进上海合作组织的可持续发展。

（一）在实施扩员的同时加快推进上海合作组织的机构改革

扩员不仅是组织成员国数量的增加，而且是组织结构调整的重要契机。经过 20 多年的发展，上海合作组织已从一个由六个成员国组成的地方性组织发展成为一个由九个成员国、三个观察员国和十四个对话伙伴国组成的跨地区组织，并呈现向全球性组织转型的态势。因此，需要在坚持"上海精神"的基础上，推动上海合作组织运行机制的适时改革，扩展机构职能，明确重大议程的决策程序，适度增加职能部门数量和专业化委员会的数量，以为组织的转型升级奠定制度基础。同时，应在组织章程中增设退出机制的相关条款，以降低成员国退出地区一体化合作对组织运行与发展的冲击。

（二）积极增加"+"概念应用，以便获得隐性扩员的效果

当今世界集团化趋势日益显著，组织（集团）之间的合作未来将成为国际合作的重要组成部分。上海合作组织的参与国多数同时参加数个多边机制，这为上海合作组织开展一体化机制间的合作创造了有利条件。特别是当多边机制积极参与国白俄罗斯加入上海合作组织后，可以以此为契机创新性使用"+"概念，为上海合作组织与欧亚经济联盟、独联体、集体安全组织等一体化机制间展开合作构建可行性路径，以为上海合作组织下一步与东盟、非盟等其他组织实施跨地理区域合作提供借鉴，进而推动形成通过"单一国家加入带动整个地区联动"的隐性扩员机制。

（三）就上海合作组织的事务加强与俄罗斯协调，推动中俄在上海合作组织框架下形成竞合共生的关系格局

受制于美西方的孤立封锁，俄罗斯对东向外交的诉求日趋增加。与此同时，伴随大国实力的此消彼长，欧亚地区出现了重新评估力量格局的契机。对此，应敢于利用时局所带来的机会，积极与俄罗斯就欧亚地区的合作与发展问题展开协调，加快推进中俄在上海合作组织框架下的竞合共生关系构

建，以便进一步稳固周边局势，进而为中美博弈大局塑造有利抓手。

总而言之，白俄罗斯这样与地缘政治博弈的竞争中心间存在不对称关系的国家，因其自身缺乏资源必须通过频繁的战略或战术操作来适应外部环境条件的变化。[①] 也正因此，这些国家普遍具有较强的多边外交需求和偏好，且其多边政策往往带有实用主义倾向和反复多变的特点，但国家利益和发展需求始终是这些国家多边战略决策的决定性因素。鉴于此，在设计和构建多边机制时，应考虑到这些国家多边外交政策的特点，致力于营造国家利益最大公约数的内生环境，形成对目标国家的持续吸引力，从而保持多边机制的内在稳定，为国际组织进一步发展奠定基础。同时，应增强多边机制建构的灵活性，增加软性和隐性制度的设置，以推动国际组织的可持续发展。

---

① В. Е. Снапковский, Анализ внешней политики Республики Беларусь, Минск: БГУ, 2021г., стр. 79−80.

Y.18
伊朗与上海合作组织*

郭曼若**

摘　要： 上合组织于 2021 年 9 月正式启动接纳伊朗为其成员国的程序，
开启了第二轮扩员进程。伊朗融入上合组织的过程历时多年，
整体上在波动中前进。伊朗在发展经济合作、互联互通、地缘
政治与安全层面存在很强的利益诉求，构成了伊朗加入上合组
织的重要驱动力。伊朗加入上合组织对伊朗外交及上合组织发
展都具有重要意义。再次扩员之后，上合组织的合作发展理念
广泛传播，上合组织多领域合作前景广阔，欧亚战略合作又添
动力，未来上合组织发展前景向好。

关键词： 伊朗　上海合作组织　扩员

　　2021 年 9 月在塔吉克斯坦首都杜尚别召开上海合作组织成员国元首理
事会第二十一次会议上，正式启动了吸纳伊朗为上合组织正式成员国的进
程，并接纳埃及、卡塔尔、沙特阿拉伯为上合组织对话伙伴国。这标志着上
合组织在接收印度和巴基斯坦后正式开启了第二轮扩员进程。

　　整体来看，近些年上合组织扩员发展呈现上升趋势。伊朗加入上合组织
引起了国际社会的关注，伴随上合组织的再次扩员，欧亚地区迎来了一个更
广阔的治理与合作空间。探析伊朗加入上合组织的历史进程、伊朗对上合组

---

　* 　本文为国家社科基金重大项目"上海合作组织命运共同体构建研究"（19ZDA130）的阶段
　　 性成果。
　** 郭曼若，复旦大学国际关系与公共事务学院博士后。

织的利益诉求、二次扩员后上合组织发展前景等问题，有助于更好地认识和理解伊朗与上合组织的互动发展，对增强上合组织扩员议题的研究以及促进上合组织可持续发展、提升上合地的区治理与合作、推动上合组织命运共同体建设具有重要的学术与现实意义。

一 伊朗加入上海合作组织的历史进程

伊朗与上合组织的互动融合已近 20 年之久，整体呈现波动发展之势，大致经历了如下三个阶段。

第一，2002~2007 年的申请阶段与升温期。在 21 世纪初上合组织成立后不久伊朗就有意融入上合组织，并于 2004 年提交了成为上合组织观察员的申请。此申请在 2005 年 7 月举行的上合组织阿斯塔纳峰会上被批准，伊朗自此进入"上合大家庭"。伊朗与上合组织成员国在合力打击阿富汗塔利班等方面的安全合作不断提升，这也密切了伊朗与上合组织的联系。伊朗在 2007 年成为上合组织观察员后，其与上合组织国家在反恐、打击跨境犯罪等方面的合作推进较快，这对伊朗加入上合组织进程形成了较大推力。[1]

第二，2008~2014 年的等待阶段与暂缓期。伊朗于 2008 年开始申请上合组织成员国资格，但乌兹别克斯坦、哈萨克斯坦等成员国都因伊朗核问题或会给上合组织带来巨大国际压力而表示反对。[2] 2010 年塔什干峰会通过的《上海合作组织接收新成员条例》规定，新成员申请者不能受到联合国制裁，这阻挡了伊朗加入上合组织之路。[3] 之后的几年，伊朗加入上合组织的进程基本陷入停滞。此阶段伊朗与上合组织的关系直接受制于联合国对伊制

[1] Li-Chen Sim and Nicole Grajewski, "What does Russia Get out of Iran's Membership in the Shanghai Cooperation Organization?", https://www.atlanticcouncil.org/blogs/iransource/what-does-russia-get-out-of-irans-membership-in-the-shanghai-cooperation-organization.

[2] Esfandyar Batmanghelid, "Iran's Bilateral Relations in the New Eurasian Context", https://mei.nus.edu.sg/wp-content/uploads/2020/07/INSIGHTS_ July-2020.pdf.

[3] Nicole Grajewski, "Iranian Membership in the Shanghai Cooperation Organization: Motivations and Implications", https://www.washingtoninstitute.org/pdf/view/17024/en.

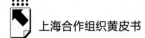

裁和伊核谈判进程，伊朗与美国在核问题上的博弈、上合组织成员国对伊核问题负面性影响及损害其与美国关系的担忧形成了伊成为上合组织成员国的最大阻力。

第三，2015～2021年的加入阶段与波动融合期。2015年7月，联合国安理会一致通过伊核问题全面协议，有条件地解除了对伊朗的制裁，伊朗再启加入上合组织的进程。2017年4月，上合组织成员国外长会议讨论了推进上合组织接纳伊朗的问题，但遭到塔吉克斯坦反对，塔官方指责伊朗庇护塔反对派人士、干涉其内政。此后塔吉克斯坦一度成为伊朗加入上合组织的直接阻力。最终，塔伊双方在现实合作需求与外部压力下相互做出妥协，在2019年两国元首会晤后双方外交关系逐步好转，之后伊朗加入上合组织进程得以加速。① 2021年杜尚别峰会后伊朗正式进入了加入上合组织的法律程序。

中国希望扩大和优化上合组织的"朋友圈"，欢迎伊朗融入"上合大家庭"。2016年新年伊始，习近平主席成功访问伊朗，中伊正式建立起全面战略伙伴关系，翻开了两国关系的新篇章。在访伊期间习近平明确表示中国欢迎伊朗成为上合组织成员国、支持伊朗在地区和国际事务中发挥更大作用。② 此后在上合组织峰会等外交场合，中国官员多次表达了对伊朗加入上合组织的支持，也对伊朗积极参与上合组织框架内的合作给予高度肯定。近些年，中伊不断夯实多领域合作，两国高层沟通和政治互信不断提升，经贸务实合作加速推进、亮点纷呈。③ 在新冠疫情蔓延后，中伊给予了对方及时援助并积极开展了抗疫与疫苗合作。伴随中伊关系快速发展，伊朗加入上合组织之路也更为顺畅。

俄罗斯多次发声，呼吁上合组织批准伊朗的加入申请。印度和巴基斯坦

---

① 赵会荣：《13年，伊朗终于敲开上合组织的大门》，《人民周刊》2021年第18期。
② 《中华人民共和国和伊朗伊斯兰共和国关于建立全面战略伙伴关系的联合声明》，http://www.gov.cn/xinwen/2016-01/24/content_5035628.htm。
③ 李希雅、杜德斌、陈俊华、夏启繁：《地缘位势视角下中美俄与伊朗的地缘关系解析》，《热带地理》2021年第6期。

与伊朗保持良好外交关系、对伊朗加入上合组织都不持异议，但中亚成员国担心扩员挑战到其作为上合组织核心区的地位、威胁到其与美国的合作以及畏惧伊朗强烈的宗教意识形态，曾对上合组织吸纳伊朗持消极态度。[①] 然而，近几年受中俄推进上合组织扩员发展及伊朗积极改善与中亚和南亚国家关系的影响，中亚成员国对伊朗加入上合组织的态度发生了积极转变。

二　伊朗对上海合作组织的利益诉求

伊朗在发展经济合作、互联互通、地缘政治与安全层面对上合组织存在很强的利益诉求，这构成了伊朗加入上合组织的主要驱动力。

第一，经济发展诉求。美国长期制裁对伊朗经济产生持续的负面影响，加上近几年受到新冠疫情大流行、大宗商品价格波动等冲击，伊朗面临很大的经济发展压力。伊朗对提升国家经济发展的效率与质量、发展多边经济合作具有迫切诉求。伊朗希望通过加入上合组织来更好地融入上合组织经济发展圈，与上合组织国家建立起更紧密的经济联系，扩大伊朗与上合组织成员国在能源等领域的贸易，提升投资合作水平，为伊朗经济发展注入更多活力与动能，促进伊朗经济增长，维护伊朗经济社会稳定。

对于伊朗而言，扩大和深化与上合组织国家的经济合作，助力实现其经济发展目标、推动自身经济的可持续发展是其加入上合组织的一大期待，也是其加入上合组织的重要推动力。加入上合组织意味着伊朗获得了一个更为广阔的多边经济合作平台，可将伊朗与亚洲经济的可持续发展联系起来，增加其在贸易领域的发展机遇，也使其能够获得更多的商业机会和资源，以及更大的技术和投资支持。加入上合组织可以促进伊朗与上合组织经济合作项目的对接，有利于加速其能源、化工、制造业与新兴产业等优势产业的发展。

---

① 李自国：《上海合作组织的扩员与命运共同体建设》，《俄罗斯东欧中亚研究》2021 年第 4 期。

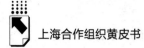

第二，互联互通诉求。伊朗不仅拥有丰富的能源资源，在全球石油、天然气市场上扮演重要角色，而且具有得天独厚的地缘优势，其坐落于欧亚大陆交汇处，是连接亚洲与欧洲的重要枢纽。互联互通是伊朗参与和扩大地区贸易合作不可或缺的一环，是伊朗实现与周边地区联动发展的重要前提，对伊朗的可持续发展至关重要。伊朗对于充分发挥其联通枢纽作用、加快贸易和能源过境通道建设抱有较高的期待。争取上合组织成员国身份，可以为伊朗提供一个重要的联通性合作框架，能够更好地满足伊朗与周边地区互联互通的发展诉求。

加入上合组织有助于推动伊朗与周边国家多式联运的复合型联通网络建设，增强伊朗的过境能力和区域互联互通综合影响力。上合组织成员国身份可为伊朗连接欧亚经济圈、实现更广范围的陆路与港口联通提供便利，为伊朗经济发展提供有力支撑，对伊朗提高其在欧亚地区互联互通的地位和作用、助推其进入更大的海外市场具有积极影响。

第三，地缘政治与安全诉求。首先，伊朗谋求上合组织成员国身份有其地缘政治层面的考量。伊朗希望获得上合组织成员国身份以得到更大的保护与支持力量，更好地应对美国及其盟友所施加的地缘政治压力和可能带来的安全风险。伊朗一直积极寻求加入上合组织的重要战略动机之一就是要制衡和对抗美国及其盟友，推动伊朗外交的战略突围。在伊朗看来，获取上合组织成员国资格有助于克服其面临的伊核危机问题，抵御美国对其的长期战略打压。

同时，对伊朗而言，加入上合组织是其落实"向东看"战略、推进其东向外交的积极实践。伊朗视上合组织为推动其"向东看"战略的一个重要平台，希望通过加入上合组织发展其东向外交，促使伊朗融入更大范围的欧亚地区治理合作之中，为伊朗周边和总体外交的发展注入更强动力。成为上合组织成员国有助于伊朗加快推动其以亚洲为中心的新东向政策，加强其与中国和俄罗斯等地区大国的利益与政策协调，恢复和提升其在中亚、南亚地区历史文化、民族和宗教等方面的传统影响力，缓解其在国际舞台上的孤立。

其次，伊朗追求上合组织成员国资格也有其安全方面的实际诉求。伊朗仍面临国内恐怖主义等安全威胁，其周边国家也给伊朗带来持续的安全挑战。与伊朗接壤的阿富汗目前仍是地区极端主义、恐怖势力、跨境犯罪的聚集地。伊朗希望通过获得上合组织成员国资格，深度融入日臻成熟的上合组织安全合作机制之中，以更好地防范和应对来自其国内外的安全风险，维护自身的安全利益。

正式加入在安全合作方面具有较多经验和成果的上合组织，可为伊朗拓展安全治理提供一个良好平台，有利于伊朗在上合组织框架下扩展与成员国的双边和多边安全合作，提升其安全合作伙伴关系，特别是巩固及发展伊朗与中国和俄罗斯的安全合作。[①] 成为上合组织成员国可以扩大伊朗的安全合作空间，对伊朗打击恐怖主义、极端主义、分离主义势力以及促进阿富汗局势稳定，防止毒品走私、难民涌入等也具有积极影响。

三 前景展望

伊朗历经多年终于获批加入上合组织，这对伊朗外交和上合组织发展都具有里程碑意义。作为伊朗的一项重要外交成果，加入上合组织对伊朗的经贸发展、国家安全稳定以及地区治理与合作的提升产生积极影响。同时，作为一个能源储备极为丰富、拥有较大地缘政治影响力、连接欧亚的海陆复合型人口大国，伊朗的加入也拓展了上合组织的治理合作空间，增强了上合组织的发展潜力，为上合组织与欧亚地区发展提供了强劲的动力。

不可回避的是，不断成长壮大中的上合组织仍存在扩员发展问题。纳入伊朗之后的上合组织面临着松散化风险、扩员方向选择以及宗教领域的安全威胁。但整体而言，伊朗加入上合组织对上合组织的影响更趋积极，未来面临的机遇大于挑战。再次扩员之后，上合组织合作发展的前景向好。

第一，上合组织的合作发展理念影响力不断扩大。首先，"上海精神"

---

① 郭曼若：《伊朗加入上合组织：作用力、影响及挑战》，《俄罗斯东欧中亚研究》2023年第3期。

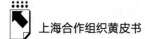

这一上合组织的核心理念与发展之魂更加深入人心。伊朗领导人对"上海精神"给予高度评价，认为其对维护 21 世纪的和平发展至关重要。① 伊朗多年来谋求成为上合组织成员国资格，也从侧面体现出"上海精神"的强大感召力、吸引力与生命力。"上海精神"将随伊朗加入上合组织而得到进一步认可与尊重、内化与发扬。其次，"上合组织命运共同体"与"上海精神"是一脉相承的，② 伊朗加入上合组织也增强了构建"上合组织命运共同体"的力量与信心。再次，伴随伊朗加入上合组织，上合组织合作理念逐步充实且更具代表性和时代性特征。上合组织所秉持的新发展观、安全观、合作观、文明观与全球治理观得到了伊朗及其他上合组织国家的好评，其吸引力和影响力有望在上合组织二次扩员后再次提升。

第二，上合组织多领域合作前景广阔。总体而言，伊朗加入上合组织增强了上合组织在经济与互联互通、政治与安全合作的动力与潜力，上合组织"多轮驱动"型务实合作的层次和水平有望进一步提升。

首先，上合组织经济合作潜力大增。伊朗的加入在很大程度上增强了上合组织经济合作的潜力，尤其是在能源合作领域。吸纳伊朗这个全球能源大国之后，上合组织的能源体量与国际影响力大幅提升，上合组织能源合作获得了更广阔的空间，未来上合组织国家在油气、矿产等领域的贸易与投资或呈现新的增长。同时，伴随上合组织再次扩员，伊朗与上合组织其他成员国之间的经济融合与依存不断增强，这为能源、制造业、农业、金融以及高新科技等互补性领域的合作注入了新的动力。伊朗加入后上合组织框架下的经济合作协议和项目有望进一步增加。

其次，上合组织互联互通合作空间广阔。伊朗的加入使上合组织获得一个新的联通支点，给上合组织互联互通合作带来了更大机遇。上合组织再度扩员有助于伊朗更好地发挥其地缘优势以及连接欧亚的枢纽作用，对推进上合组织交通基础设施合作、能源和贸易过境走廊建设以及上合组织地区物流

---

① "News Analysis：Why is Iran Keen on Full SCO Membership?"，http：//www.news.cn/english/2021−09/18/c_1310196298.htm.

② 孙壮志：《上海合作组织命运共同体：时代内涵与路径选择》，《欧亚经济》2021 年第 1 期。

与经贸的发展产生积极的溢出效应，在未来或助推上合组织互联互通迈入发展"快车道"。

最后，上合组织安全合作得到进一步拓展和深化。再次扩员后，上合组织安全合作获得了更大的支持力量，基础更为坚实牢固，安全合作的能力与潜力再次提升。伊朗的加入不仅使上合组织的安全力量更广泛地投射到波斯湾、阿曼湾、阿拉伯海和印度洋，而且使上合组织在阿富汗问题上的治理合作空间得以拓展。未来，上合组织有望在打击地区恐怖主义与极端势力、遏制毒品走私等跨境犯罪、应对难民问题及维护边界安全等方面更有建树，并且将在阿富汗和平稳定中扮演更重要的角色，或在预防阿富汗安全风险的滋生和蔓延、促进阿富汗组建包容性政府以及推进阿富汗和平发展方面取得更多合作成果。[①]

第三，欧亚战略合作再添动力。伊朗加入上合组织为推进欧亚战略合作增添了新的动力。伊朗在与欧亚地区国家战略合作上拥有历史基础，具有较强的合作意愿与能力，而成为上合组织成员国提高了伊朗发展东向外交政策的信心，对其"向东看"战略与欧亚国家发展战略的对接合作起到助推作用。实际上，伊朗的"向东看"与中国提出的"一带一路"、俄罗斯提出的"大欧亚伙伴关系"等合作倡议具有较高的战略契合度，上合组织的再次扩员为这些战略的协同发展创造了更多机遇。伴随伊朗与上合组织深度融合，欧亚一体化进程有望加速，欧亚地区战略合作的潜力有望得到进一步释放。

总之，伊朗加入后的上合组织拥有更广阔的发展前景。一次扩员后上合组织已成为全球人口最多、地域最广、潜力巨大的综合性区域组织，而二次扩员使得上合组织的地缘空间和国际影响力得到再一次提升。未来，上合组织有潜力在欧亚地区治理合作中做出更大贡献，在推进新型国际关系以及地区命运共同体建设中发挥更重要的作用。

---

① 郭曼若：《伊朗加入上合组织：作用力、影响及挑战》，《俄罗斯东欧中亚研究》2023 年第 3 期。

Y.19
美西方智库对上海合作组织的最新认知

刘　畅*

摘　要： 近年来，随着上合组织的影响力不断提升，美西方也加大了对该组织的关注和分析力度。同时，美西方在上合组织地区也有着重要的影响力，其认知和看法也会对上合组织的发展产生影响。2022 年俄罗斯对乌克兰发动特别军事行动后，美西方智库界对上合组织的关注明显增多，研究议题也有所扩展，对上合组织的评价总体而言更加积极。在当前中美俄大国博弈加剧，以及地区不稳定、不确定性增长的情况下，上合组织面临的外部环境愈加复杂。美西方智库是其对外决策的重要来源和依据，关注其最新动向和分析，有利于预测和研判美西方未来对上合组织的政策走向，也可为上合组织自身发展提供更多的观察视角。

关键词： 美西方智库　上海合作组织　乌克兰危机

2022 年 2 月俄罗斯对乌克兰发动了特别军事行动，这是冷战结束以来俄罗斯和美欧在欧洲的首次大规模代理人战争，[①] 其影响至今还在持续扩散发酵，将深刻作用于欧亚地区地缘政治安全格局和未来世界秩序及国际体系的演进。华盛顿卡内基基金会副总裁、美国前副助理国务卿埃文·费根鲍姆

---

* 刘畅，中国社会科学院俄罗斯东欧中亚研究所助理研究员。

① 杨洁勉：《乌克兰危机下的世界秩序变局和发展中国家的使命担当》，《国际问题研究》2022 年第 4 期。

（Evan Feigenbaum）认为，2022 年是"一个充满活力和令人担忧的时期，一个全球时代结束，另一个时代开始"①。受其影响，欧亚地区成为国际社会关注的焦点，地区大国博弈加剧，各方力量对比加速调整。美国大西洋理事会非常驻高级研究员科恩（Ariel Cohen）认为，这场冲突可能是一场将席卷世界的更广泛冲突的开端。中亚是一个重要的地区，它被四个核大国——俄罗斯、中国、巴基斯坦和印度——以及伊朗所包围。在这一背景下，作为中、俄主导的欧亚新型综合性国际组织，上合组织自然引起了美西方智库更广泛的关注。

一 美西方智库对上合组织研究的最新动向

2001 年上合组织成立后，部分美西方智库便对这一新兴组织展开了研究，主要是从中美俄大国博弈、地区安全机制发展等角度展开。由于美西方官方从未发布有关上合组织的官方文件，也未与上合组织建立起制度化的沟通渠道，以及"9·11"事件后欧亚特别是中亚地区在美西方对外战略中的次优先地位，美西方智库对上合组织的研究并不算丰富。近年来，随着上合组织再次启动扩员进程及乌克兰危机的升级，美西方智库对上合组织的研究随之增多，研究视角和研究方式也愈加多元。

（一）从关注程度看，对上合组织的关注明显增多

一是 2021 年以来，关于上合组织的搜索热度、评论文章数量明显增多；二是研究上合组织的智库有所增多，除了美欧传统智库，丹麦、波兰、日本、澳大利亚等地区的智库也加大了对上合组织的关注度。

（二）从研究议题看，对上合组织的研究议题有所拓宽

此前美西方智库对上合组织的关注点主要集中在中俄的影响力、上合组

---

① Navbahor Imamova, "Ukraine War Overshadows SCO Summit in Uzbekistan", https://www.voanews.com/a/ukraine-war-overshadows-sco-summit-in-uzbekistan-/6745871.html.

织的军事作用、上合组织的"反西方"特点等。近年来，随着上合组织扩员持续推进、合作范围不断拓展，美西方智库对上合组织的研究范围也明显拓宽，新兴的研究议题包括伊朗加入上合组织的动机和影响的分析，土耳其、沙特阿拉伯等对上合组织的态度、中亚如何利用上合组织来平衡中俄影响、上合组织框架下的经济合作、上合组织与欧亚共同体构建的关系等，甚至出现了通过考察上合组织新任秘书长的性格、履历来分析该组织未来发展方向的文章。①

（三）从研究形式看，评论分析居多，学术论文较少，理论研究滞后于政策研究

目前，美西方智库关于上合组织的研究以媒体评论和分析报告为主，学术论文较少，这反映了其对上合组织的研究依然停留在对策应用层面，对上合组织模式和实践的理论意义研究不够。

二　美西方智库对上合组织的具体认知

当今，百年变局叠加世纪疫情，全球发展的不稳定性和不确定性更加凸显，上合组织也面临一系列新威胁和新挑战。但作为一个成立仅20多年的综合性国际组织，上合组织已经成为该地区重要的影响力量，在维护地区稳定和安全方面发挥了重要作用。这一点在乌克兰危机升级后显得更加突出，上合组织也由此成为美西方智库在讨论中亚乃至亚欧地区形势时绕不开的一个话题。

（一）对上合组织的重要性认知有所上升

乌克兰危机爆发至今，上合组织成员国始终没有加入西方国家对俄制裁

---

① Reid Standish, "Ukraine War a New test for Chinese Power Across Eurasia", https://www.rferl.org/a/china-russia-ukraine-war-power-eurasia-sco-/31829145.html.

的行列，在政治、经济、外交层面与俄的往来也没有中断，但也没有选择公开支持俄罗斯。这一做法引起了美西方智库的关注，其对上合组织的评价也出现了新的变化。此前，美西方智库普遍不认为上合组织能够发挥较大影响。美国基辛格事务所常务理事、曾任美国国家安全委员会俄罗斯事务高级主管的托马斯·格雷厄姆（Thomas Graham）2020年曾撰文称：在美决策者看来，上合组织与其说是一个严肃的共同决策论坛，不如说是一个"清谈俱乐部"。目前，虽然依然有部分学者持这一观点，但也有学者对上合组织在维护地区稳定、推动合作等方面发挥的作用有了更客观的认识。

丹麦国际研究所网站文章认为，上合组织不仅在边境安全、反恐和军事合作等领域促进了欧亚大陆的合作，在经济和人道主义项目上也促进了合作，已成为中亚地区合作的一个重要平台，并且同欧盟与该地区的经济联系与合作也有关联。同时，上合组织为印度和巴基斯坦、亚美尼亚和阿塞拜疆以及伊朗和沙特阿拉伯等"传统竞争对手"提供了坐在一起讨论地缘政治和经济发展问题的机会，这一点尤其值得关注。英国国际银行家网站文章表示，上合组织将成为欧亚国家合作的重要机构，随着全球经济中心持续东移，这一点将变得越来越重要，上合组织将成为全球发展的关键焦点。[1] 美国国防信息网站文章指出，上合组织虽然是中国为促进自身利益和遏制美国在中亚的影响而创建的，但在推动共同经济发展政策和制度时，上合组织对其成员十分有用，并为其成员国提供了在中美俄之间取得平衡的机会。[2] 上合组织撒马尔罕峰会后，联合国代表对峰会的看法也引起了美西方广泛报道："无论是气候、互联互通、从大流行中恢复、为未来的流行病做准备，还是人与人之间的联系，全球挑战都需要国际合作。今天听到上合组织各国领导人承诺在贸易、互联互通、粮食安全和可持续发展等重要问题上开展合

---

① Hilary Schmidt, "The Counterbalancing Significance of the Shanghai Cooperation Organisation", https：//internationalbanker. com/news/the－counterbalancing－significance－of－the－shanghai－cooperation－organisation/.

② James Durso, "The Upcoming Shanghai Cooperation Organization Meeting：Why it is Important", https：//defense.info/global－dynamics/2022/08/the－upcoming－shanghai－cooperation－organization-meeting-why-it-is-important/.

作，令人振奋。"

尽管并非主流，但依然存在主张美国加强与上合组织互动的观点。美国前国务院副助理国务卿大卫·默克尔（David A. Merkel）认为，上合组织不只是俄罗斯和中国与中亚邻国之间谈话的场所，其正在向海湾、南亚、东南亚和高加索地区扩大影响。2005 年，美国本有机会争取上合组织观察员的地位。支持者认为这是美国塑造这个组织的机会，也是阿富汗在美国支持下与邻国重新建立联系的机会；反对者则认为，美国作为上合组织的观察员将为这个新生组织提供合法性。然而，随着时间的流逝，后一种立场的缺陷浮出水面，奥巴马政府孤立中国亚洲基础设施投资银行的失败尝试再次强化了这一缺陷。①

（二）关于成员国、对话伙伴国对上合组织的态度分析

目前上合组织八个成员国的领土总面积超过欧亚大陆的 3/5，人口占世界人口的近一半，是当今世界幅员最广、人口最多的综合性区域组织。上合组织主要成员国在该组织框架内对乌克兰危机的应对是近期美西方智库关注的重点。同时，随着阿联酋、叙利亚、卡塔尔和沙特阿拉伯等国表示希望加入上合组织，其观察员国和对话伙伴国已覆盖南亚、欧亚、中东和东南亚地区，如此多的国家希望"入群"，一方面说明了上合组织的影响力与日俱增；另一方面，众多有着不同历史、文化，甚至是存在竞争的国家选择加入上合组织，其动机和考虑也引起了美西方智库的讨论。

1. 俄罗斯对上合组织的态度

美西方智库普遍认为，在乌克兰危机后，面对美西方制裁和国际孤立，俄罗斯将上合组织作为其获得支持、增强合法性的重要平台，对上合组织的倚重有所上升。自由欧洲电台网站文章认为，从中亚和南高加索国家的角度来看，撒马尔罕峰会可能证实了该地区正在经历深刻的重新评估。俄罗斯的

---

① David A. Merkel, "Shanghai Cooperation Organization: Crouching Tiger, Hidden Dragon", https://moderndiplomacy.eu/2022/09/14/shanghai-cooperation-organization-crouching-tiger-hidden-dragon/.

立场逐渐受到侵蚀。波兰智库东方研究中心网站文章认为，普京参加撒马尔罕峰会的短期目的是获得该组织其他成员（特别是中国和印度）的支持，这对其国内政治非常重要，将有助于加强其合法性；另一个目的是驳斥俄罗斯在世界上日益孤立的批评。此外，在西方对俄罗斯经济实施严厉制裁以及限制其对欧洲能源供应的情况下，俄罗斯对寻求新市场和将出口转向非西方国家有着浓厚的兴趣。但文章认为，莫斯科没有得到它所希望的明确的政治支持，与其主要合作伙伴在乌克兰问题上存在立场分歧。①

但同时，俄罗斯莫斯科卡内基中心研究员铁木尔·乌马罗夫（Temur Umarov）表示，尽管俄罗斯仍然牢牢扎根于中亚，但乌克兰危机的政治影响可能导致中国成为该地区更有吸引力的合作伙伴，中国已经投资了数十亿美元并成为这一地区卓越的经济力量。"一方面，俄罗斯的声誉受到损害；另一方面，俄罗斯在中亚的影响并没有消失，它的经济和安全存在仍然保持，除此之外，俄罗斯仍然对中亚国家国内政治如何运作有着深刻的理解。"②

2. 上合组织的未来发展

此前，美西方智库界认为，上合组织发展缓慢的主要原因在于这一地区有俄主导推动的集安组织、欧亚经济联盟等替代性地区组织，以及中俄对于上合组织发展方向的分歧。乌克兰危机升级对俄地区影响力的削弱和地区国家对俄的担忧推动了中国影响力的上升。自由欧洲电台网站文章认为，中国最初希望经济领域也能成为上合组织合作的重点，但这一设想被俄罗斯为保护其在中亚的影响力而搁置一旁。自成立以来，上合组织一直面临各种批评，称其成员间的竞争使其定位不清，并因缺乏资金和信任而陷入困境。中国一直在努力发展与俄罗斯的双边关系，但也在推动多边关系的进展。现

① Krzysztof Strachota, Katarzyna Chawryło, Michał Bogusz, Marek Menkiszak, "Against the Backdrop of War. The Shanghai Cooperation Organisation Summit in Samarkand", https://www.osw.waw.pl/en/publikacje/analyses/2022-09-20/against-backdrop-war-shanghai-cooperation-organisation-summit.

② Reid Standish, "Ukraine War A New Test for Chinese Power Across Eurasia", https://www.rferl.org/a/china-russia-ukraine-war-power-eurasia-sco-/31829145.html.

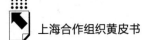

在，中国必须接受其许多成员国与俄罗斯保持距离的愿望。① 美国前国务院副助理国务卿大卫·默克尔认为，直到 2020 年，上合组织主要发挥区域影响，其中心是中亚地区。但随着乌克兰危机的升级，上合组织变得更加重要。② 美国威尔逊中心基辛格中美研究所所长罗伯特·戴利（Robert Daly）认为，哈萨克斯坦等国对上合组织的安全需求在增大。③

3. 中亚国家对上合组织的态度

美国国际和平研究所文章认为，对于中亚国家来说，上合组织仍然是俄罗斯和中国讨论合作项目的论坛。日本《东亚论坛》杂志网站认为，上合组织有时能够为中亚国家提供一个有用的平台，以制衡俄罗斯或中国的影响力。2022 年将成为中亚国家摆脱俄罗斯影响的历史性的一年。自由欧洲电台网站文章认为，乌克兰危机升级的政治后果可能导致中国作为中亚国家的合作伙伴变得更加有吸引力。在中亚，乌兹别克斯坦和哈萨克斯坦都表示尊重乌克兰的领土完整，虽然没有对俄罗斯进行直接谴责，但这些举动显示了中亚各国政府目前在对俄罗斯的不安与保持传统密切联系的必要性之间进行着艰难平衡。中亚国家还希望避免美西方对俄罗斯的制裁拖累自身经济。丹麦国际研究所网站文章分析指出，哈萨克斯坦的领导层开始担心自己国家的部分地区可能会成为俄罗斯的下一个目标。

4. 印度对上合组织的态度

美国国际战略研究中心网站文章认为，印度将接任上合组织轮值主席国，并主办 2023 年上合组织成员国元首理事会。印度正小心翼翼地在战略和外交上提升其全球领导地位。莫迪认识到，与上合组织成员国的合作对改善印度在该地区的贸易关系和巩固其作为可靠贸易伙伴方面有着巨大

① Reid Standish, "Ukraine War A New Test for Chinese Power Across Eurasia", https：//www. rferl. org/a/china-russia-ukraine-war-power-eurasia-sco-/31829145. html.

② David A. Merkel, "Shanghai Cooperation Organization：Crouching Tiger, Hidden Dragon", https：//moderndiplomacy. eu/2022/09/14/shanghai-cooperation-organization-crouching-tiger-hidden-dragon/.

③ "Smart Take：Key Takeaways from the 2022 SCO Summit", https：//www. wilsoncenter. org/video/smart-take-key-takeaways-2022-sco-summit.

的潜力，特别是因为东亚有望成为世界经济新的发展中心。莫迪似乎也认为，解决与其他国家的紧张关系或分歧的最佳方式是通过外交渠道和公开沟通，而不是孤立自己或其他国家。① 澳大利亚智库战略政策研究所网站文章认为，印度加入上合组织必须通过印度对中国和俄罗斯在其地区影响力的看法来理解，即可以监督中巴反恐合作和观察中俄"无限制"的友谊。同时，上合组织也为印度提供了一个改善与中亚国家陷入困境关系的平台，并为削弱中巴在阿富汗反恐等重要安全问题上的合作提供途径。②

5. 伊朗对上合组织的态度

在 2022 年 9 月的上合组织撒马尔罕峰会上，上合组织领导人签署了关于伊朗加入上合组织义务的备忘录；决定启动接收白俄罗斯成为成员国的程序。卡内基国际和平研究所网站文章认为，伊朗正在努力通过正式加入上合组织来改善该国在国际上的孤立境况。伊朗官员坚持认为，正式加入上合组织将为其经济、商业和战略领域带来好处。此外，从上合组织本身的角度来看，伊朗的政治合作可能对该组织密切与伊斯兰世界的关系有所帮助。然而，考虑到国际制裁和其他形式压力的影响——这些压力在近期有所加剧——这一步骤可能不会给该地区地缘政治带来根本性变化。伊朗加入也不意味着上合组织会成为"反美联盟"。虽然伊朗最终加入上合组织确实是一个重要的象征性步骤，但并不是该国应对当前政治、经济和安全挑战的灵丹妙药。③

6. 沙特阿拉伯与土耳其

2022 年 9 月上合组织撒马尔罕峰会同意给予巴林王国、马尔代夫、科

---

① Harshana Ghoorhoo, "Outcomes for India from the Shanghai Cooperation Organization Summit 2022", https：//www.csis.org/blogs/new - perspectives - asia/outcomes - india - shanghai - cooperation-organization-summit-2022.

② Thomas Wilkins, Samantha Hoffman, Baani Grewal, Katja Theodorakis, Alex Bristow, "What is the Shanghai Cooperation Organisation and does it Matter?", https：//www.aspistrategist.org.au/what-is-the-shanghai-cooperation-organisation-and-does-it-matter/.

③ Umud Shokri, "Iran and the Shanghai Cooperation Organization", https：//carnegieendowment.org/sada/88427.

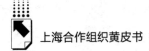

威特、阿联酋和缅甸对话伙伴地位，同时签署了批准给予埃及、沙特阿拉伯和卡塔尔上合组织对话伙伴地位的备忘录。土耳其总统埃尔多安在参加撒马尔罕峰会时表示，让身为北约成员国的土耳其加入上合组织是其意味深长的目标，"通过这一步，我们与上合组织成员国的关系将走向一个截然不同的位置"。沙特阿拉伯、土耳其的这一举动引起了其"传统盟友"美国的安全担忧。路透社文章分析认为，尽管美国表示它将继续成为该地区的积极合作伙伴，但也对沙特阿拉伯和其他海湾国家对美国在该地区重视程度的降低表示担忧，并已采取行动使自己的合作伙伴多样化。[1] 意大利国际政治研究所文章认为，沙特阿拉伯加入上合组织是因为该组织逐渐减少了其原来以安全为中心的内容，而更多地以经济合作为导向。论坛中不同的观点（中国、俄罗斯）和持续的竞争（中国、印度）削弱了其政治潜力。此外，出于这个原因，沙特阿拉伯的参与也不太可能直接影响其与美国的关系，因为沙特阿拉伯和海湾君主国经常重申它们的多样选择。然而，在一个反西方组织中日益增长的多边互动将加强沙特阿拉伯与东方大国的关系。沙特阿拉伯和伊朗在上合组织内的存在——分别作为对话伙伴和正式成员——可以支持（尤其是它们在北京签署重建外交关系的协议后）中国继续缓解海湾紧张局势以促进经济合作的努力。这也可进一步转化为中国对海湾国家的政治影响力。中国并不全是华盛顿与沙特阿拉伯关系游戏规则的改变者，其只是朝着更紧密的海湾—亚洲伙伴关系迈出了重要的一步。[2] 丹麦国际研究所网站文章认为，这并不是因为沙特阿拉伯、土耳其不担心伊朗，而是在它们看来，伙伴关系、经济发展和外交是比美元主导地位和政权更迭更好的有关伊朗的战略。

---

[1] "Riyadh Joins Shanghai Cooperation Organization as Ties with Beijing Grow," https：// www.reuters.com/world/riyadh-joins-shanghai-cooperation-organization-ties-with-beijing- grow-2023-03-29/.

[2] Eleonora Ardemagni, "Saudi Arabia Joins the SCO: It is not a Game-Changer for Saudi-US Relations", https：//www.ispionline.it/en/publication/saudi-arabia-joins-the-sco-it-is-not- a-game-changer-for-saudi-us-relations-123365.

（三）关于上合组织是不是一个"反西方集团"

从成立伊始，上合组织就宣布自身不是军事集团，其建立不针对任何国家和集团，是一个开放的地区性合作组织，但客观来说，上合组织所寻求的构建多极、公平合理的世界秩序，与美国希望保持其长期主导的原有世界秩序战略存在差异。丹麦国际研究所高级研究员拉尔斯·厄斯列夫·安徒生（Lars Erslev Andersen）认为，上合组织的合作也被用于所谓的"去美元化"，即各国的储备必须以美元以外的货币计算，并且已经建立了在美元之外进行贸易的金融机制，这些是抵消美国和西方制裁的措施。这也使得上合组织的所谓"反西方"特点成为美西方智库关注的焦点之一。

1. 上合组织自身并未定位为"反西方"

英国《经济学人》文章认为，尽管上合组织成员国经常进行联合军事演习，但上合组织既不是像北约那样的正式防务联盟，也不是像欧盟那样的官方经济联盟，它被设想为中、俄管理睦邻关系的论坛，但最近的"扩张"使这一使命复杂化。[①] 日本《东亚论坛》杂志网站文章指出，上合组织与阿拉伯国家联盟、亚洲及太平洋经济社会委员会和联合国教科文组织签署的谅解备忘录为乌兹别克斯坦和其他地区国家提出的议程提供了帮助，这些备忘录旨在将上合组织的"反西方"形象转变为一个更具包容性和开放的地区集团形象。波兰智库东方研究中心网站文章认为，与西方正在出现的恐惧（或者是在俄罗斯希望看到的解释）相反，上合组织不是也不会成为一个坚定的反西方集团。上合组织的吸引力体现在被边缘化国家（如伊朗）、希望扩大接触领域的国家（阿拉伯国家）或寻求发挥积极全球作用并获得与西

---

① "What is the Shanghai Co-operation Organisation?", https：//www.economist.com/the-economist-explains/2022/09/14/what - is - the - shanghai - co - operation - organisation? ppccampaignID = &ppcadID = &ppcgclID = &ppccampaignID = &ppcadID = &ppcgclID = &utm _ medium = cpc. adword. pd&utm_ source=google&ppccampaignID = 17210591673&ppcadID =&utm_ campaign = a. 22brand _ pmax&utm _ content = conversion. direct - response. anonymous&gclid = EAIaIQobChMIsLyKmpOA_ gIVl3NvBB2ljwv8EAMYASAAEgLiovD_ BwE&gclsrc=aw. ds.

方讨价还价筹码的国家（土耳其）的参与愿望中。上合组织的纲领基础是共同打击恐怖主义、分裂主义和极端主义"三股势力"，其实际层面包括区域反恐和联合演习。尽管上合组织在地区政治上与美国和西方世界保持距离，但该组织未展示出公开的"反西方"特征。在上合组织发展的这些年里，该组织越来越关注经济合作（特别是在通信和运输方面）。由于成员国之间的分歧，该组织具有明显的局限性，但它仍然是对话和缓和欧亚紧张局势的重要论坛。它还在引导俄罗斯和中国解决在中亚地区关系中的分歧方面发挥着关键作用，同时也是中俄两国合作的支柱之一。①

欧洲对外关系委员会网站文章认为，俄试图将上合组织视为中、俄领导的反西方集团的核心，将其描述成为一种反北约机构，推动加强该组织在军事层面的合作，提议在成员国领土上举行联合军事演习。然而，撒马尔罕峰会上的其他参与者可能对俄的愿景感到不安。② 丹麦国际研究所网站文章认为，上合组织被西方描述为一个针对美西方的、类似北约的防御联盟。然而，它不是一个防务联盟，而是一个包括安全政策问题在内的合作论坛。但文章也指出，上合组织意味着有强大的力量在努力打破美国在世界上的主导地位，许多以前忠于美国安全政策的国家正在以多边的形式为构建替代当今世界秩序的国际秩序做出贡献。中国在外交方面仍然得到越来越多的支持，包括来自沙特和阿联酋等美国盟友的支持。③

2. 中亚国家避免"选边站"

美国福布斯网站文章认为，上合组织还在继续发展，它不是某种自由贸易表演，也不是中亚国家选边站的证据，在西方困于能源价格和大国博

① Krzysztof Strachota, Katarzyna Chawryło, Michał Bogusz, Marek Menkiszak, "Against the Backdrop of War. The Shanghai Cooperation Organisation Summit in Samarkand", https://www.osw.waw.pl/en/publikacje/analyses/2022-09-20/against-backdrop-war-shanghai-cooperation-organisation-summit.
② Aslı Aydıntaşbaş, Marie Dumoulin, Ellie Geranmayeh, Janka Oertel, "Rogue NATO: The New Face of the Shanghai Cooperation Organisation", https://ecfr.eu/article/rogue-nato-the-new-face-of-the-shanghai-cooperation-organisation/.
③ Lars Erslev Andersen, "Shanghai Cooperation Organisation: A Forum where China Works for a Multilateral Order in Central Asia", https://www.diis.dk/en/research/shanghai-cooperation-organisation.

弈之际，中亚国家的经济正在增长，尽管存在一些冲突，但该地区很明确地表明不想要战争。①"美国之音"文章指出，中亚学者主张避免让上合组织成为中、俄代理人。上合组织必须成为所有成员国"公正和平等的平台"。②日本《东亚论坛》杂志网站文章也指出，中亚国家希望建设一个安全共同体，促进可持续发展，加强交通联通性并促进更深入的文化对话。上合组织现在的议程包括改善成员国公民的福祉，保持其成员国与世界市场的联通等。③

3. 中国并不希望将上合组织发展为"反西方"组织

埃文·费根鲍姆表示，该组织努力解决核心安全问题，因为该组织包括印度和巴基斯坦等长期"竞争对手"。它一直在努力推动区域经济一体化，因为它既不是贸易协定也不是投资工具，其成员经常在具体的基础设施和发展计划上存在分歧。乌克兰危机后，哈萨克斯坦等一些上合组织成员国公开表示对俄罗斯的行为感到不安。费根鲍姆指出，虽然中俄建立了战略协作以对抗美国，但中国仍试图在遵守大多数西方制裁政策的同时对俄罗斯进行外交支持，从而避免战争。

（四）上合组织未来的发展前景

目前，上合组织已成为世界上人口最多、面积最大的区域性国际组织，各成员国间贸易和投资规模不断扩大，交通、能源、通信等领域的合作不断深化。随着上合组织扩员进程加快，特别是众多阿拉伯国家申请加入，未来上合组织国家有望在能源、贸易、互联互通、金融以及供应链安全等领域加

---

① Kenneth Rapoza, "Why the Shanghai Cooperation Organization Summit in Uzbekistan? This Week should Matter for the West," https：//www. forbes. com/sites/kenrapoza/2022/09/16/why-the-shanghai-cooperation-organization-summit-in-uzbekistan-this-week-should-matter-for-the-west/? sh=1c4159eb5f0d.

② Navbahor Imamova, "Uzbekistan, Central Asia Try to Redefine Shanghai Cooperation Organization", https：//www. voanews. com/a/uzbekistan-central-asia-try-to-redefine-shanghai-cooperation-organization/6751857. htmlvoa.

③ Timur Dadabaev, " In Search of a New Identity for SCO", https：//www. eastasiaforum. org/2022/09/20/in-search-of-a-new-identity-for-sco/.

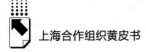

深合作。① 但扩员也使得上合组织内部的异质性和差异性进一步增强，未来组织的定位等问题也成为摆在其面前的新挑战。对此，美西方智库也展开了研究和讨论。

1. 经济议题的重要性上升

意大利国际政治研究所研究员朱莉娅·席奥拉蒂（Giulia Sciorati）认为，上合组织将寻求新的机会，将其重点更多地扩大到中东和南亚，并更多地扩展到经济领域而不是安全方面。近年来，它已经在朝着这一方向发展。② 丹麦国际研究所网站文章认为，在 2022 年的撒马尔罕峰会上，与会各方就经济问题举行了好几次双边会谈，包括关于扩大俄罗斯与伊朗、印度和土耳其合作的重要声明（例如确认就土耳其在建核电站进行有效合作，同意以卢布支付俄罗斯天然气部分费用等）。同时，尽快发展连接中国、中亚、伊朗和土耳其的运输路线（所谓的通往欧盟的中间走廊）也是会议的一个关键议题，这反映了各方希望寻找向西穿过俄罗斯路线的替代方案。会上还讨论了应对乌克兰危机对整个地区的影响，包括粮食危机、西方制裁对俄罗斯经济的连锁反应，以及对俄乌冲突有可能在中亚引起政治风险的问题。与此同时，这次会议表明，中国关心该地区的稳定（俄罗斯目前无法保证）；此外，它在开发替代运输路线方面拥有既得利益。③

2. 中俄对上合组织的定位依然存在差异

丹麦国际研究所网站文章认为，如果有一件事是俄罗斯和中国完全同意的，那就是美国试图建立的自由世界秩序必须结束。这种相互理解在一定程度上是上合组织的基础。但中俄两国有着不同的理由：俄罗斯显然希望恢复其旧帝国，

---

① 王四海、周筠松：《上合国家经济合作前景广阔》，https：//m. gmw. cn/baijia/2022－09－19/36032955. html。

② Reid Standish，"Ukraine War A New Test for Chinese Power Across Eurasia"，https：//www. rferl. org/a/china-russia-ukraine-war-power-eurasia-sco/31829145. html。

③ Krzysztof Strachota，Katarzyna Chawryło，Michał Bogusz，Marek Menkiszak，"Against the Backdrop of War. The Shanghai Cooperation Organisation Summit in Samarkand"，https：//www. osw. waw. pl/en/publikacje/analyses/2022－09－20/against-backdrop-war-shanghai-cooperation-organisation-summit。

中国不支持这一做法，因为这涉及主权国家的领土完整。尽管中国明确反对俄罗斯的扩张主义，但双方在"对抗"美国自由世界秩序方面有着共同的利益。从中国的角度来看，美国的自由世界秩序导致了无休止的战争和大规模破坏。中国希望建立一个基于经济发展和双边伙伴关系等原则的多边秩序，不是通过联盟的方式，而是以贸易、基础设施、供应链、技术、城市化、繁荣和消费为实现这一目标的手段。中国这一愿景的实施，通过许多伙伴关系协议和经济合作，在中国与波斯湾地区国家的关系中得到了明确的实现，目前正在中亚开展。

（五）阿富汗问题

2021年9月，美国撤回了所有驻阿富汗美军，结束了这场"最漫长的战争"，在撤军过程中有13名美国士兵和近200名阿富汗人丧生。除了美国混乱的撤军，另一个更加引起智库界关注的重要的问题是，美国撤出后阿富汗安全形势是否会急剧恶化。世界各地的观察家一直在争论中国是否会填补美军撤出阿富汗留下的多重"真空"。一些人预计，中国将通过在该国进行大量投资来填补"真空"；一些人则认为中国可能会通过帮助塔利班政府在国际舞台上合法化来填补"政治真空"。在这些讨论中，分析人士经常提到上合组织是中国试图与阿富汗接触的主要平台。美国外交政策研究所网站文章认为，上合组织作为成员国对话和协调平台的功能不应被轻视，根据发生的情况，上合组织可以充当塔利班政权合法化的平台。因此，展望未来，最紧迫的问题将是上合组织是否承认塔利班在阿富汗的统治，以及现有的阿富汗相关举措将会带来何种效果，但不要指望上合组织在阿富汗的未来发展中发挥积极作用。[1]《外交学人》网站文章认为，阿富汗危机直接威胁到整个上合组织地区，但该组织在解决这个问题方面能做的很少。[2]

---

[1] Eva Seiwert, "The Shanghai Cooperation Organization will not Fill Any Vacuum in Afghanistan", https://www.fpri.org/article/2021/09/the-shanghai-cooperation-organization-will-not-fill-any-vacuum-in-afghanistan/.

[2] M. Ashraf Haidari, "Securing Afghanistan Remains SCO's Neglected Mission Possible", https://thediplomat.com/2022/09/securing-afghanistan-remains-scos-neglected-mission-possible/.

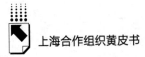

随着中国等国家的努力，阿富汗局势整体并未出现爆炸性局面，美西方智库的观点也有了变化。拉尔斯·厄斯列夫·安徒生分析称，中国利用上合组织促进与塔利班的外交谈判，该谈判始于奥巴马于2014年宣布从阿富汗撤出美国作战部队之后。这一宣布引发了中国在喀布尔的一系列外交活动，以及中国试图促进阿富汗政府与塔利班之间的谈判。在阿富汗实现稳定对中国在中亚的利益至关重要，这就是为什么即使在塔利班接管政府领导权后，中国仍继续与阿富汗进行外交合作，保持经济联系并提供大量人道主义援助。对中国来说，上合组织及其在阿富汗和中亚的参与既代表了其安全政策，也维护了其地缘经济利益。

2022年是困难而极具挑战的一年。这一年里，世界地缘政治形势复杂且深刻变化，国际政治、经济、安全秩序遭遇多重危机，全球治理赤字增加，困境重重。上合组织成员国有着高水平共识，正视困难，相向而行。乌克兰危机升级以来，上合组织予以高度关注，支持有关国家以大局为重，通过政治以及外交手段化解分歧，寻找共同利益，以最终实现和平。很多上合组织成员国也愿意为相关国家加强沟通创造有利条件，同时也为克服乌克兰人道主义危机持续发挥作用。这证明了上合组织对乌克兰危机处理的有效性，也证明了当今世界依然存在希望和平稳定的力量。在2022年9月的上合组织撒马尔罕峰会上，成员国领导人再次重申共同推动构建相互尊重、公平正义、合作共赢的新型国际关系和人类命运共同体具有重要现实意义。长期以来，上合组织形成了一套基于组织宪章的良好做法和成功实践，这是其未来行动的基础和依托。作为世界上幅员最广、人口最多且具有重要影响力和权威性的区域性国际组织，上合组织有责任也有能力为世界注入积极稳定的上合力量。随着未来上合组织影响持续扩大，美西方智库对其研究也会继续增多，其研究视角和方法也将更加多元。

附　录　2022年上海合作组织大事记

周兴武　张　湛*

1月

1月18~19日　由乌兹别克斯坦主持的上合组织成员国外交部关于本组织活动法律问题的磋商在塔什干上合组织地区反恐怖机构执委会举行。就《上海合作组织国际条约》生效的必要程序和执行情况向成员国主管部门通报了信息；审议了关于给予上合组织观察员国地位的文件草案；并就在上合组织秘书处网站建立上合组织法律信息电子数据库交换了意见。

1月25~28日　上合组织成员国国家协调员理事会在塔什干以线上线下相结合的方式召开。八个成员国的国家协调员探讨了有关上合组织议程等广泛问题，批准了以2022年9月在撒马尔罕举办上海合作组织成员国元首理事会会议为中心的《上海合作组织2022年主要活动计划》，并就拟提交国家元首理事会会议签署或核准的文件交换了意见。

2月

2月8日　上合组织秘书长张明同乌兹别克斯坦副外长诺罗夫举行视频会见。诺罗夫祝贺张明就任上合组织秘书长，并着重介绍了乌方担任上合组织轮值主席国以来为深化组织各领域合作所做的工作。张明表示，愿对乌方主席国的工作给予大力支持和配合，以确保9月在撒马尔罕举行的上合组织

---

*　周兴武，俄语语言文学博士，深圳北理莫斯科大学语言系副主任；张湛，政治学博士，深圳北理莫斯科大学学校办公室高级主管。

成员国元首理事会会议取得圆满成功。

2月22日 "上合组织2022：迈向新发展目标"圆桌会议在塔吉克斯坦共和国首都杜尚别以线上线下相结合的方式举行。此次圆桌会议由塔吉克斯坦上合组织友好合作中心主办。会上通过了塔吉克斯坦上合组织友好合作中心2022年工作计划。

3月

3月3日 "中亚国家在执行联合国全球反恐战略联合行动计划框架下的区域合作"高级别会议在塔什干举行，上合组织秘书长张明向与会者致欢迎辞。会议就上合组织地区反恐怖机构加强在中亚国家执行联合国全球反恐战略方面的作用等进行了专题讨论。

3月11日 上合组织成员国授权代表与伊朗授权代表磋商后在乌兹别克斯坦首都签署纪要。根据成为上合组织正式成员的法律程序，该文件规定了伊方应遵守《上海合作组织宪章》宗旨和原则的义务，并要求伊方加入上合组织所有现行的国际条约和规范性文件。

3月11~13日 上合组织观察员团对土库曼斯坦总统选举展开监督工作。

3月31日 上合组织成员国最高审计机关负责人第五次会议在线上召开。与会各方专家就"远程审计"和"新冠疫情对实现可持续发展目标的影响"开展了研讨，通过了《上海合作组织成员国最高审计机关2022~2023年行动计划》。

4月

4月8日 上合组织成员国科技部长第六次会议以线上线下相结合的方式举行。各方就《上海合作组织成员国人工智能发展合作规划草案》和《2022~2025年上海合作组织成员国优先领域科技合作行动计划》达成一致，批准构建上合组织框架内多边联合科研和创新项目实施机制。

4 月 21 日　第六轮"模拟上合组织"活动在上合组织秘书处举行。俄罗斯联邦驻华特命全权大使杰尼索夫、上合组织秘书长张明在开幕式上致辞，充分肯定举办此类活动的重要意义，鼓励上合组织国家青少年通过参加活动掌握谈判技能，用心体会"上海精神"的精髓和实质。

4 月 25～28 日　在乌兹别克斯坦的主持下，上合组织成员国国家协调员会议在费尔干纳以线上线下相结合的方式举行。会上审议了上合组织年内将举行的撒马尔罕元首峰会、外长理事会会议、各部门会议等重要活动的筹备情况。

5月

5 月 11 日　上合组织第二届民间友好论坛在塔什干以线上线下相结合的方式举行，此次论坛主题为"民间友好：相互理解，共促发展"。论坛举办了题为"议会和社会组织在加强民间交往中的作用"和题为"民间友好作为现代国家间交往重要组成部分：上合组织成员国的经验"的两场会议。

5 月 26 日　上合组织论坛第十七次会议在俄方主持下以视频方式举行。会议由俄罗斯联邦外交部莫斯科国际关系学院组织，上合组织秘书长张明和俄罗斯副外长莫尔古洛夫在开幕式上致辞。会议就上合组织国家加强国际安全合作、经济合作和人文合作进行了讨论。

6月

6 月 7 日　上合组织传统医学论坛在塔什干举行，主题是"传统（民间）医学与现代医疗体系的融合"。乌兹别克斯坦共和国卫生部部长穆萨耶夫、哈萨克斯坦共和国卫生部副部长绍拉诺夫、中华人民共和国国家中医药管理局党组书记、塔吉克斯坦共和国卫生部部长阿布都罗佐达出席开幕式。

6 月 14～17 日　上合组织成员国国家协调员理事会会议在塔什干举行。

会议重点是筹备本组织成员国元首理事会、政府首脑（总理）理事会和外交部长理事会会议，以及 2022 年将举行的各部门领导人会议。

6 月 28 日 上合组织秘书处和中华人民共和国公安部共同举办上合组织"合成毒品滥用防治和戒毒康复"专家视频研讨会，成员国相关部门代表就上合组织地区该领域情况及戒毒治疗康复新方法进行了交流。

6 月 29 日 为庆祝《上海合作组织宪章》签署 20 周年和《上海合作组织成员国长期睦邻友好合作条约》签署 15 周年，上合组织秘书处同中国国际问题研究院、中国上合组织研究中心联合举办"上海合作组织：历史、现状和前景"圆桌会议。与会代表就宪章和条约的时代意义、上合组织的历史成就和发展前景展开了深入研讨。

7月

7 月 12~13 日 第九届中国-中亚合作论坛在大连开幕，上合组织秘书长张明出席论坛。本届论坛由上海合作组织睦邻友好合作委员会和辽宁省人民政府共同主办，以视频方式在北京、沈阳、大连三地同步举行。与会各方就中国与中亚国家在各领域的合作进行深入探讨并达成系列重要共识。论坛发布第九届中国-中亚合作论坛（大连）倡议，提出携手构建更加紧密的中国-中亚命运共同体，共同推进"一带一路"建设，促进中国和中亚国家民心相通。

7 月 15 日 上合组织第二届工业部长会议在塔什干以线上线下相结合的方式举行。会议由乌兹别克斯坦主持召开，与会各方就上合组织在工业领域的合作现状和发展前景交换了意见。

7 月 25 日 第七届上合组织成员国农业部长会议在塔什干以线上线下相结合的方式举行。会议期间，各代表团团长就上合组织成员国在农业和粮食安全领域建立协调、有效的合作交换了意见，《上海合作组织成员国智慧农业和农业创新合作构想》获得批准。

8月

8月23日　上海合作组织银行间联合体（上合组织银联体）理事会第十八次会议在塔什干举行。与会各方签署了《上合组织银联体成员银行支持和发展本组织区域内经济合作的中期联合行动计划（2022～2027年）》，并通过《上合组织银联体成员银行金融合作框架原则》。

8月24日　上合组织成员国国防部长会议在乌兹别克斯坦首都塔什干举行。部长们就国际和地区安全问题交换意见，确定了在防务安全领域继续加强合作的举措。各方商定继续拓展合作，维护地区稳定，为上合组织持续稳定发展创造有利条件。

9月

9月15～16日　上海合作组织成员国元首理事会第二十二次会议在乌兹别克斯坦撒马尔罕举行。新冠疫情发生以来，习近平主席首次线下参会并发表重要讲话。会议签署了包括《上海合作组织成员国元首理事会撒马尔罕宣言》在内的40多份合作文件。会议决定，由印度接任2022年至2023年度上海合作组织轮值主席国。

9月23日　上合组织成员国总检察长第二十次会议在阿斯塔纳以线上线下相结合的方式举行。会议由哈萨克斯坦主持，会议讨论了在上合组织地区打击日益增长的跨国经济犯罪、归还从上合组织成员国非法转移的资金、利用实际判例改善国家立法等领域的合作问题。

10月

10月17～20日　上合组织成员国国家协调员理事会会议以线上线下相结合的形式在新德里举行。参会各方讨论了30多个议题，包括上合组织政

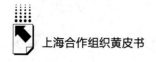

府首脑（总理）理事会会议筹备情况、印度担任 2023 年上合组织成员国元首理事会会议主席国相关问题以及上合组织经贸合作项目等。

11月

11月1日　上合组织成员国政府首脑（总理）理事会第二十一次会议以视频方式举行，中国国务院总理李克强主持会议。与会各方就国际和地区发展重大问题，以及加强上合组织框架下经贸和人文合作的优先举措交换了意见，会议通过了联合公报。

12月

12月9日　由巴基斯坦伊斯兰共和国主持的上合组织成员国第九次司法部长会议以视频方式举行。会议同意继续落实 2015 年 8 月 18 日在杜尚别签署的《上海合作组织成员国法务部与司法部合作协议》，组织各部代表互访，举办上海合作组织地区会议、专题讨论会、研讨会、培训班等。会后签署了联合声明。

12月11日　上合组织秘书长张明应邀出席由土库曼斯坦政府和联合国驻土库曼斯坦代表处共同举办的"对话——和平的保障"国际会议并致辞。

Abstract

The Ukraine crisis that broke out in early 2022 has become an important event affecting the geopolitical landscape of the Eurasian region. The Ukraine crisis has brought far-reaching impacts and severe challenges to the future development of the SCO. As the Ukraine crisis continues to ferment, the confrontation between Russia, the United States, and Western countries has escalated, and long-term growth has trended. Russia's development space in Europe has been severely squeezed, and there has been a strategic shift towards the East in the diplomatic field. Against this background, the functionality and importance of the SCO in regional affairs have been strengthened. Many SCO members are located in the Eurasian region, especially Central Asian countries deep in the hinterland of the Eurasian continent. In the Ukraine crisis, the development situation in various fields such as politics, economy, and security is facing severe challenges. Some countries are even affected by the Ukraine crisis, and the epidemic's impact has caused an economic crisis.

In a complex and changing international context, the SCO, a comprehensive international organization with the broadest coverage and most significant population today, bears the arduous task of stabilizing regional peace and development. In 2022, most SCO members maintained essential stability in their domestic situation. Although under the background of severe economic sanctions imposed by the United States and Western countries on Russia, tasks such as maintaining regime security, ensuring sustainable economic development, and ensuring primary social stability have become more arduous. Countries in the Eurasian region can still stabilize their domestic development situation and actively cooperate in various fields under the framework of the SCO. This report considers

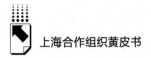

the characteristics of Russia's situation in 2022 and focuses on the SCO's development process and existing problems in 2022. It sorts out and analyzes the interactive influence among member states of the organization. The report also focuses on annual hot topics, such as the impact of SCO expansion on itself and the world.

The authors who participated in writing this report are mainly domestic experts and scholars who have long been concerned about and studied the SCO. The information is divided into eight parts from content: general description, essential meetings, political cooperation, security cooperation, economic cooperation, cultural cooperation, SCO and world, and chronicles.

Contents

I   General Report

Abstract: The prominent challenges faced by the SCO in 2022 revolve around addressing the impact and challenges brought about by the Ukraine crisis. The escalation of the Ukraine crisis and the geopolitical confrontation between Russia, the United States, and the West have become sharper and more protracted in 2022. The process and outcome of the Ukraine crisis will profoundly impact the international landscape for a considerable period, and it has already triggered political divisions in the Eurasian region. The member states of the SCO, especially the Central Asian countries, face political, economic, diplomatic, and security challenges. In this complex context, the SCO member states seek political stability and economic development, enhance mutual support, expand security cooperation, deepen pragmatic cooperation, strengthen people-to-people exchanges, and uphold multilateralism. Unity, peace, and development have become the shared aspirations of the SCO member states. The Eurasian continent is the typical home of the member states of the SCO, and safeguarding peace and development in the Eurasian continent is the shared expectation of this region and countries worldwide. The SCO bears essential responsibilities in this regard. The 2022 SCO Summit outlined a roadmap for progress and depicted new prospects for cooperation, actively addressing

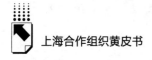

challenges and seizing opportunities, consolidating consensus, deepening cooperation, and jointly creating a bright future for the Eurasian continent.

Keywords: Ukraine Crisis; SCO Summit; Regional Economic Cooperation; Security and Development

II Important Meetings

Abstract: The 22nd Summit of the SCO's Council of Heads of States was held in Samarkand, Uzbekistan, on September 16, 2022. The meeting adopted the "Samarkand Declaration", praising the SCO's development achievements, formally admitting Iran as a member. From the perspective of regional prosperity and stability, the heads of state put forward their respective cooperation proposals, injecting new impetus into regional prosperity and stability.

Keywords: SCO; Heads of States Meeting; Samarkand Declaration; Samarkand Spirit

Abstract: The 21st meeting of the Council of Heads of Government (Prime Ministers) of the Shanghai Cooperation Organization Member States was held on November 1, 2022, using an online video. Prime Ministers and representatives of the governments of member States, representatives of observer States, heads of SCO institutions, guests of the host country and other representatives attended the meeting. At the meeting, the representatives of the SCO member states signed the Joint Communique of the 21st Meeting of the Council of Heads of Government

(Prime Ministers) of the SCO Member States. The participants communicated and consulted on economic and trade cooperation issues, food and energy security, logistics and transportation, currency settlement, culture and sports.

Keywords: SCO Prime Ministers' Meeting; Economic Cooperation; Food Security

III   Political Cooperation

Y.4   The Latest Expansion of the SCO: Background, Impacts,
and Responses   *Deng Hao* / 038

Abstract: Since the initiation of the process for Iran to join the Shanghai Cooperation Organization (SCO) in 2021, the SCO has entered a new round of expansion, which accelerated in 2022 and drew widespread international attention. This new wave of expansion has a profound and complex background, closely related to the rapid evolution of the world's major transformations, dramatic changes in the Eurasian region, and the SCO's increased involvement in global governance. It is an inevitable result of regional and international situational changes. The new round of expansion, while enhancing the international influence of the SCO and the spread of the 'Shanghai Spirit,' also presents new challenges for the organization, highlighting the tests posed by Western, Islamic, and Middle Eastern factors, and further complicating regional connectivity and internal reforms within the SCO. In the future, the SCO should consistently adhere to the principles of non-alignment, non-confrontation, and not targeting a third party, handle and deal with various complex factors appropriately, actively seek benefits and avoid harm, promote international fairness and justice, and mutual learning between civilizations, strive to form a joint effort in connectivity construction, and effectively enhance cooperation efficiency.

Keywords: Shanghai Cooperation Organization; New Round of Expansion; Era Background; Expansion Impact

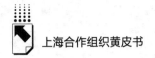
Y. 5 Expansion and Construction of the SCO Community

with a Shared Future   *Yu You* / 048

Abstract: The expansion of the SCO was a significant topic at the 2022 Samarkand Summit. In addition to advancing the process of Iran becoming the ninth member state, the summit initiated the admission process for Belarus and welcomed Saudi Arabia, Egypt, and Qatar as new partners. The attractiveness of the SCO is evident. As an important constructive force in the Eurasian region and international affairs, the SCO has achieved remarkable results in maintaining regional security, promoting economic cooperation, conducting cultural exchanges, and improving institutional development. This has enhanced cooperation efficiency and is crucial to maintaining the strong momentum, broad influence, and strong appeal of the SCO. Expansion signifies the continuous elevation of the SCO's international status, influence, and discourse power, injecting new strength into the region for civilized dialogue and the development of a new model of shared prosperity. With the accelerated evolution of the global landscape and profound adjustments in major power relations, the expanded SCO will contribute positively to regional development and global peace and stability. In the future, it is necessary to continue improving institutional development, deepening pragmatic cooperation, promoting cultural exchanges, providing more effective cooperation mechanisms, and enhancing cooperation efficiency to further explore practical approaches in building the SCO community with a shared future.

Keywords: SCO; Expansion; "SCO Strategy"; SCO Community with a Shared Future

Y. 6 Cooperation in Commercial Law among SCO Member

States from a Global Perspective   *Bao Hongzheng* / 060

Abstract: Over the past two decades, judicial cooperation within the SCO has expanded from security and counter-terrorism to commercial law. Given the limited number of specific cooperation mechanisms in commercial law, existing tools for global and regional cooperation in this area, including those within other international organisations that overlap with the SCO, serve as essential references for analysing the development of the SCO in this field. At the global level, mechanisms such as the United Nations Convention on Contracts for the International Sale of Goods, the Hague Convention on the Service Abroad of Judicial and Extrajudicial Documents, the Washington Convention within the arbitration industry, and the Appellate Body of the World Trade Organization have laid the groundwork for commercial law cooperation within the SCO. At the regional level, mechanisms such as the model laws of the Commonwealth of Independent States, the Kyiv Protocol, and the courts of the Eurasian Economic Union have also contributed to commercial law cooperation within the SCO. However, further collaboration among member states is still needed due to the need for systematic integration and incomplete coverage among these mechanisms. As a significant driving force in the region's economic activities, China possesses advantages in terms of economic level, business environment, and regional influence. Therefore, China can contribute its wisdom and provide Chinese solutions to the SCO's commercial law cooperation by formulating new rules and other means.

Keywords: Model Law; The Uniform Code; Mutual Legal Assistance Agreement; The Kyiv Protocol; Court of the Eurasian Economic Union

Y.7 Building an SCO Community of Shared Future from

the Perspective of Practical Cooperation

Yang Jin, Hu Chaoyang / 075

Abstract: The construction of the SCO community with a shared future relies on pragmatic cooperation, one of the core driving forces for the organisation's sustained development. Guided by the "Shanghai Spirit", practical

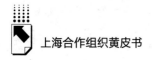

cooperation has a solid foundation and guarantee. Firstly, member states universally possess the willingness to deepen pragmatic cooperation. Secondly, the organisation has established relatively mature cooperation mechanisms through long-term collaboration. In terms of achievements, the SCO has long been committed to cooperation in trade and investment facilitation, regional infrastructure development, energy and resource exploration, education and cultural exchanges, scientific and technological innovation, agricultural cooperation, and healthcare. These areas have accumulated rich cooperative experience and yielded fruitful results, particularly regarding primary strategic outcomes. These have laid a solid foundation for constructing the SCO community with a shared future. It is precisely due to the substantial promotion of pragmatic cooperation that the development of the SCO has remained strong, making collaboration within the organisation's framework more attractive to member states. The comprehensive progress in practical cooperation significantly promotes member states' collective identification with the organisation, making it one of the critical areas in building the SCO community with a shared future.

Keywords: SCO; Practical Cooperation; A Community of Shared Future

IV   Security Cooperation

Y.8   The Transformation of the International System and

the Expansion of the SCO   *Gao Hanxun* / 089

Abstract: Iran, one of the earliest countries to apply for membership in the SCO, signed a memorandum on the obligations of the Islamic Republic of Iran to join the SCO during the Samarkand Summit on September 16, 2022. This marks Iran's imminent accession as a full member of the SCO. Iran's accession to the SCO is a profound result of the evolution of the international/regional order. It is also an inevitable response by China, Russia, and Iran to the constantly changing global and regional situation. In the evolution of democratisation of international relations and multi-polarization of the international order, the main driving force behind the interaction between China, Russia, and Iran is to resist hegemonic bullying led by the United States, jointly safeguard regional stability and prosperity, and advocate respect for diverse civilisations and harmonious coexistence. Within the framework of the SCO, the benign interaction between China, Russia, and Iran is conducive to enhancing political mutual trust and mutual understanding among regional countries, jointly addressing security threats represented by "three forces", bridging the gap caused by the disruption of international and regional industrial chains due to the COVID − 19 pandemic and geopolitical crises, deepening economic cooperation among member states, and promoting the construction of a community with a shared future for the SCO.

Keywords: SCO; International Order; Hegemonism; Iran; China-Russia Relations

Y.9   The SCO and the CSTO in the Changing Security Landscape of the Eurasian Region in 2022   *Niu Yichen / 098*

Abstract: The SCO and the CSTO have deep historical roots and practical connections. As international organizations with significant influence in the Eurasian region, they have years of experience in interaction and cooperation. In recent years, the CSTO has become more active and engaged in the security field of the Eurasian region. While playing a vital role in maintaining regional security and the security of its member states, it also faces unavoidable limitations. The Eurasian region in 2022 was particularly tumultuous, with several major events closely related to the CSTO leading to noticeable fluctuations in its status. Historically, the SCO and CSTO have made significant contributions to protecting the traditional security of their member states and ensuring regional stability, playing an essential role in the area of non-traditional security. The changing security landscape of the Eurasian region and the evolving state of the CSTO are critical factors influencing the development of the SCO and warrant attention. In

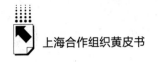
the new situation, the SCO shows strong appeal but will also face increased pressures and challenges.

Keywords: The CSTO; Russia-Ukraine Conflict; Security in the Eurasian Region

V   Economic Cooperation

Y.10   Economic Development of the SCO Member States under the Background of the Ukraine Crisis   *Guo Xiaoqiong* / 113

Abstract: Under the influence of multiple factors, such as intensified excellent power competition, the recurring COVID-19 pandemic, and the Ukraine crisis, the global economy continued to decelerate in 2022. Inflation reached its highest level in decades, global trade growth slowed, the US dollar further strengthened, and debt risks escalated. Against the backdrop of the Ukraine crisis, there was a significant divergence in economic development among member states of the SCO, with high inflation being a common phenomenon. Furthermore, some countries faced increased financial risks due to persistently high debt levels.

Keywords: SCO; World Economic Situation; Ukraine Crisis

Y.11   SCO Bioeconomy Cooperation in the New Context: Logic and Prospects   *Li Ruisi* / 142

Abstract: The SCO is the most comprehensive international organisation regarding geographical coverage and population today. With the SCO's continuous expansion, the organisation's development potential has also increased. In recent years, against the backdrop of rapid technological innovation in cutting-edge science and technology, the bio-economy driven by biotechnology has shown a fast growth trend. As the fourth form of economic development after the agricultural, industrial, and information economies, the bio-economy has ushered in a critical period of development opportunities worldwide. The bio-economy involves industries such as bio-agriculture, bio-medicine, ecological protection, bio-safety, and bio-energy, which are widely distributed among SCO member states and have broad development prospects and cooperation potential. Bio-economy cooperation within the framework of the SCO should uphold the "Shanghai Spirit", follow the core principles of global development initiatives, global security initiatives, and global civilisation initiatives, and take improving the well-being of the people in the region as its mission and task. Leveraging the driving force of bio-economy development and international cooperation, it will promote the construction of a community of shared future for the SCO.

Keywords: SCO; Bioeconomy; SCO Community with a Shared Future; Global Governance

VI   Humanities Cooperation

Abstract: In 2022, the SCO overcame the difficulties brought by the COVID-19 pandemic and the conflict between Russia and Ukraine, achieving significant progress in humanities cooperation. This progress was particularly evident in cooperation in pandemic prevention and control, cultural and artistic exchanges, and academic research. The main reasons for these achievements were the attention paid by the SCO and its member states' leaders, the active role played by the rotating presidency, and the physical efforts of the SCO Secretary-General and its Secretariat members. At the same time, some problems and shortcomings in humanities cooperation also need to be overcome and improved.

Keywords: Humanities cooperation; Enhanced Soft Power; People-to-people Bond

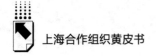

Y.13 Cooperation and Community Building in the Health Sector
of the SCO in 2022   *Ma Qiang* / 163

Abstract: In 2022, the cooperation in health among the SCO member states
will become increasingly diverse and comprehensive. While focusing on sharing
experiences in jointly combating the COVID−19 pandemic, attention also shifted
towards other aspects of health, such as integrating traditional medicine into
modern healthcare systems, collaboration in the pharmaceutical sector, and
cooperation in digital healthcare. This transformation is evident in the expressions
of the SCO at the Samarkand Summit, the meeting of health ministers from SCO
member states, and the Traditional Medicine Forum. It is also reflected in the
vibrant practices of SCO member states in building a community of health.

Keywords: Health Community; SCO Health Ministers' Meeting; Traditional
Medicine Forum

Y.14 New Progress in Media Cooperation in the SCO in
Recent Years

—*Focusing on China and Russia*

Zhao Yuming / 172

Abstract: After assuming the rotating chairmanship of the SCO, China has
worked with SCO countries and Russia to promote the steady development of
media cooperation. The SCO attaches great importance to media cooperation,
actively strengthens the top-level design of media cooperation, and fully affirms the
achievements of media cooperation. Among them, the SCO multilateral media
cooperation plays a leading role, and the media cooperation between China and
Russia is exemplary. In 2022, the SCO overcame adverse effects such as the
coronavirus pandemic, multilateral media cooperation was splendid, and bilateral
cooperation between China and Russia made solid progress. However, while the

SCO media cooperation has achieved fruitful results, it still needs to overcome external prejudices and doubts, escalating external information challenges and a deteriorating public opinion environment. In this regard, the SCO and its member states, observer states, and dialogue partners should strengthen cooperation and produce more public media goods with rich content, diverse forms and sound effects to benefit the people of all countries, the region and the world.

Keywords: SCO; Media Cooperation; Media Forum; Sino-Russian Media Cooperation

Abstract: Cultural heritage is an essential carrier of the long history and splendid civilisation of the SCO member States, and they are not only a precious treasure of various countries' cultures but also enrich the treasure house of world civilisation. Protecting and passing on the cultural heritage of the SCO Member States is all countries' shared responsibility and mission. This paper explains the current situation of cultural heritage protection in the SCO, analyses the problems and challenges, coping strategies and future development directions in cultural heritage protection to explore the path and mechanism of cooperation in preserving cultural heritage in the SCO.

Keywords: SCO; World Heritage; Cultural Heritage Protection; International Cooperation

Ⅶ   The SCO and the World

Abstract: Belarus has always viewed the SCO positively and has grown

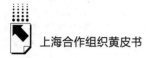

closer to the SCO since it applied for membership in 2005, becoming a dialogue partner in 2009 and an observer in 2015. In July 2022, Belarus officially submitted its application to become a member state. The Summit of Heads of State of Samarkand initiated the procedure for Belarus to join the SCO as a full member. Belarus' interests in joining the SCO are: to circumvent Western sanctions by expanding economic cooperation; Break through the political isolation of the West, promote political security; and promote the diversification and balance of foreign cooperation by expanding political cooperation; Promote national security through expanded security cooperation. At present, all SCO member states support Belarus becoming a full member, and it is expected that Belarus will achieve its goal of becoming a full member in 2024.

Keywords: Belarus; Lukashenko; SCO; Russian-Ukrainian Conflict

Y.17　The Motivations, Strategies, and Impacts of Belarus Joining the SCO　　*Zhang Yanlu* / 209

Abstract: With the continuous deepening of international changes and the continuous development and growth of the SCO, the small Belarus country's perception and positioning of the SCO have undergone apparent changes. From the perspective of Belarus, the SCO has become one of the main supports for constructing a multipolar world order and an important starting point for Belarus to seek its position as a builder of equality in the geopolitical space of Eurasia. Based on this, Belarus, driven by multiple internal and external factors, has adopted a more active policy towards the SCO and has put forward concepts and initiatives such as building a "collective East", promoting "cooperation between integration mechanisms", and creating a "differential integration model", to highlight its geographical value and re-establishing itself in the SCO more quickly. At the same time, for the SCO, the accession of the small country of Belarus will bring specific development opportunities and multiple potential risks. Therefore, it is necessary to be cautious about the acquisition of Belarus, a small country outside the region, and do everything possible to take this as an opportunity to accelerate the reform of the organisation's mechanism, promote the establishment of a more flexible system of interaction and cooperation, and strengthen political mutual trust within the organisation, to promote the sustainable development of the SCO.

Keywords: Belarus; Shanghai Spirit; Multilateral Diplomacy

Ɏ.18   Iran and the SCO   *Guo Manruo* / 222

Abstract: In September 2021, the SCO formally initiated the process of admitting Iran as a member state, marking the start of its second round of expansion. The integration of Iran into the SCO has been a years-long process, generally advancing amid fluctuations. Iran has strong interest demands in developing economic cooperation, connectivity, geopolitics, and security, which constitute the significant driving force behind its accession to the SCO. Iran's entry into the SCO is of great importance to both Iranian diplomacy and the development of the SCO. Following this expansion, the SCO's concept of cooperative development is widely disseminated, the prospects for multi-domain cooperation within the SCO are broad, adding momentum to Eurasian strategic cooperation, and the future outlook for SCO development is positive.

Keywords: Iran; SCO; SCO Expansion

Ɏ.19   The Latest Perception of the SCO by US and Western

Think Tanks   *Liu Chang* / 230

Abstract: In recent years, as the influence of the SCO has continued to grow, the United States and Western countries have intensified their attention and analysis of the organization. Simultaneously, the West holds significant sway in the regions covered by the SCO, and their perceptions and viewpoints can impact the development of the SCO. Following Russia's special military operation in Ukraine

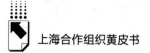
in 2022, Western think tanks have noticeably increased their focus on the SCO, broadening their research topics and generally adopting a more positive assessment of the organization. In the current context of intensified great power rivalry, particularly among China, the US, and Russia, and growing regional instability and uncertainty, the external environment facing the SCO is increasingly complex. Western think tanks are a crucial source and basis for their foreign policy decision-making. Paying attention to their latest trends and analyses is beneficial for predicting and assessing the future policy directions of the West towards the SCO, and can also provide additional perspectives for the development of the SCO itself.

Keywords: Western Think Tanks; Shanghai Cooperation Organization; Ukraine Crisis

社会科学文献出版社

皮 书

智库成果出版与传播平台

❖ 皮书定义 ❖

皮书是对中国与世界发展状况和热点问题进行年度监测，以专业的角度、专家的视野和实证研究方法，针对某一领域或区域现状与发展态势展开分析和预测，具备前沿性、原创性、实证性、连续性、时效性等特点的公开出版物，由一系列权威研究报告组成。

❖ 皮书作者 ❖

皮书系列报告作者以国内外一流研究机构、知名高校等重点智库的研究人员为主，多为相关领域一流专家学者，他们的观点代表了当下学界对中国与世界的现实和未来最高水平的解读与分析。

❖ 皮书荣誉 ❖

皮书作为中国社会科学院基础理论研究与应用对策研究融合发展的代表性成果，不仅是哲学社会科学工作者服务中国特色社会主义现代化建设的重要成果，更是助力中国特色新型智库建设、构建中国特色哲学社会科学"三大体系"的重要平台。皮书系列先后被列入"十二五""十三五""十四五"时期国家重点出版物出版专项规划项目；自2013年起，重点皮书被列入中国社会科学院国家哲学社会科学创新工程项目。

权威报告·连续出版·独家资源

皮书数据库
ANNUAL REPORT(YEARBOOK) DATABASE

分析解读当下中国发展变迁的高端智库平台

所获荣誉

● 2022年，入选技术赋能"新闻+"推荐案例
● 2020年，入选全国新闻出版深度融合发展创新案例
● 2019年，入选国家新闻出版署数字出版精品遴选推荐计划
● 2016年，入选"十三五"国家重点电子出版物出版规划骨干工程
● 2013年，荣获"中国出版政府奖·网络出版物奖"提名奖

皮书数据库

"社科数托邦"
微信公众号

成为用户

　　登录网址www.pishu.com.cn访问皮书数据库网站或下载皮书数据库APP，通过手机号码验证或邮箱验证即可成为皮书数据库用户。

用户福利

● 已注册用户购书后可免费获赠100元皮书数据库充值卡。刮开充值卡涂层获取充值密码，登录并进入"会员中心"—"在线充值"—"充值卡充值"，充值成功即可购买和查看数据库内容。
● 用户福利最终解释权归社会科学文献出版社所有。

数据库服务热线：010-59367265
数据库服务QQ：2475522410
数据库服务邮箱：database@ssap.cn
图书销售热线：010-59367070/7028
图书服务QQ：1265056568
图书服务邮箱：duzhe@ssap.cn

法律声明